# 我的第一本K线入门书

刘振清 / 编著

立信会计出版社
LIXIN ACCOUNTING PUBLISHING HOUSE

图书在版编目(CIP)数据

我的第一本 K 线入门书/刘振清编著. —上海:立
信会计出版社,2019.5
ISBN 978 - 7 - 5429 - 5870 - 9

Ⅰ.①我⋯　Ⅱ.①刘⋯　Ⅲ.①股票交易-基本知识
Ⅳ.①F830.91

中国版本图书馆 CIP 数据核字(2019)第 077055 号

策划编辑　　何颖颖
责任编辑　　何颖颖
封面设计　　南房间

我的第一本 K 线入门书

**Wo De Diyiben K Xian Rumenshu**

| | | |
|---|---|---|
| 出版发行 | 立信会计出版社 | |
| 地　址 | 上海市中山西路 2230 号 | 邮政编码　200235 |
| 电　话 | (021)64411389 | 传　真　(021)64411325 |
| 网　址 | www.lixinaph.com | 电子邮箱　lxaph@sh163.net |
| 网上书店 | www.shlx.net | 电　话　(021)64411071 |
| 经　销 | 各地新华书店 | |

| | |
|---|---|
| 印　刷 | 上海万卷印刷股份有限公司 |
| 开　本 | 787 毫米×1092 毫米　　1/16 |
| 印　张 | 13.75 |
| 字　数 | 272 千字 |
| 版　次 | 2019 年 5 月第 1 版 |
| 印　次 | 2019 年 5 月第 1 次 |
| 印　数 | 1—3100 |
| 书　号 | ISBN 978 - 7 - 5429 - 5870 - 9/F |
| 定　价 | 32.00 元 |

# 让 K 线帮你从股市中获利

如果你要炒股,那么,K 线就是你最好的朋友。一张张阴阳相间、长短各异、高低起伏的 K 线走势图,构成了股市最美的风景,牵动着万千股民的心。然而,K 线图有没有用? K 线图有什么用? K 线图如何用? 这三个疑惑却一直存在于很多股民的心中。

**第一个问题:K 线图有没有用**

K 线图非常有用,这毋庸置疑。可是,为什么很多人按照 K 线发出的买卖信号操作还是会亏损呢?原因有三:其一,投资者过于急功近利,K 线所发出的买入和卖出信号往往需要其他指标或后几个交易日 K 线形态的确认,而投资者为了能够尽可能多地获利,总喜欢提前买入或抛出,从而将自身置于危险境地;其二,K 线形态因其出现的位置不同、环境不同,故其发出的信号强度有所差异,投资者如分析不到位,仅凭 K 线形态就机械地执行买入或卖出操作,很容易导致决策失误;其三,K 线形态也有其局限性,由于我国股市特殊的交易制度,如 T+1 制度、涨停板制度等对 K 线图的结构施加了额外的影响,使其在很多时候不能真实体现市场波动状态。尽管如此,K 线图仍反映了最真实的交易信息,尤其是价格信息,所以,K 线图的作用仍旧是无可替代的。

**第二个问题:K 线图有什么用**

"回顾历史,展望未来"也许是对 K 线图作用最好的诠释。诚然,K 线图给出的都是股价历史走势信息和即时成交信息,然而,我们却始终相信,历史的轨迹会指引股价未来的前行方向。原因有三:其一,任何事物的发展变化都有其规律性,股价的运动自然也不例外,研判 K 线图历史的轨迹就是为了找到这种规律性;其二,顺势而为,永远是最容易成功的做法,研判 K 线走势,就是为了判断股价运行的趋势,而后顺势操作;其三,历史的点位会对股价走势构成支撑或阻力,因为这些位置往往积累了大量被套牢的筹码。

**第三个问题:K 线图如何用**

"辨趋势,找准买卖点"是所有人研判 K 线图最直接的目的。然而,

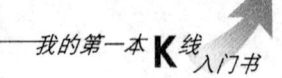

利用 K 线赚钱确实不是一件容易的事。投资者如要利用 K 线赚钱,那么必须做好下面几件事:其一,相信既成事实,而非感觉,很多人所作出的投资决策并非源于 K 线信号,而是自己的感觉,如果你想利用 K 线赚钱,必须先相信它;其二,K 线所发出的信号有强弱之分,但即使再强烈的信号,也只是一种大概率事件,如果能用其他技术指标加以佐证,则成功率会更高;其三,K 线所发出的信号是死的,但人是活的,尤其庄家和主力更是狡猾,所以,要想利用 K 线赚钱,就必须活学活用;其四,K 线形态有很多种,市场上的股票也有很多,其实,你只要把一种形态用好、用精,那也就不愁赚不到钱了。

本书在编写过程中,得到了王凤杨、张亚贤、赵淑芳、张志义、秦瑞芝、任洪伟、张亮、刘丽丽、栾续伟、王光伟等人的大力支持,在此一并表示感谢。

作　者

1

# |第一章| K线是如何指导交易的

K线是个什么东西？如何解读K线？K线图又是如何指导交易的？这是学习K线，利用K线获利前最需要考虑清楚的三个基本问题。

K线由于其图形形状貌似一根根蜡烛，所以被称为蜡烛图；加上这些蜡烛有"黑白"之分，因而也叫阴阳线。

K线起源于18世纪的日本德川幕府时代的米市交易。当时日本的粮食市场交易非常繁荣，酒田市一位叫作本田宗久的米商将阴阳哲学运用到大米的买卖上从而发明了用于记录每天的米价和判断米价的涨跌走势K线图，并建立了一套大米买卖的分析方法和交易策略。本田宗久利用这一方法赚取了大量的财富，据说在当时达到了富可敌国的程度。后来，本田宗久创立的这套方法，逐渐流传于日本的各个交易市场，人们将它奉为圭臬。再后来，该方法被应用到了股票证券市场当中，演化成了现在较为完善的K线分析理论。

K线理论的基础来源于日本，同样，"K线"这一称呼也是源于日本的叫法。日本民间一开始把蜡烛图称为"罫（日本音读kei）线"，后来西方学者就直接使用"K"作为"罫"的音译，因而便有了现在的名称。

## 一、K线及K线基本分类

K线是柱状的线条，由影线和实体组成，它能够把某一周期内的开盘价、最高价、最低价和收盘价这四个价格的市场情况直观地表现出来。K线的上影线的顶端代表这一交易周期的最高价；下影线的末端代表这一交易周期的最低价；实体的上下两端分别代表这一交易周期的开盘价和收盘价，如图1-1所示。

开盘价又称开市价，是指某种证券在证券交易所每个交易周期开盘后的第一笔交易的成交价格，是买卖双方相互交战的楚河汉界。目前国内股票市场采用集合竞价的方式来确定每天的开盘价。

最高价是指某种证券在每个交易周期从开盘到收盘的交易过程中所产生的最高价格。

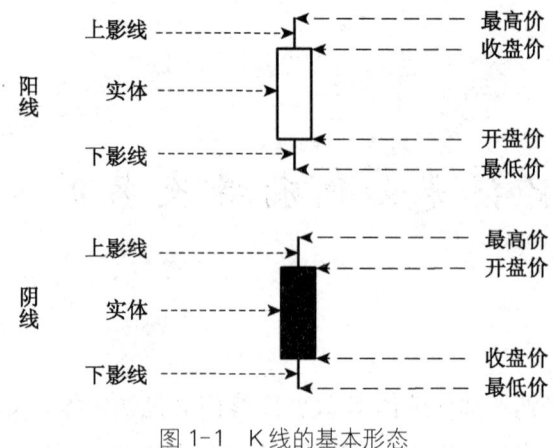

图 1-1　K 线的基本形态

最低价是指某种证券在每个交易周期从开盘到收盘的交易过程中所产生的最低价格。

收盘价是指某种证券在每个交易周期最后一笔交易的成交价格。收盘价是当前行情的标准，又是下一个交易周期开盘价的依据，代表了买卖双方的力量对比结果，可据以预测未来的市场行情。不过，目前深市的收盘价和开盘价都是通过集合竞价产生的，也就是说，从 14:57 分开始集合竞价，至 15:00 产生收盘价。从 2018 年 8 月 20 日开始，沪市收盘价也通过集合竞价方式产生。

### （一）阳线与阴线

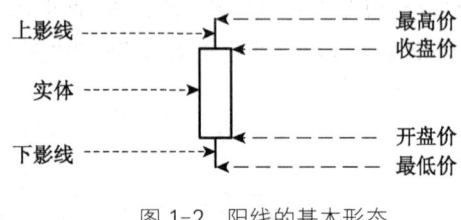

图 1-2　阳线的基本形态

1. 阳线

阳线是某一交易周期内的收盘价高于开盘价的 K 线。阳线实体的上端表示收盘价，下端表示开盘价，实体的长短代表收盘价相对于开盘价的涨幅大小，如图 1-2 所示。

阳线的基本描述：

（1）通常表示为红色实体柱、白色实体柱或黑框空心，本书采用的是黑框空心形态。

（2）收盘价高于开盘价，股价表现为上涨趋势，实体的长度代表收盘价与开盘价之间的价差。

（3）上影线的长度表示最高价和收盘价之间的价差，下影线的长度则代表开盘价和最低价之间的差距。

（4）一般而言，阳线表示买盘较强，卖盘较弱。

2. 阴线

阴线是某一交易周期内的收盘价低于开盘价的 K 线。阴线实体的上端表示开盘价,下端表示收盘价,实体的长短代表收盘价相对于开盘价的跌幅大小,如图1-3所示。

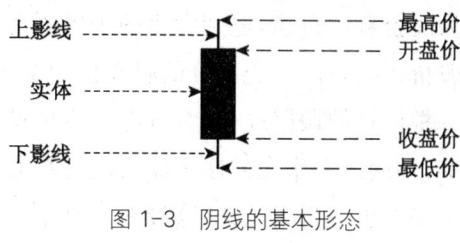

图1-3　阴线的基本形态

阴线的基本描述:

(1)通常表示为绿色实体柱、蓝色实体柱或黑色实体柱,本书采用的是黑色实体柱形态。

(2)收盘价低于开盘价,股价表现为下跌趋势,实体的长度代表开盘价与收盘价之间的价差。

(3)上影线的长度表示最高价和开盘价之间的价差,下影线的长度则代表收盘价和最低价之间的差距。

(4)一般而言,阴线表示卖盘较强,买盘较弱。

## (二)假阳线与假阴线

需要说明的是,阳线的涨势和阴线的跌势与人们通常说的涨跌有所不同。通常,人们所说的涨跌是指当前交易日收盘价与上个交易日收盘价的比较结果——当日收盘价比前一交易日收盘价高,表示股票上涨;当日收盘价比前一交易日收盘价低,表示股票下跌。

而K线的实体颜色只表示收盘价与开盘价的相对位置。当K线为阳线时,表示当日的收盘价高于当日的开盘价;当K线为阴线时,则表示当日的收盘价低于当日的开盘价。比如,某只股票前一交易日收盘价为30元,当日的开盘价为29元,收盘价为29.5元,表示该股票下跌了0.5元;但该股票当日却是一根小阳线,这种阳线看似上涨,实则下跌,带有一定的欺骗性,因而被称为"假阳线"。

图1-4　假阳线

所谓的"假阳线",是指某只股票或股指当天收盘价高于开盘价,但却低于上个交易日的收盘价,K线虽然呈阳线,但是股价或指数则是下跌的,如图1-4所示。

下跌途中出现假阳线,大多是股市下跌过程中的一次"休息",不会改变继续下跌的趋势。上涨末期的假阳线则很有可能是庄家的诱多手段,意在吸引不明真相的投资者购买股票而完成出货。

与假阳线相反,假阴线是指某只股票或股指当天收盘价低于开盘价,但却高于上个交易日的收盘价,K线虽然呈阴线,但是股价或指数则是上涨的,如图1-5所示。

假阴线出现在上涨中途大多表现为股价的短暂休整,这是因

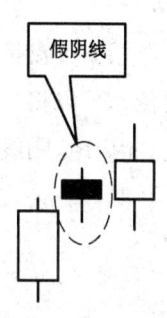

图1-5　假阴线

3

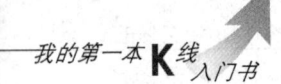

为股价涨势过猛,遇到卖盘的抛售压力,股价冲高回落,但由于买盘的承接能力较强,股价仍收在前一交易日的收盘价的上方。若在股价不断上涨且处于相对高位时收出一根放量的假阴线,则有可能是股价见顶的信号,投资者应该保持警觉。而在下跌末期,假阴线常常会被庄家作为清洗盘面的浮筹的手段使用,特别是收出假阴线的第二天又拉出一根大阳线,这种 K 线组合往往预示着后期股价将反转上升。

假阳线和假阴线大多数情况下表现为股价的短暂整理,通常不改变股价运动的整体趋势,如图 1-6 所示,特变电工在 2017 年 2 月 8 日收出一根假阳线,在不久之后的 2017 年 2 月 13 日,又收出一根假阴线。在这个时期内,特变电工的股价一直处于震荡上升阶段。

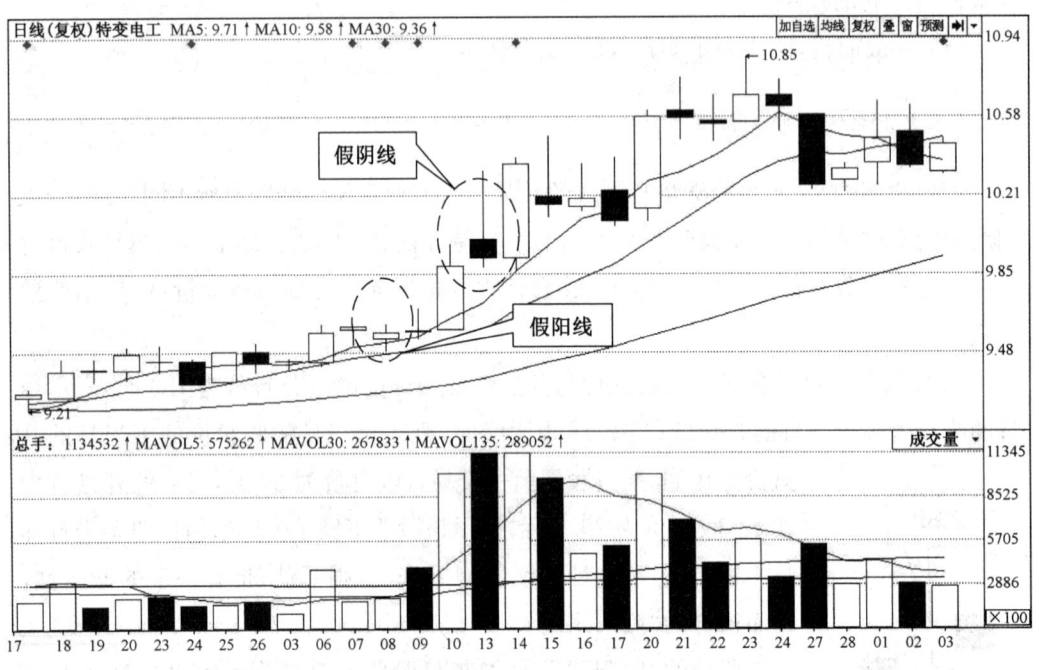

图 1-6　假阳线和假阴线:特变电工(600089)

### (三) K 线的基本分类

根据收盘价与开盘价之间的波动范围(收盘价与开盘价之差的绝对值与开盘价的比值),可以将日 K 线进行分类。一般情况下,阳线分为三种:大阳线、中阳线和小阳线;相应地,阴线分为大阴线、中阴线和小阴线,如表 1-1 所示。

其计算公式如下:

$$波动范围(a) = \frac{|收盘价 - 开盘价|}{开盘价} \times 100\%$$

表1-1　实体长度不同的阳线和阴线的分类

| 波动范围(a) | 阳线 | 阴线 |
|---|---|---|
| $a > 6\%$ | 大阳线 | 大阴线 |
| $3\% < a \leqslant 6\%$ | 中阳线 | 中阴线 |
| $0 < a \leqslant 3\%$ | 小阳线 | 小阴线 |

　＊注释：由于大盘和ST股票涨跌幅都较小，所以，在区分其K线的大小时，一般会将波动范围缩小为原来的二分之一。比如，某ST股票某日的开盘价为2.00元，收盘价为2.08元，其波动幅度为4%，大于3%，则该日所形成的K线应该被视为大阳线。

## 二、K线解读及其交易指导意义

K线的解读项目主要包括实体、上下影线以及所处位置等三项。

### (一)K线实体解读

K线实体有黑白和大小之分，因而对K线实体的解读也从这两个方面入手。

#### 1. K线实体颜色

K线的实体颜色有黑白之分，这主要反映了开盘价与收盘价的相对位置关系，即如果开盘价高于收盘价，则K线实体为黑色；如果开盘价低于收盘价，则K线实体为白色。通常意义上来说，K线实体为白色，也就是阳线，说明买方力量较强，且阳线越大，买方实力越强，股票走势较好；K线实体为黑色，也就是阴线，说明卖方力量较强，股票走势较差。

当然，实体为白色并不等同于股价上涨，如果开盘价和收盘价均低于前一交易日的收盘价，且当日开盘价低于收盘价，那么，尽管当日股价相比于前一交易日有所下跌，但K线实体仍旧为白色。此K线虽然为阳线，但在技术分析时，只能称之为假阳线。

#### 2. K线实体大小

实体的长短，反映了股价开盘价与收盘价之间的落差，也是一个交易期间内多空交锋后的产物。当然，实体长短，有时确实能够反映买卖双方实力的强弱。大阳线的出

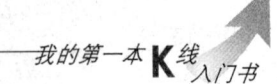

现,说明买方主力实力强大,如果成交量同步放大,那么,往往会引领一波上涨行情;同样,大阴线的出现,说明卖方主力实力强大,如果成交量同步放大,股价短期内往往会有非常明显的下跌。

如图1-7所示,林海股份在2016年12月底走出了一段震荡而缓慢的上涨行情。12月20日,该股高开高走收出一根大阳线,与此同时,成交量比之前放大了数倍,这说明主力已经开始大幅介入,股价未来上涨的可能性很大。其后,股价虽经历了震荡回调,但很快重归上涨通道。2016年12月23日,该股再次收出大阳线,这预示该股股价将再上一个新台阶。

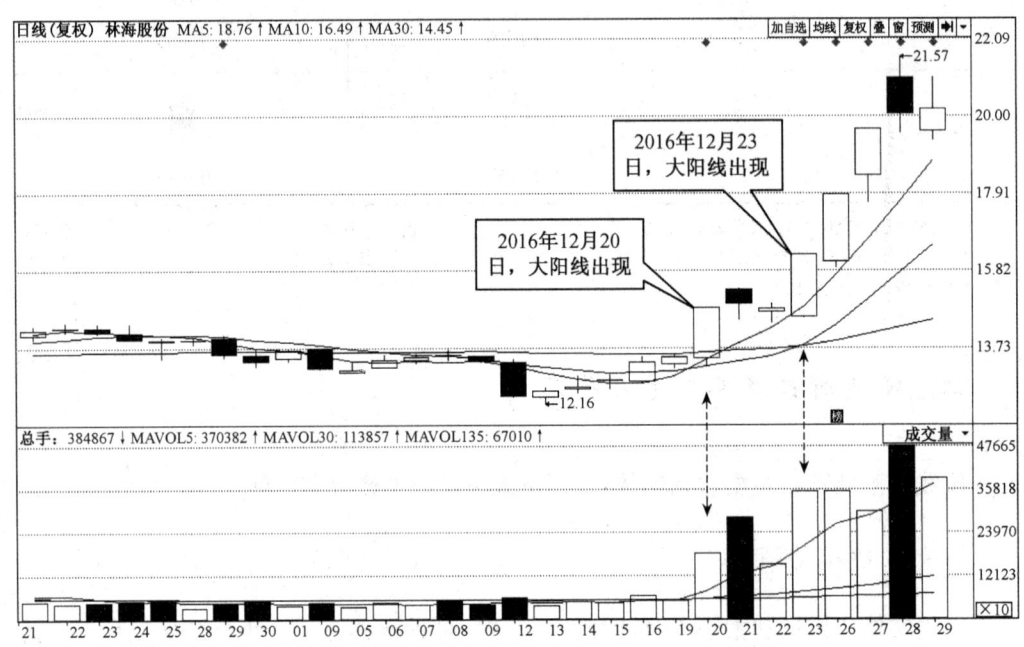

图1-7 林海股份(600099)日K线走势图

当然,无论是大阳线还是大阴线,其所发挥作用的方向、大小还与股价所处的位置、价量关系以及外围环境有关。投资者不能单靠一根K线所发出的信号就轻易地作出买入或卖出决策。

### (二)K线上下影线解读

上下影线是K线图的重要组成部分。尽管其交易指示作用弱于实体,很多交易分析软件,并不将其列入分析标的,但它的出现、长短对后市还是具有一定的指导作用的。

上下影线的距离,即股价最高点与最低点之间的距离,反映了当天股价波动的幅度。通常情况下,波动幅度较大,说明股票交易活跃,多空之间博弈激烈;反之,如果上下影线距离较短,则说明多空之间分歧并不严重。

在某些情况下,上下影线也承担着主力试盘的目的。例如在股价上涨时,主力有时会突然拉升股价,而后任其自由下跌,借以观察抛盘情况,与此同时,在该日的K线图中必然会留下一根长长的上影线;同样,股价在下跌过程中,主力如果想了解一下护盘或接盘情况,就会连续打压股价,使其短时间内快速下跌,借以观察买盘情况,为未来操盘提供支持,这样,在当日K线图中必然会留下一根长长的下影线。

### (三)一字板、T形板和十字线

一字板、T形板和十字线,属于没有实体的K线形态。股票的开盘价与收盘价相同,而最高价、最低价与开盘价相同,称之为一字板;最高价、最低价中的一个与开盘价相同,称之为T形板;最高价、最低价与开盘价都不相同的,则称之为十字线。

通常情况下,上述三种形态的出现,都是主力故意而为的,股价在股市中必将出现某些异常的走势。例如,股价在上涨过程中,出现涨停一字板和T形板,则意味着股价还将继续上涨;同样,股价在下跌过程中,出现跌停一字板和T形板则意味着股价还将继续下跌。十字线的出现,则意味着股价有调整或反转的可能。

## 三、K线的六种基本形态

### (一)大阳线

大阳线又称长阳线,是指收盘价与开盘价之间的波动范围一般在6%以上的阳线。这种阳线的实体较长,只有很短的影线或者没有影线,如图1-8所示。

大阳线可能出现在任何行情中,它的出现一般表示买盘强劲,多方始终占据着优势。其实体越长,表明买盘力量越强。在我国涨停板的制度下,单日阳线实体理论

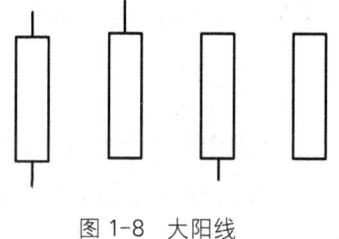

图1-8　大阳线

上的波动范围可达当日开盘价的20%,即开于跌停位,收于涨停位。

#### 1. 操作策略

大阳线表示买盘相当强劲,后期股价上涨的可能性较大。但在不同的股价阶段,对大阳线这种K线形态也应该区别对待。

(1)在股价刚开始上涨时出现大阳线,表示多方已经完全占据压倒性优势,行情有继续上涨的趋势,投资者应该果断买进。

(2)在股价上涨途中出现大阳线,表示多方仍占据主动,后市继续看涨,投资者可以继续跟进。

(3)在高价位区域或连续上涨行情中出现大阳线,则要当心多方后劲不足、股价见

顶回落,这时候投资者宜逢高减仓卖出。

（4）在低价位区域或连续下跌行情中出现低开高走或者平开高走大阳线,表示多方力量突然爆发,股价或已到达底部,这时候投资者可考虑买进。

### 2. 实战参考

如图 1-9 所示,金健米业从 2016 年 12 月出现了一波震荡筑底走势,在 2017 年 1 月初经过一番整理之后出现上涨走势,于 2017 年 2 月 10 日拉出一根大阳线。

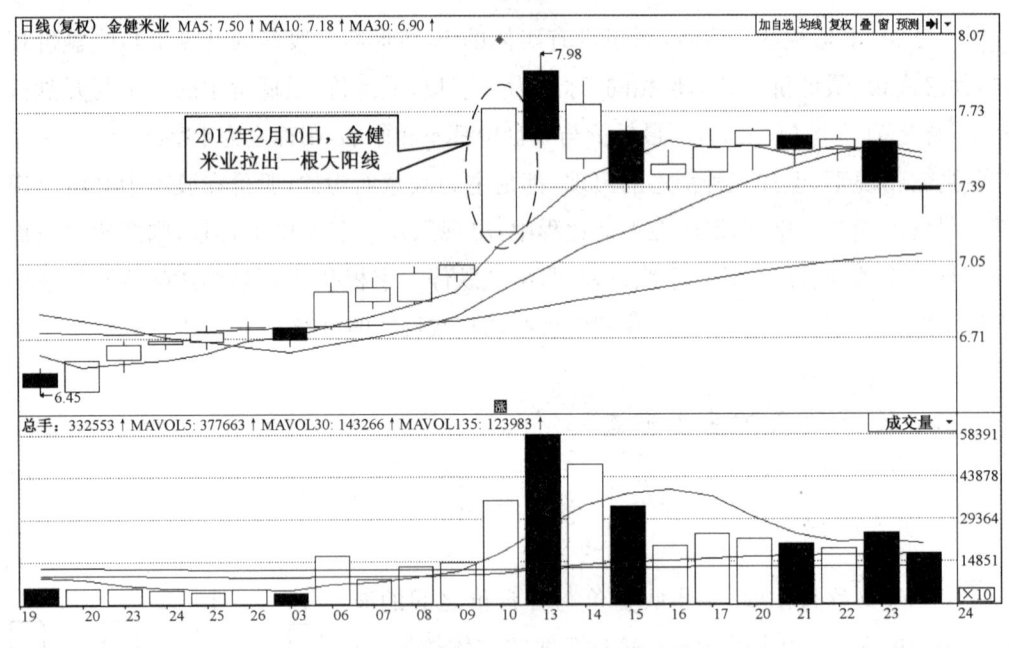

日线(复权) 金健米业 MA5: 7.50↑ MA10: 7.18↑ MA30: 6.90↑　加自选 均线 复权 叠 窗 预测

2017年2月10日,金健
米业拉出一根大阳线

总手: 332553↑ MAVOL5: 377663↑ MAVOL30: 143266↑ MAVOL135: 123983↑　成交量

图 1-9　金健米业(600127)日 K 线走势图

在这样的高价位区域出现大阳线,表明多方在做最后的挣扎,是股价即将见顶的信号。果然,在下一个交易日(2017 年 2 月 13 日),金健米业创出近期高点后开始回调。

### (二)中阳线

中阳线是指收盘价与开盘价之间的波动范围在 3%～6% 的阳线。这种阳线的实体比大阳线要短一些,如图 1-10 所示。

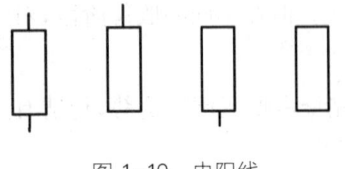

图 1-10　中阳线

中阳线在任何行情中都可能出现。它的出现一般表示经过一天的战斗之后多方占据优势,但优势不如大阳线明显。中阳线的实体长度也反映买盘力量的强弱,实体越长表示多方越强。

### 1. 操作策略

中阳线表示经过多空双方的力量对比,多方占据一定优势,并把价格推高到一定的程度。中阳线通常表示后市看涨。但是,这种形态又往往会成为股价的转折点。

(1)由于中阳线透露的信号不足,所以,投资者不能仅仅凭借单根中阳线来判断股价以后的走势,而应该审时度势,结合近几个交易日的K线来分析和判断。

(2)如果股价或大盘收于中阳线,并成功突破了大家公认的阻力位,这时投资者可以考虑买入。

### 2. 实战参考

如图1-11所示,兴发集团在2017年2月20日、3月2日和3月16日分别出现中阳线的形态,其中前两根中阳线在上升过程中出现,后两根中阳线在短线见顶并开始向下时出现。所以,投资者应该结合该形态前几日的K线形态进行综合判断。

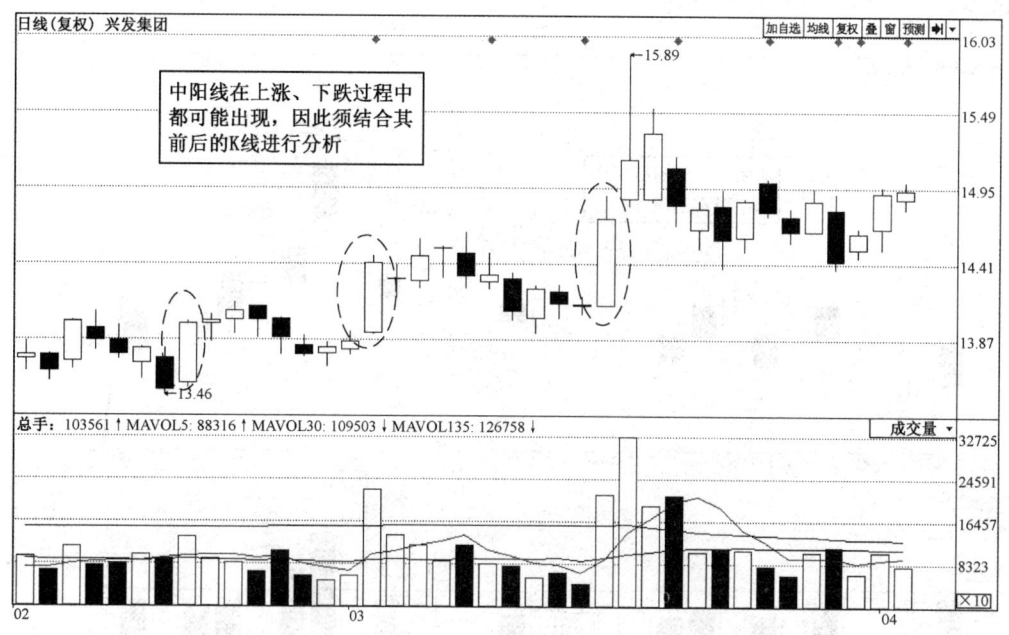

图 1-11 兴发集团(002566)日 K 线走势图

### (三)小阳线

小阳线是指收盘价与开盘价之间的波动范围在0~3%的阳线。这种阳线的实体非常短,如图1-12所示。

小阳线可能会出现在任何行情中,特别是在盘整过程中会经常出现。这种阳线显示了多空两方的小型对抗——空方虽然抛压,但多方仍有一定的支撑力。

图 1-12 小阳线

### 1. 操作策略

小阳线的出现说明多空双方并没有什么激烈的战斗,而是小心接触,虽然买盘显得

略强于卖盘,但上攻乏力;同时也表明后市行情扑朔迷离。

（1）只通过单根小阳线,投资者无法准确判断后市的涨跌,而需要结合其所处的价位区域以及前后的K线形态一起研判。

（2）因为小阳线很容易被广大的投资者所忽视,所以它在庄股的运作中具有特别的意义。庄家会通过它制造某种假象,掩盖自己的真实目的。

2. 实战参考

如图1-13所示,大龙地产从2017年3月初开始震荡上涨。在此过程中不时伴随着小阳线的出现。2017年3月16日到达高点后回调,在这期间也出现了小阳线。投资者不能仅仅根据某一单根小阳线就作出研判,而应该把它放在趋势中,参考其他技术指标和K线形态进行综合分析。

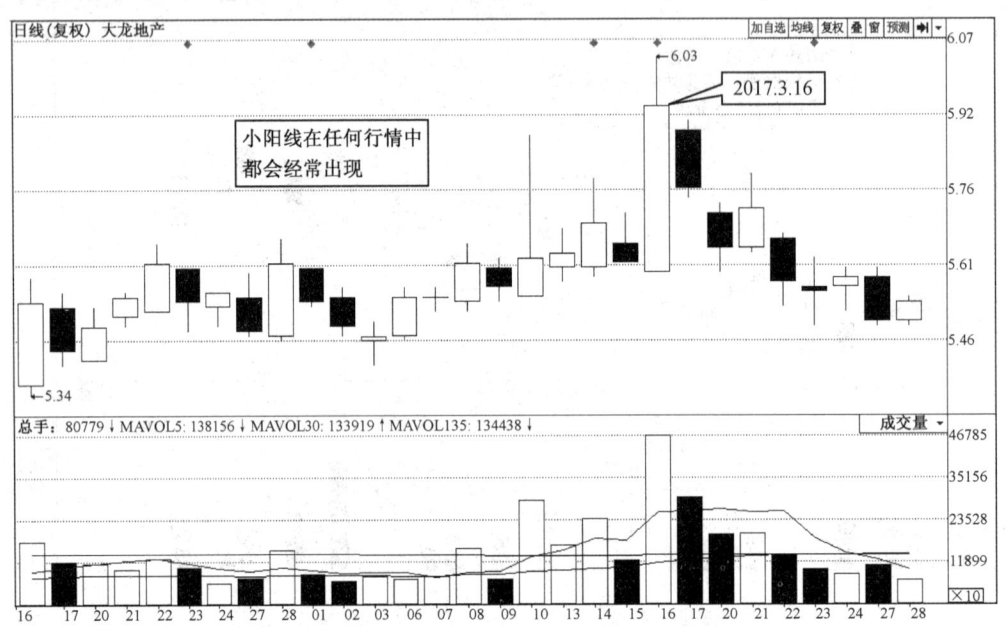

图1-13　大龙地产(600159)日K线走势图

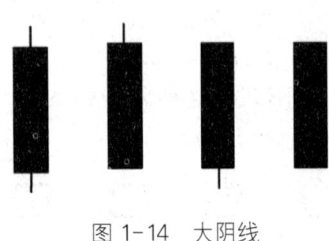

图1-14　大阴线

（四）大阴线

大阴线又称长阴线,是指收盘价与开盘价之间的波动范围在6%以上的阴线。这种阴线的实体较长,只有很短的影线或者没有影线,如图1-14所示。

大阴线可能出现在任何行情中。它的出现一般表示卖盘发挥了最大力量,空方始终占据着优势,后市看跌。大阴线的实体越长,表明卖盘力量越强。与大阳线一样,大阴线理论上的波动范围也可达当日开盘价的20%,但它是开于涨停位,收于跌停位。

**1. 操作策略**

大阴线表示卖盘相当强劲,后期股价可能下跌。但该形态出现在K线图不同的位置时指示作用也有所不同,应区别对待。

(1)在股价下跌途中出现大阴线,表示空方力量继续占据主动,后市仍然有下跌趋势,这时被套的投资者最好斩仓卖出。

(2)在盘整之后,出现大阴线,表示大多数投资者看淡后市,此时投资者应以持币观望为佳。

(3)在高价区或连续上涨行情中出现大阴线,表示卖盘突然发力,空方完全压倒多方,是见顶信号,投资者应当考虑卖出。

(4)在低价区或连续加速下跌行情中出现大阴线,而市场上的卖盘并不多,则可能是空方在释放最后的力量或是主力在洗盘吸筹,这时投资者应以观望为主,不要盲目抛售股票,也不要强势介入。

**2. 实战参考**

如图1-15所示,金花股份在2016年11月底出现了震荡筑顶迹象,后来该股进入下跌的通道。

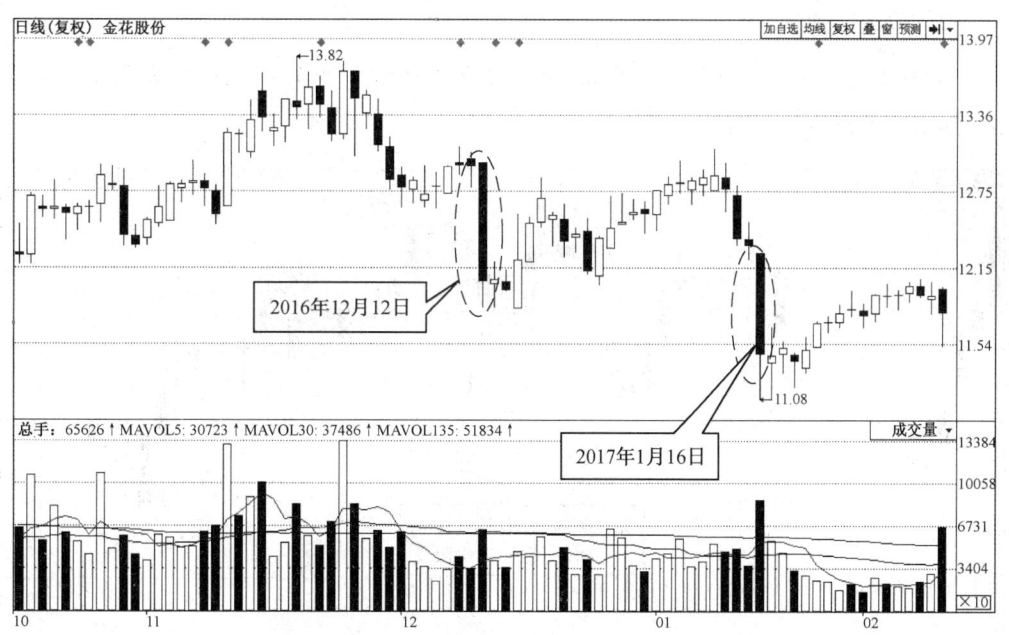

图1-15　金花股份(600080)日K线走势图

2016年12月12日,金花股份收出一根大阴线,表示空方占据了绝对优势,后市更加黯淡,这时投资者应果断出货。

该股经过一段震荡后,2017年1月16日,该股又出现大阴线,表明投资者对该股

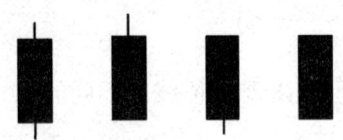

图 1-16 中阴线

继续看跌,这时仍持有股票的投资者最好实施清仓操作。

### (五)中阴线

中阴线是指开盘价与收盘价之间的波动范围在 3‰~6‰的阴线。这种阴线的实体比大阴线要短一些,如图 1-16 所示。

中阴线在任何行情中都可能出现。它的出现一般表示经过一天的战斗之后空方占据了优势,但优势不如大阴线明显。中阴线的实体长度反映了卖盘力量的强度,实体越长代表空方越强。

**1. 操作策略**

中阴线表示经过多空双方的力量对比,空方占据一定优势,从而造成股价在一定程度上的下跌。中阴线通常是看跌形态,它和中阳线一样,也非常有可能成为股市的转折点。

(1)中阴线能够透露的信号并不强,因此投资者不能把单根中阴线作为判断后市的依据。

(2)如果股价或大盘收于中阴线,并跌破大家公认的支撑位,这时投资者应该保持警惕,必要时可考虑减持或空仓。

**2. 实战参考**

如图 1-17 所示,2017 年 2 月底,正在震荡上涨过程中的东风科技出现了筑顶状况,期间多次以中阴线报收。

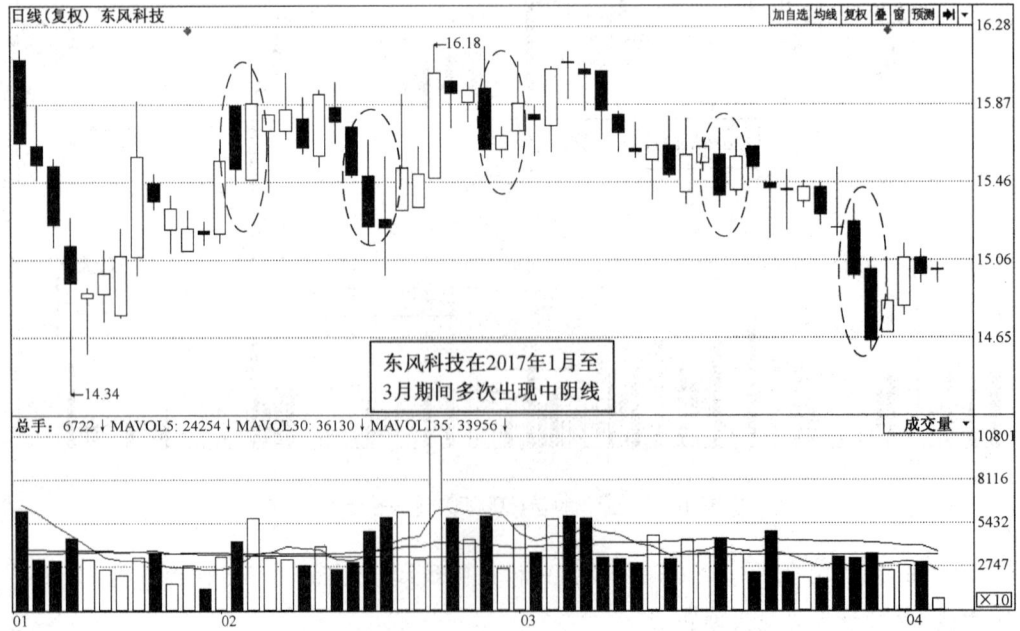

图 1-17 东风科技(600081)日 K 线走势图

2017年3月初,该股多次试图上攻,但均被一根又一根的中阴线所压制,直至空方占据绝对优势,后市看淡的迹象明显。

### (六)小阴线

小阴线是指开盘价与收盘价之间的波动范围在0～3%的阴线。这种阴线的实体非常短,如图1-18所示。

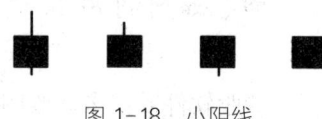

图1-18　小阴线

小阴线在盘整的过程中经常会出现,也可能出现在上涨或下跌的行情中。这种阴线显示了多空两方在小心接触——多方尽管有支撑,但空方却略胜一筹。

#### 1. 操作策略

小阴线的出现说明行情处于混乱不明的状态,多空双方并没有什么激烈的战斗,而是相互试探,在此过程中空方略占上风。

(1)通过单根小阴线,是无法准确判断后市的涨跌的。投资者需要根据其所处的价位区域以及前期的K线组合进行分析和判断。

(2)小阴线具有一定的欺骗性,会让缺乏警觉的投资者不以为然。庄家在控盘过程中会故意收出多根小阴线,用来悄然出货。

#### 2. 实战参考

如图1-19所示,中葡股份的股价经过1个月的下跌之后,于2017年1月25日拉

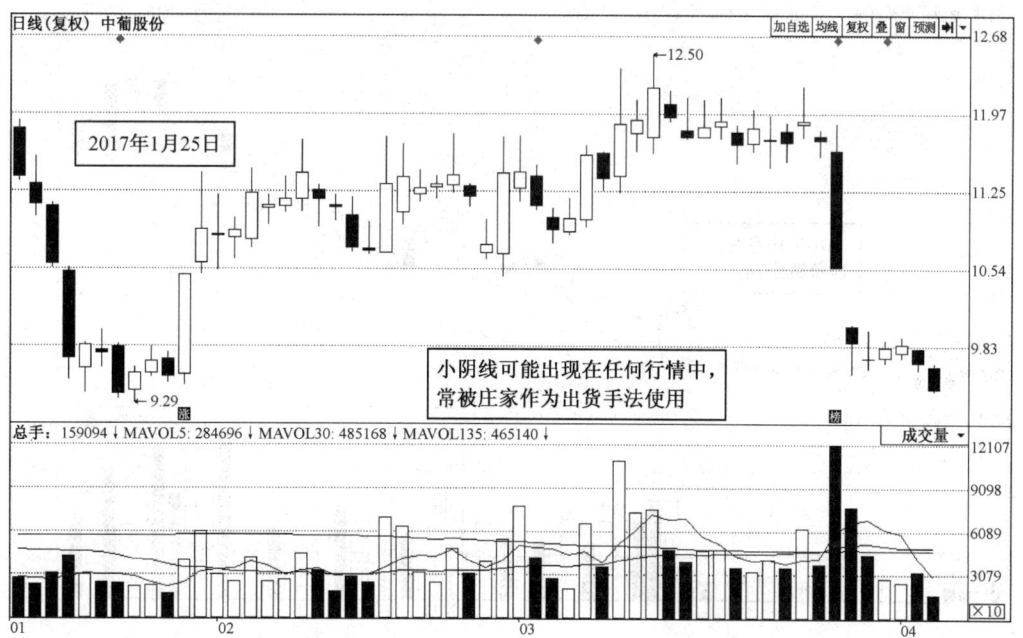

图1-19　中葡股份(600084)日K线走势图

13

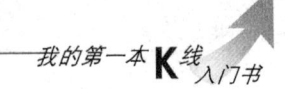

出一根大阳线。此后,股价进入震荡行情,走出很多的小阴线形态,后市看淡。在震荡过程中,投资者最好保持空仓观望,待后市有上涨迹象后再进行操作。

### 四、如何利用K线图在A股市场获利

炒股软件或很多炒股网站给出的K线图都是按照时间先后顺序排列整齐的一组图形。投资者通过相关提示,可以将其切换为日K线走势图、周K线走势图和月K线走势图等。其中,日K线走势图使用得最频繁。

通过对K线图的分析,大致可以获得这样几个结果。

#### (一)交易指示性信号:看涨与看跌

由于每根K线图都是当前交易日多空双方交锋的结果,因而,其对下一个交易日股价的走势具有很强的指示作用。例如,前一交易日的K线图走出了光头阳线(没有上影线的阳线),则说明下一交易日高开的可能性非常大;如果前一交易日的K线图走出了光脚阴线(没有下影线的阴线)则说明下一交易日低开的可能性非常大。

图1-20为中体产业日K线走势图。2016年10月26日,中体产业股价涨停,日K线出现了光头大阳线形态,这预示着下一个交易日股价可能继续上涨。27日、28日股价直接出现了小幅调整,其后,重拾升势。

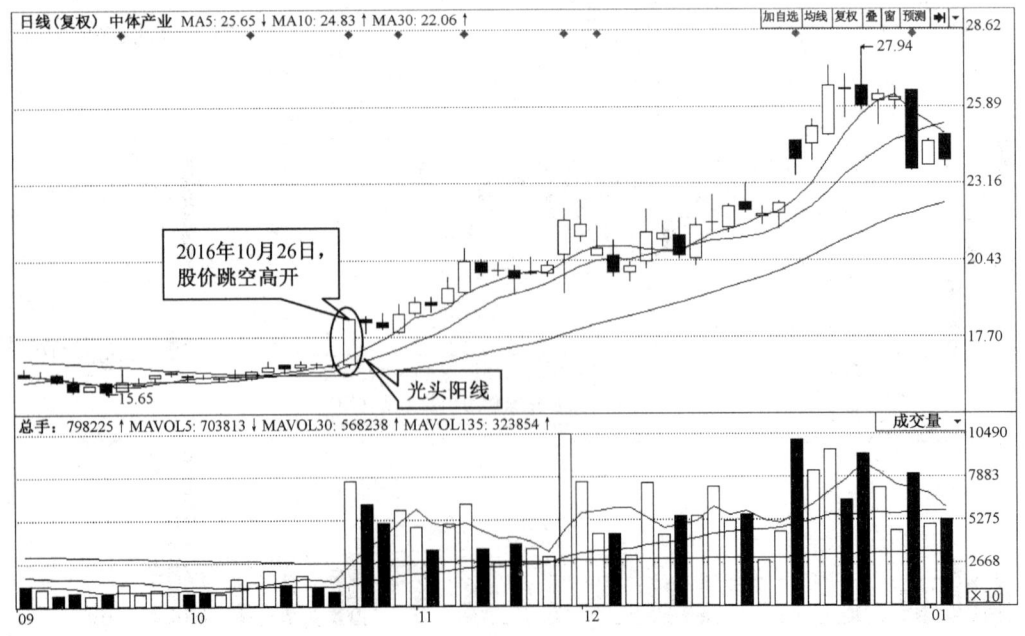

图1-20　中体产业(600158)日K线走势图

单根K线只反映了某一交易日的多空争夺情况,因而,其对未来走势的预判准确性并不高。如果能够通过观察一组或者结合其他技术指标综合研判,效果则会好很多。

（二）趋势性引导信号:牛市与熊市

事实上,我们很难从一根K线中预判出未来股价的走势,却可以从一组K线的运行态势中预测未来的趋势。例如,前几个交易日的K线形成了某种典型的反转形态,如启明星形态、黄昏之星形态,那么,我们就可以预判股价走势可能会发生反转;如果以前十几个,乃至几十个K线图构成了典型的底部形态或顶部形态,那么,就可以预判股价在不远的将来会上涨或下跌。

如图1-21所示,铜陵有色自2014年10月21日起开始一波下跌走势,其后,股价在底部震荡盘整了1个月左右的时间,形成三重底形态。11月24日,股价突然跳空上涨,突破三重底形态,成交量也同步放大,这预示着股价将会走出一波上涨行情。

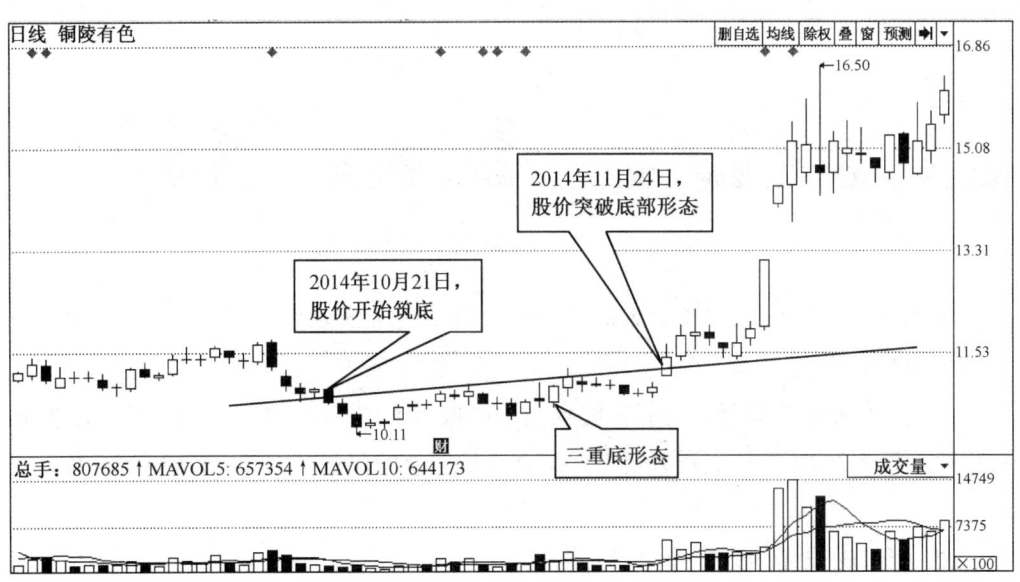

图 1-21　铜陵有色(000630)三重底形走势图

趋势性引导信号,也许并不会直接告诉你明天股价会涨还是会跌,但是,它却可以告诉你,未来股价运行趋势的大概率事件,即上涨的概率大或者下跌的概率大。

（三）组合交易信号:买点与卖点

实质上,单纯的K线并不会发出买入或卖出信号。如果能将K线与其他技术分析工具结合,那么,K线就可以发出买卖交易指示性信号。例如,K线与均线系统结合,同时辅以成交量为参考,那么,研判股票的买卖点将更为准确。

如图 1-22 所示,嘉澳环保的股价在 2017 年 3 月 10 日,结束了连续多日的盘整,收出一根光头大阳线。此根阳线一举突破多条均线的压制,与此同时,成交量相比前一交易日放大了数倍,此时,即是该股最佳买入时期。

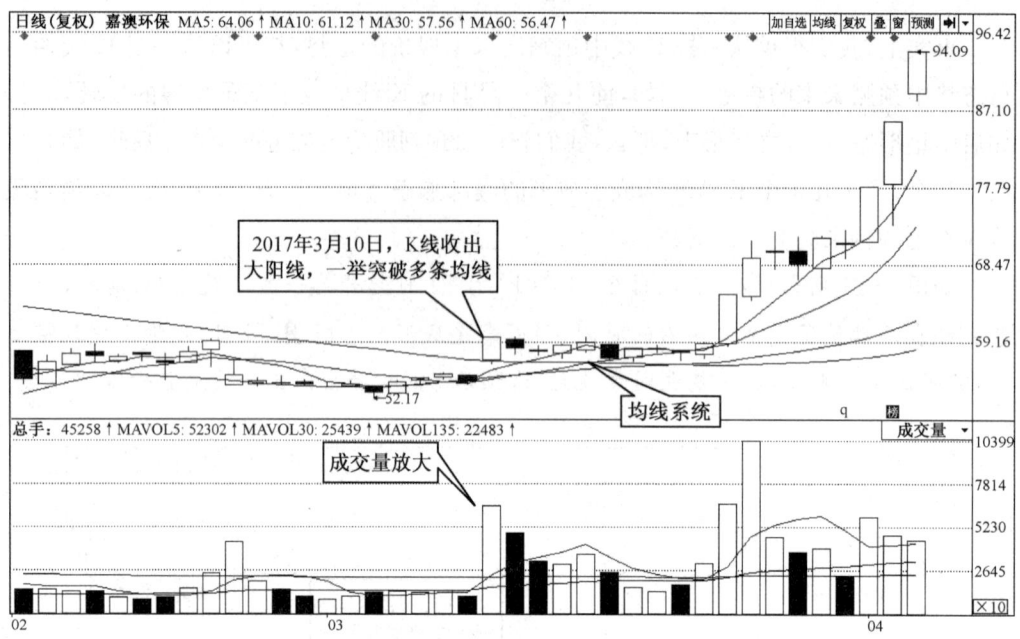

图 1-22　嘉澳环保(603822)日 K 线走势图

通常情况下,K 线上穿均线系统时,如能有成交量放大相配合,那么,未来股价上涨的可能性会更大。

买卖交易指示性信号的可靠程度相比于单根 K 线或 K 线组合要高很多,不过,股市中永远没有绝对的事,投资者还需要结合股价所处的位置、外围环境等综合分析。

## 五、K 线图在 A 股市场的应用

尽管 K 线图在股价运行趋势判断方面发挥了重要作用,也曾帮助一些投资者获取了相当可观的收益,但由于市场价格运行的复杂性、随机性和 K 线图本身的局限性,使得很多人对 K 线图的有效性提出了质疑。

(一)K 线图的局限性

K 线图的局限性主要表现在以下两个方面。

第一,K 线图的滞后性。

无论是日 K 线、月 K 线还是小时 K 线、分钟 K 线,都是在交易完成后形成的图形,因而,其反映的是过去的信息。不过,我们相信,历史就是明天的预演,过去价格波动过程中形成的K线形态,在未来一定还会出现;而事实上,不只出现过,而且还经常性地出现。这也促使我们不停地对历史进行研究和探讨,以求更加准确地预测未来价格的走势。当然,有时候,单独K线所发出的信号准确性确实不足,但它毕竟为我们提供了一项参考依据。其实,任何一种技术分析都存在这个问题,关键还要看我们如何运用。

第二,K线信息的有限性。

K线图给出了开盘价、收盘价、最高价和最低价四个信息,而反映股票交易的还有成交量、平均持仓成本等信息,这些信息实质上与价格信息同等重要。我们通过将K线与均线、成交量以及其他技术指标结合使用,可以在很大程度上解决这一问题。

## (二)A股市场K线图的特点

K线图在A股市场应用过程中,还要特别注意以下几点。

第一,K线图的不充分形态。

由于A股市场设置了涨跌停板,这就使得股价在某个交易日上涨或下跌一定幅度后出现停板现象,反映到K线图上,就形成了光头光脚K线、T形板、一字板等特殊形态。这些不充分形态的出现,往往预示股价在后市将延续前一交易日的走势,即前一交易日上涨到涨停板位置后,次一交易日继续上涨的可能性就会很大。我们在后面的章节还会对这些K线形态进行专门的研究。

第二,T+1交易对K线图的影响。

我国股市目前仍执行T+1交易制度,这在一定程度上限制了交易次数和交易量。很多投资者当天买入股票后,发现行情不对或者自己买入决策完全是因为庄家诱多而造成的,也无法在当日卖出,这就使得很多K线图的形态因为庄家的人为原因出现了一些长长的上影线或下影线;同时,也因为T+1交易制度的制约,很多专业投资者都喜欢在尾盘进行交易,这也是尾盘股价变动较大以及光头光脚K线出现的一个重要原因。

# 第二章 | K线研判的核心与要点

K线，比任何人都了解市场。市场的任何风吹草动，K线都会通过自身形态的变化以及与相邻K线构成的K线组合讲述出来。我们研判K线的目的就是准确识别K线的这种语言。在K线所发出的各种信息中，尤以下面几种最为重要。

## 一、反转：K线运行趋势的变向

反转，意味着股价将结束原来的运行轨迹，并进而开启一段新的行情。有一些比较特殊的K线形态出现后，股价经常会发生行情反转的情形。这些形态，我们就称之为"反转形态"。

当K线走出反转形态时，股价未必就一定会发生反转，只是我们根据以往的经验判断，其发生反转的可能性较大，因此，投资者发现这些反转形态时，应该特别注意股价下一阶段的走势，一旦股价反转，就应采取相应的行动。常见的反转形态包括锤子线与上吊线、看涨吞没与看跌吞没、乌云盖顶与曙光初现、早晨之星与黄昏之星、孕线和十字线。

### （一）锤子线与上吊线

锤子线和上吊线都是具有反转意味的单根蜡烛线，属于比较常见的蜡烛图形态。从形态上看，具有共同的外部特征，如图2-1所示。

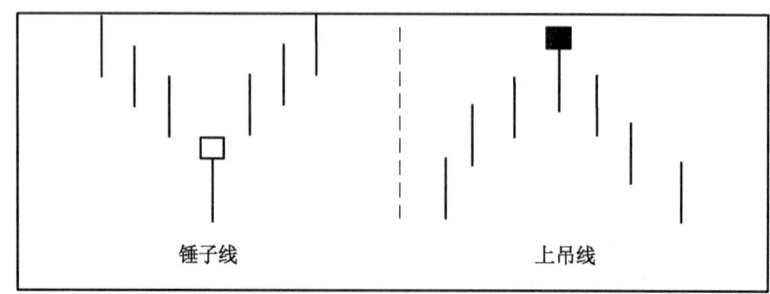

图 2-1　锤子线与上吊线

1. 形态特征

锤子线与上吊线所具有的共同形态特征如下：

（1）实体很小，且实体位置处于当天价格顶端的位置，实体的颜色并不影响形态的成立，所以，锤子线与上吊线的实体既可以是阳线，也可以是阴线。

（2）下影线较长，其长度甚至是实体长度的两倍或两倍以上。

（3）锤子线与上吊线都没有上影线，或者有很短的上影线。

2. 操作策略

锤子线是见底信号，后市看涨。它可以是阳线，也可以是阴线；当然，阳线比阴线的信号更强。上吊线形态通常表示行情见顶或即将见顶，后市看跌。当股价已有较大幅度上涨后，出现这种形态时应该多加注意。

（1）如果在出现锤子线的第二日，股价呈上涨势头，则表明多方已经开始占据主导地位。这时，投资者可购入股票，持股待涨；如果在出现上吊线的第二日开盘价较低，且股价也一路走低，则表明反转趋势已经确立，投资者最好卖出所有股票，以持币观望为主。

（2）出现锤子线形态后，如果投资者担心风险，则可以观察几日，待行情企稳后再进行建仓操作；如果出现了上吊线，且伴随着成交量的放大，则表明行情已见顶，投资者应提高警惕并实施减仓操作。

（3）投资者如果以锤子线参考购买股票，那么就应将锤子线的下影线末端作为止损位，一旦股价跌破该价位，就应果断卖出股票。

（4）出现了上吊线，但成交量没有放大反而萎缩，则要等待出现下一个确认信号（如第二日收为大阴线，确认为反转信号）或行情明朗之后，再进行判断和操作。

3. 形态综述

锤子线一般出现在下跌行情中，在当日开盘后，股价一路走低，但跌幅较深时，多方开始反击，并把股价拉高，从而形成一根具有长下影线的小实体K线。这种形态表示空方力量已经耗尽，多方在聚集力量开始反攻，通常预示着行情将反转向上。其下影线越长，参考意义越重要。

上吊线一般出现在上涨行情中，在当日开盘后，股价在空方的打压下一路走低，跌幅较深时，多方开始阻击，并努力想把股价拉高，从而形成一根具有长下影线的小实体K线。上吊线表示多方在作最后的努力但已力不从心，而空方已经聚集好力量，正蓄势待发，这种形态的出现预示着股价已经涨到尽头，行情将反转向下。

4. 实战参考

下面来看一下广东宏图的案例，如图2-2所示。

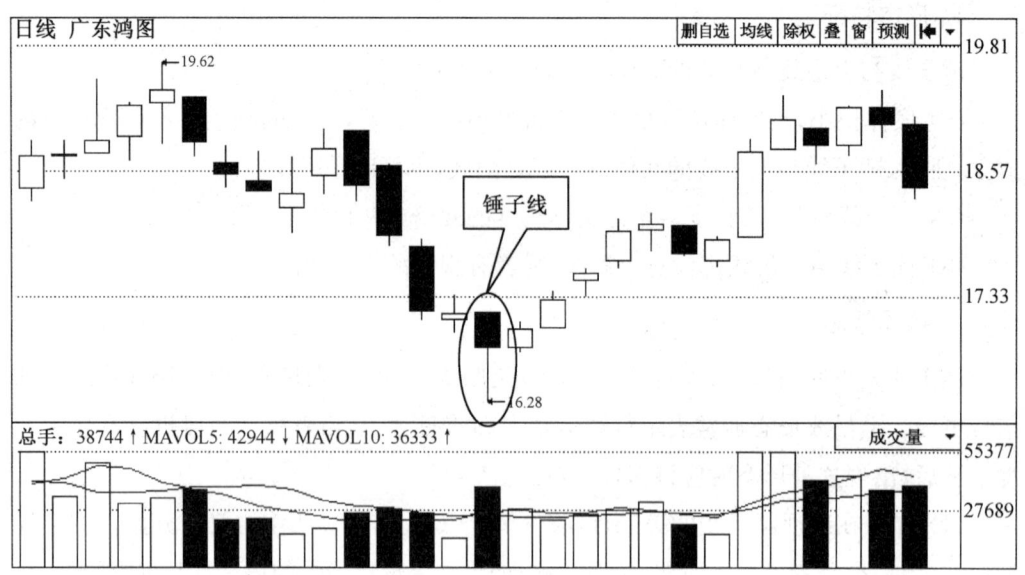

图 2-2 广东鸿图(002101)日 K 线走势图

在图 2-2 中,广东鸿图从 2015 年 1 月底开始出现了一波下跌行情。2015 年 2 月 10 日,该股收出锤子线,且锤子线的最低价创下了一段时间内的最低点,这表明后市将进入上涨行情,激进的投资者可以在第二日买进该股,而稳健的投资者则可继续观望,等到第三日(2 月 12 日)该股突破锤子线顶端价位时再跟进该股。

下面来看一下中钢天源的案例,如图 2-3 所示。

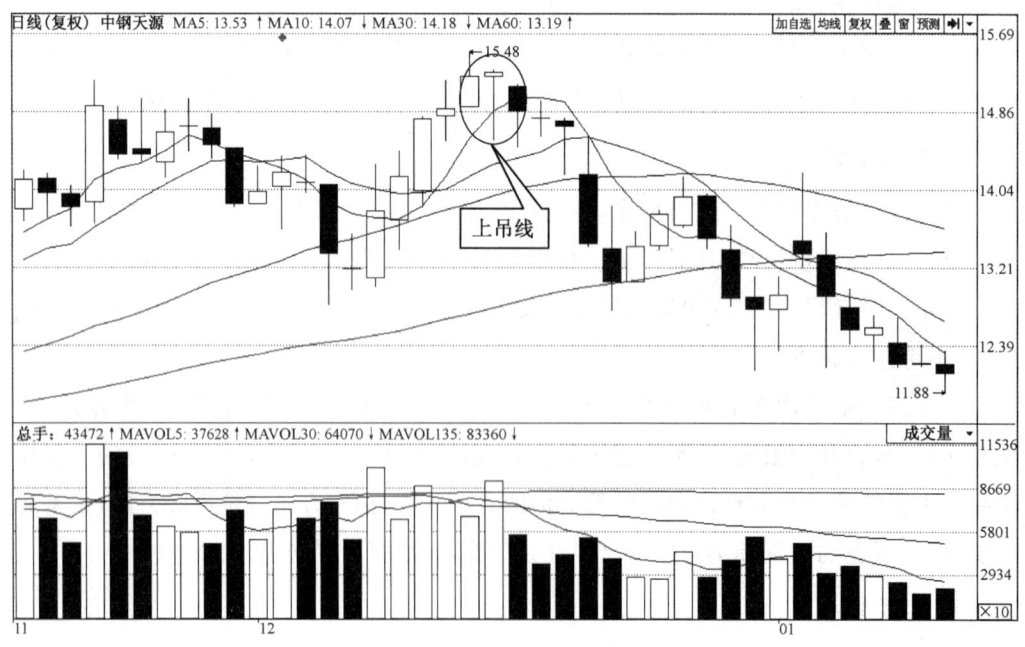

图 2-3 中钢天源(002057)日 K 线走势图

在图2-3中，从2014年11月末开始，中钢天源的股价走出了一波上涨行情。

2014年12月16日，该股收出一根上吊线，这极有可能是转势信号，且当日成交量放大，更印证了行情反转的可能性。

第二日（12月17日），该股收出一根低开低走的阴线，下降趋势基本确立，这时投资者应进行减仓以规避风险。之后，股价进入了下跌行情。

### （二）看涨吞没与看跌吞没

看涨吞没与看跌吞没是两组比较典型的反转形态，属于比较常见的蜡烛图形态。从形态上看，两组形态具有一定的相似性，如图2-4所示。

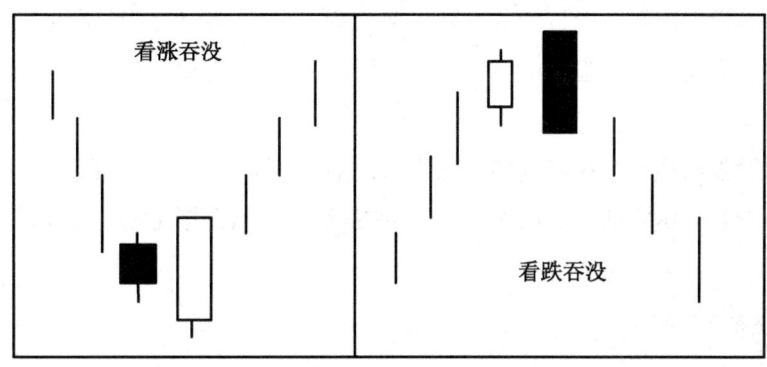

图2-4　看涨吞没与看跌吞没

#### 1. 形态特征

看涨吞没与看跌吞没所具有的共同形态特征如下：

（1）由前后相邻的两根蜡烛图构成，其中，第二根蜡烛图的实体要将第一根蜡烛图的实体完全"包住"。

（2）两根蜡烛图实体的颜色是正好相反的，看涨吞没是前阴后阳，看跌吞没是前阳后阴。

（3）股价将向后一根K线图所预示的方向发展，即看涨吞没形态是预示未来上涨的信号而看跌吞没是预示未来下跌的信号。

#### 2. 操作策略

看涨吞没与看跌吞没说明原本占据优势的空方（多方）的力量几乎被完全消耗，多方（空方）已经成为主导力量，市场有发生反转的可能。

（1）在连续上涨走势中出现看跌吞没形态，表明卖盘力量明显强过买盘力量，是股价见顶回落的信号，投资者宜在次日采取逢高卖出的做空策略。

（2）在连续下跌走势中出现看涨吞没形态，表明卖盘力量明显强过买盘力量，是股

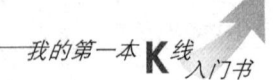

价触底回升的信号,投资者宜在次日采取逢低吸纳的做多策略。如果投资者依照该形态买入股票,则应将止损位设在看涨吞没形态中阳线的最低价上,一旦股价跌破该价位,投资者应尽快卖出止损。

(3)投资者在操作中需要注意的是,在识别看涨吞没和看跌吞没信号时,应该看两根 K 线实体部分是否"包住",即后一根 K 线的实体部分是否包住了前一根 K 线的实体部分,而不要将上下影线计算在内,否则会引发错误的操作。

(4)如果在发生"吞没"的当天,伴随着成交量的放量配合,则可确认为转势信号。如果第二根 K 线的实体能吞没前面好几天的实体,则表明反转的力量很大。

### 3. 形态综述

当看涨吞没出现在一段持续的下跌走势之后,即前一根 K 线是阴线,后一根 K 线是阳线。该形态表示之前强势的空方力量衰竭,多方开始占据主动并已压倒空方,是见底信号。

当看跌吞没出现在一段持续的上涨走势之后,即前一根 K 线是阳线,后一根 K 线是阴线。该形态表示之前强势的多方力量衰竭,空方开始占据主动并已压倒多方,是见顶信号。

### 4. 实战参考

下面先来看一下太阳纸业的案例,如图 2-5 所示。

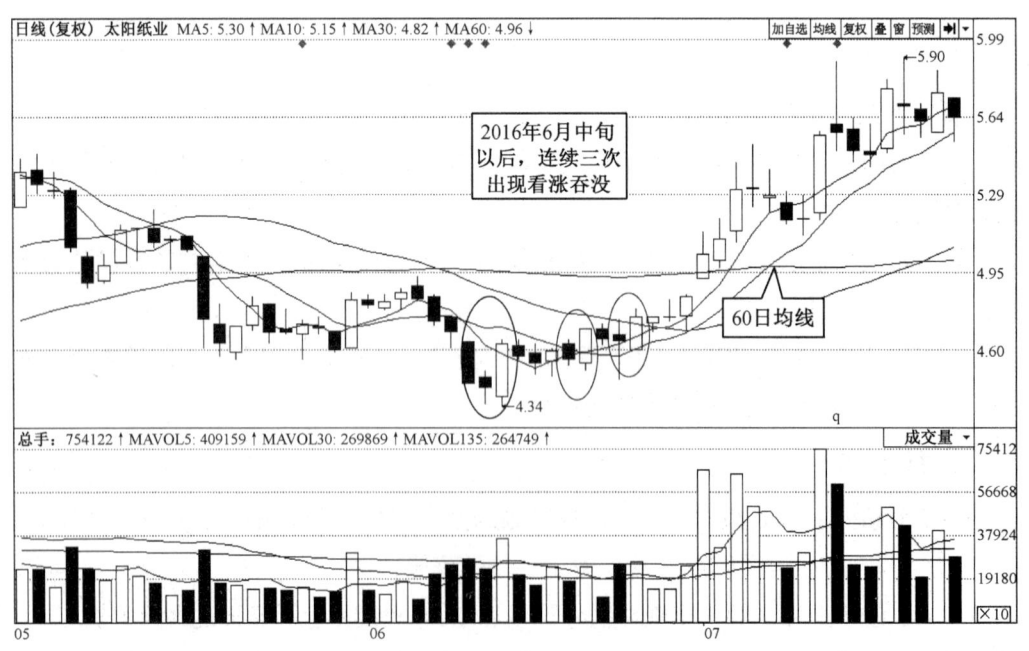

图 2-5　太阳纸业(002078)日 K 线走势图

在图 2-5 中,太阳纸业的股价在 2016 年 4 月中开始了一波下跌走势,进入 6 月中旬,该股股价出现反弹迹象。6 月 15 日、6 月 22 日、6 月 27 日三根阳线与前一交易日的阴线均构成了看涨吞没形态,预示股价将要企稳反弹,投资者可以保持对该股的关注。其后,该股股价向上突破了 60 日均线,预示将会马上启动,投资者宜快速跟进买入股票。

再来看一下看跌吞没的案例,如图 2-6 所示。

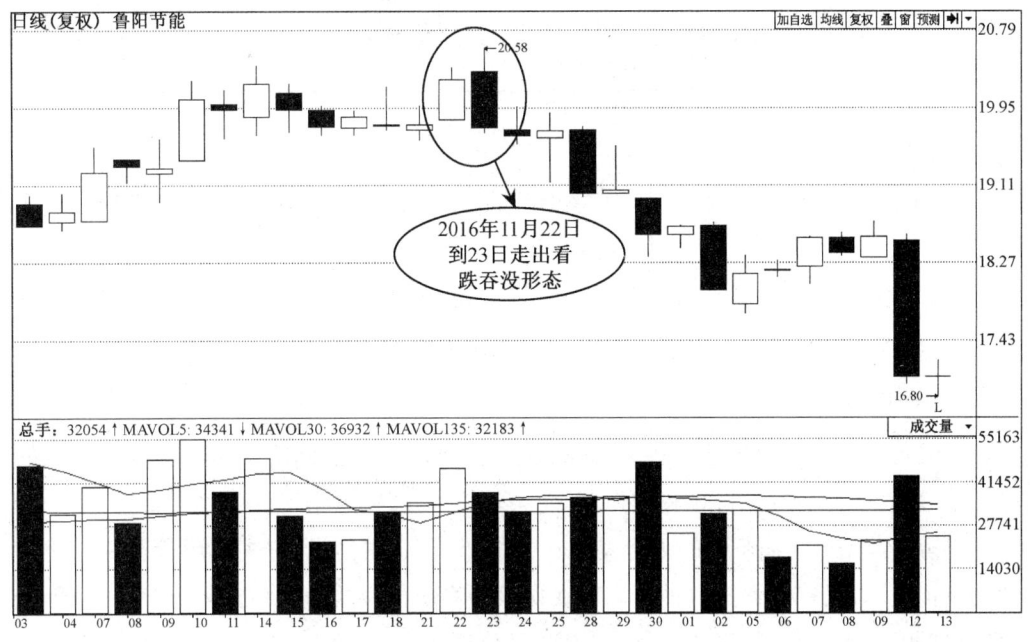

图 2-6　鲁阳节能(002088)日 K 线走势图

在图 2-6 中,鲁阳节能的股价从 2016 年 2 月份启动了一波震荡上涨行情。到了11 月初,该股股价出现了筑顶迹象。11 月 22 日,该股股价继续了上涨惯性,拉出了一根中阳线,11 月 23 日,该股高开低走,拉出了一根大阴线,这根大阴线吞没了此前的阳线,说明股价反转的可能性非常的大,投资者宜卖出股票。

## (三)乌云盖顶与曙光初现

乌云盖顶与曙光初现也是两组比较典型的反转形态,属于比较常见的蜡烛图形态。从形态上看,两组形态具有一定的相似性,如图 2-7 所示。

### 1. 形态特征

乌云盖顶与曙光初现所具有的共同形态特征如下:

(1)也是由前后相邻的两根蜡烛图构成,其中,乌云盖顶中第二根蜡烛图的实体要将第一根蜡烛图上半部完全盖住;曙光初现中第二根蜡烛图的实体要将第一根蜡烛图的下半部完全盖住。

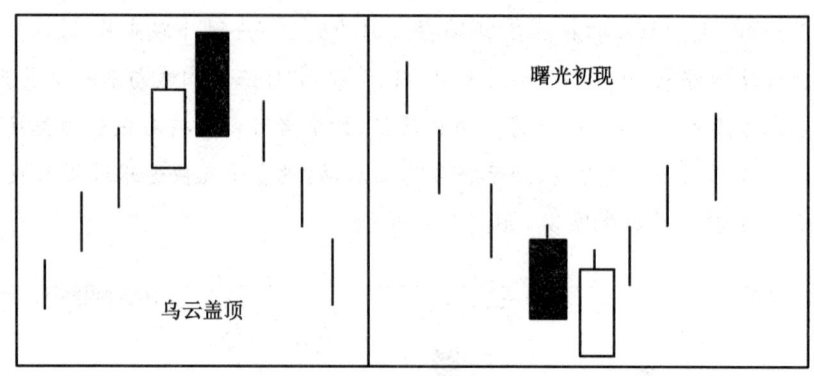

图 2-7　乌云盖顶与曙光初现

（2）两根蜡烛图实体的颜色是正好相反的，乌云盖顶是前阳后阴，曙光初现是前阴后阳。

（3）股价将向后一根K线图所预示的方向发展，即乌云盖顶形态是预示未来下跌的信号；曙光初现是预示未来上涨的信号。

2. 操作策略

乌云盖顶预示着股价已经触到天花板，行情或许将见顶回落。曙光初现是常见的底部信号，表示行情或许将触底反弹。

（1）乌云盖顶比喻晴朗的天空突然乌云密布，是看跌信号，它表明股价至少是阶段性的筑顶成功，投资者遇到这种形态应在次日择高卖出以规避风险；曙光初现比喻黑暗过后出现的一丝光亮，是看涨信号，它表明股价至少是阶段性的筑底成功，投资者遇到这种形态可考虑买进、适量做多。

（2）乌云盖顶形态出现后，如果股价马上进入下降通道，往往相应的下跌力度并不大；相反，如果有一个短暂的调整期，则会在蓄势之后爆发出强劲的下跌力量；曙光初现形态出现后，如果股价马上进入上升通道，往往相应的上涨力度并不大；相反，如果有一个短暂的调整期，则会在蓄势之后爆发出强劲的上涨力量。

（3）乌云盖顶形态中第二根阴线的实体部分越大，收盘价越低，则后市下跌的力度就越大；曙光初现形态中第二根阳线的实体部分越大，收盘价越高，则后市上涨的力度就越大。

（4）需要注意的是，第二根阴线的实体部分应扎入前一日阳线的实体部分一半以上，这样乌云盖顶形态才会有意义；同样，第二根阳线的实体部分应超越前一日阴线的实体部分一半以上，这样曙光初现形态才会有意义。

3. 形态综述

乌云盖顶的第一根阳线表示原来上涨趋势的延续。第二根阴线表示开盘初始时多方仍占据优势，因而开盘价与前一根阳线的收盘价之间有一定的跳空，但之后空方开始发力,不仅填补了这一跳空缺口,还在收盘时将股价拉升至前一日阴线实体 1/2 以下位置,好像要将前一日阳线覆盖,因而乌云盖顶又被称为覆盖线。

曙光初现的第一根阴线表示原来下跌趋势的延续。第二根低开高走的阳线表示开盘初始时空方仍占据优势,因而开盘价与前一根阴线的收盘价之间有一定的跳空,但之后多方开始发力,不仅填补了这一跳空缺口,还在收盘时将股价拉升至前一日阴线实体 1/2 以上位置,好像要将前一日阴线贯穿。因而曙光初现又被称为贯穿模式。

4. 实战参考

下面先来看一下华能国际的案例,如图 2-8 所示。

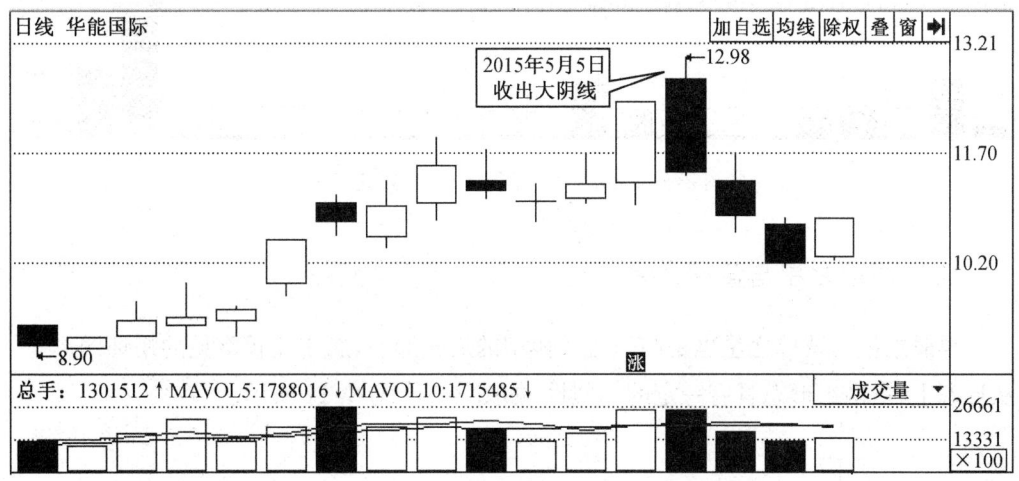

图 2-8　华能国际(600011)日 K 线走势图

在图 2-8 中,华能国际的股价从 2015 年 4 月 10 日开始启动了一波快速拉升。股价在拉升过程中不断进行震荡调整。5 月 4 日,该股以涨停报收,在 K 线图上留下一根光头大阳线。5 月 5 日,该股高开低走,收出一根大阴线,且此阴线深入前一根阳线一半以上,至此,乌云盖顶形态正式形成。再观察一下,出现大阴线当天的成交量就会发现,当天成交量比前一交易日稍稍放大了一些,预示股价出现下跌的可能性非常大。

上面是乌云盖顶的案例,下面再来看一下曙光初现的形态,如图 2-9 所示。

在图 2-9 中,2014 年 7 月 24 日、25 日,信邦制药的日 K 线图上出现了曙光初现形态。

2014 年 7 月 24 日,信邦制药收出一根光头大阴线。7 月 25 日,该股跳空低开不久便探底,随后一路上扬,不仅成功弥补了开始的跳空,还将收盘价定格在了上涨 4.5% 的位置,形成了一根光头阳线。这根阳线深入前一日大阴线实体的中部以上位置,共同组成了曙光初现形态。这预示着股价在已经实现阶段性沉底。

2014 年 7 月 28 日,该股跳空高开,多方优势更加明显,投资者应该在盘中逢低买进,积极吸纳。

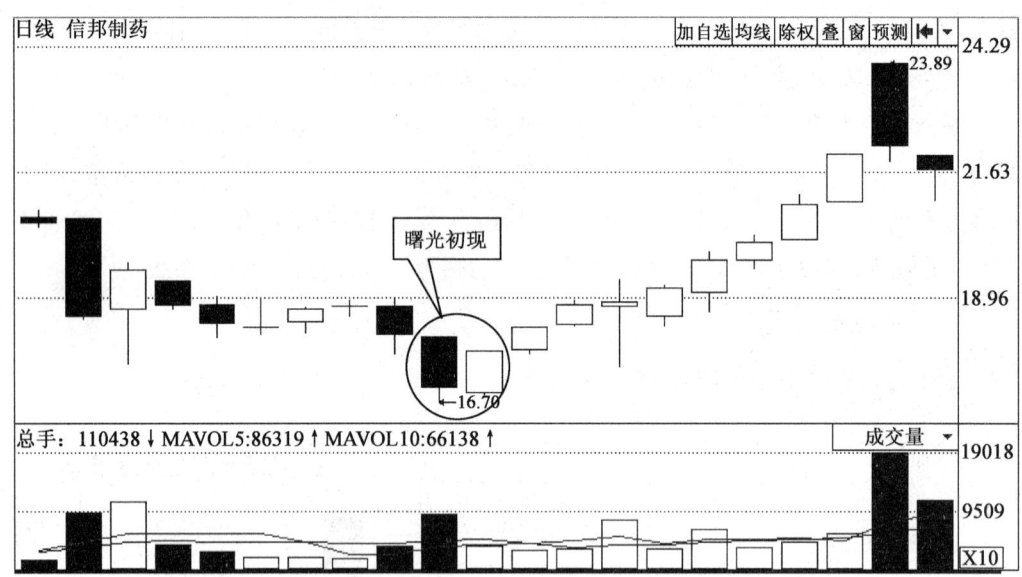

图 2-9　信邦制药(002390)日 K 线走势图

### （四）早晨之星与黄昏之星

早晨之星与黄昏之星也是两组比较典型的反转形态，属于比较常见的蜡烛图形态。从形态上看，两组形态具有一定的相似性，如图 2-10、图 2-11 所示。

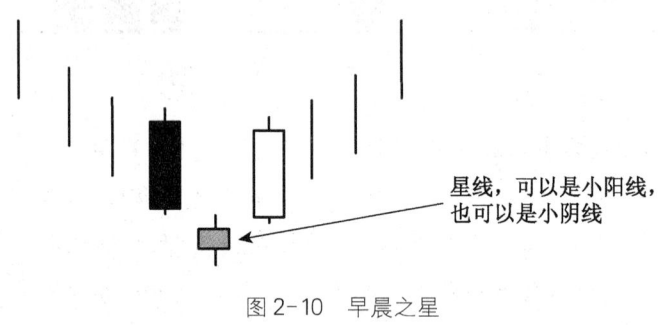

图 2-10　早晨之星

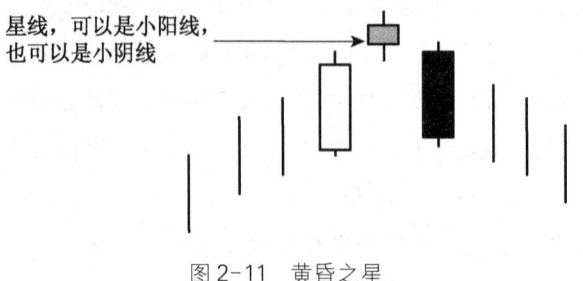

图 2-11　黄昏之星

早晨之星，也就是启明星，通常出现在黎明之前的最黑暗时候，可以视为黑夜与白昼的分界点。它在不确定的状态下却有着确定的含义,即说明股价已经到达谷底,行情将摆脱下跌的阴影重现光明。黄昏之星形态是通过"夜幕降临、明星出现"来暗喻股价已经到达顶峰,市场将进入黯淡的下跌行情。

早晨之星和黄昏之星可以根据中间星线的变化衍生出不同的形态。如,中间的星线可以是锤头线、倒锤头、螺旋桨、十字线、T字线和倒T字线等。当星线是十字线时,其见底回升或见底反转的信号意义更为明显。如果该十字线与前后两根K线之间均出现缺口,反转信号更强烈。

1. 操作策略

早晨之星的出现表示多空双方的力量对比发生了转换,行情由空方主导转变成多方主导,后市看涨;黄昏之星的出现表示多空双方的力量对比发生了转换,行情由多方主导转变成空方主导,后市看跌。

(1) 早晨之星是常见的见底回升信号,其信号意义较为明显。因此,投资者一看到这种形态,就应该考虑买入;黄昏之星是常见的见顶回落信号,其信号意义较为明显。因此,投资者一看到这种形态,就应该考虑将手中的股票卖出。

(2) 早晨之星出现,投资者买入的时机可以选择在早晨之星第三根阳线形成的当日,如果当日没有买入,则可以选择次日建仓;黄昏之星出现,投资者可以将卖出时机选择在黄昏之星第三根阴线形成的当日,如果当日没有卖出,则可以选择次日离场。

(3) 星线间的实体越小,其与第一根K线之间的跳空的幅度越大,那么反转的可能性就越大。

(4) 以早晨之星为标准买入股票的投资者,应该将止损位定在中间星线的最低价上。

2. 实战参考

下面先来看一下早晨之星的案例,如图2-12所示。

在图2-12中,长航凤凰在下跌行情末期的2013年6月27日、28日和7月1日这三个连续的交易日里形成了早晨之星形态。

2013年6月27日,长航凤凰收出一根上影线较长的大阴线,表明上方存在较大的抛压。

2013年6月28日,该股跳空低开,并收出一根十字线,这表明多空双方处于胶着状态,后市情况不明。

2013年7月1日,该股以前一日开盘价高开,收出一根大阳线,说明市场已经进入了多头状态。

这三根K线共同组成了早晨之星形态,这是后市看涨的征兆。因此,投资者应在7月2日这一天买入股票,持股待涨。

上面是早晨之星的实战案例,下面再来看一组黄昏之星的案例,如图2-13所示。

图 2-12　长航凤凰(000520)日 K 线走势图

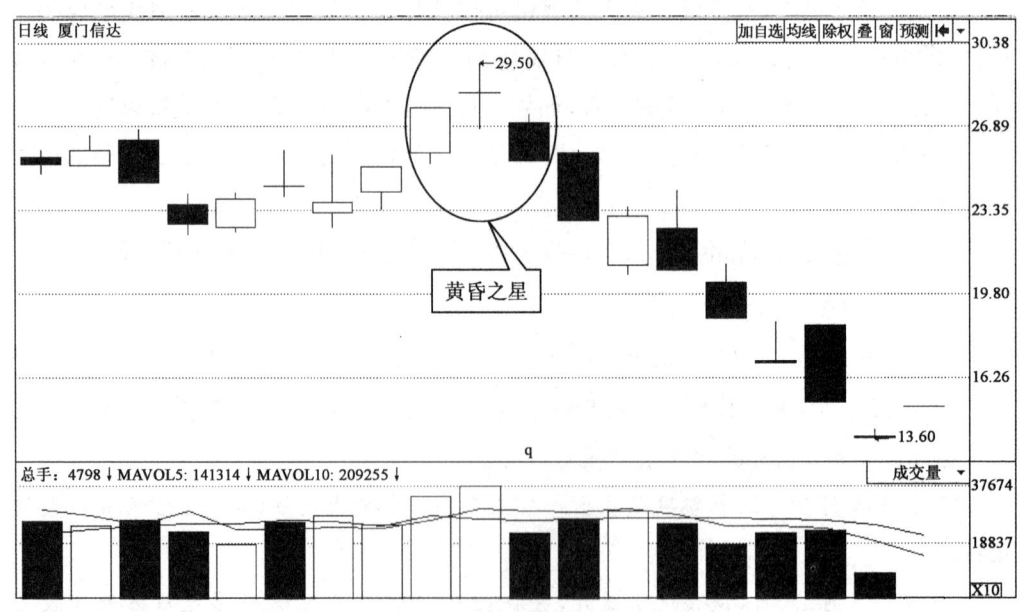

图 2-13　厦门信达(000701)日 K 线走势图

在图 2-13 中,厦门信达在上涨行情末期的 2015 年 6 月 24 日、25 日和 26 日这三个连续的交易日里形成了黄昏之星形态。

2015 年 6 月 24 日,厦门信达收出一根光头大阳线,表明多方占据绝对优势地位。

2015 年 6 月 25 日,该股跳空高开,并收出一根十字线,这表明多空双方处于胶着状态,后市情况不明。

2015 年 6 月 26 日,该股以低于前一日开盘价低开,收出一根大阴线,说明市场已经进入空头格局。

这三根 K 线共同组成黄昏之星形态,这是后市看跌的征兆。因此,投资者应在 6 月 27 日这一天卖出股票。

### (五) 孕线

孕线形态与前面介绍的看涨吞没、看跌吞没形态相似,只是蜡烛图的长短关系发生了一些改变。孕线同样属于比较经典的反转形态,如图 2-14 所示。

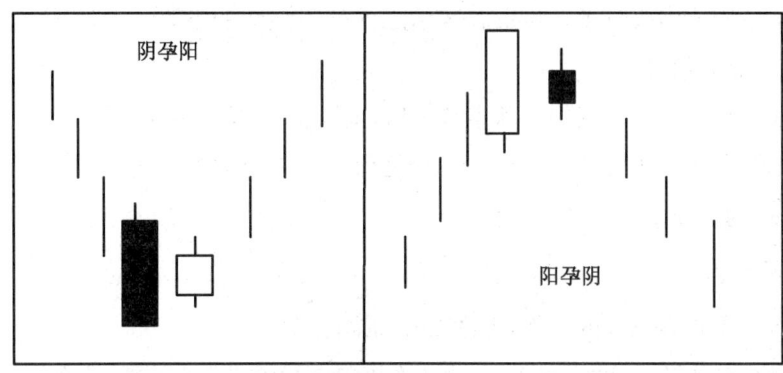

图 2-14　孕线

#### 1. 形态特征

孕线所具有的共同形态特征如下:

(1)孕线是由前后相邻的两根蜡烛图构成,其中,第二根蜡烛图的实体越小,形态信号的准确度就越高,尤其是当第二根蜡烛图呈十字线时,表明后市发生行情反转的可能性非常大。

(2)两根蜡烛图实体的颜色是正好相反的,第二根蜡烛图实体藏入第一根蜡烛图实体内的程度越深,那么形态的信号强度就越强。

(3)股价将向后一根 K 线图所预示的方向发展,即阳孕阴形态是预示未来下跌的信号;阴孕阳则是预示未来上涨的信号。

#### 2. 操作策略

孕线的出现表明在市场中存在着一种犹豫心理,它具有一定的趋势反转含义,但其反转信号的强度不如包线。

(1)在连续上涨走势中出现阴孕阳形态,表示卖盘力量减弱,股价可能即将见底或继续下跌的空间很小。这时投资者不宜轻举妄动,而应该耐心观察,当有其他信号证明股价将上涨时,再进行买入操作。

（2）在连续下跌走势中出现阳孕阴形态,表示买盘力量减弱,股价可能即将见顶或继续上涨的空间很小。这时投资者可卖出部分股票,轻仓观望。

（3）尽管第二根 K 线并不长,但其收盘价也能侧面反映反转的可能性。阴孕阳形态中,后一根阳线相对于前一根阴线而言,收盘价越高,则反转向上的可能性越大。阳孕阴形态中,后一根阴线相对于前一根阳线而言,收盘价越低,则反转向下的可能性越大。

3. 形态综述

当孕线出现在一段持续的下跌走势之后,前一根 K 线是阴线,后一根 K 线是阳线,则称之为阴孕阳或多头母子。该形态表示之前处于强势的空方力量减弱,多方开始发力,通常表现见底信号。

当孕线出现在一段持续的上涨走势之后,前一根 K 线是阳线,后一根 K 线是阴线,则称之为阳孕阴或空头母子。该形态表示之前处于强势的多方力量减弱,空方开始发力,通常表现为见顶信号。

4. 实战参考

先来看一下长春燃气的案例,如图 2-15 所示。

长春燃气的股价从 2014 年 12 月中下旬开始一路震荡走低。2015 年 1 月 19 日,该

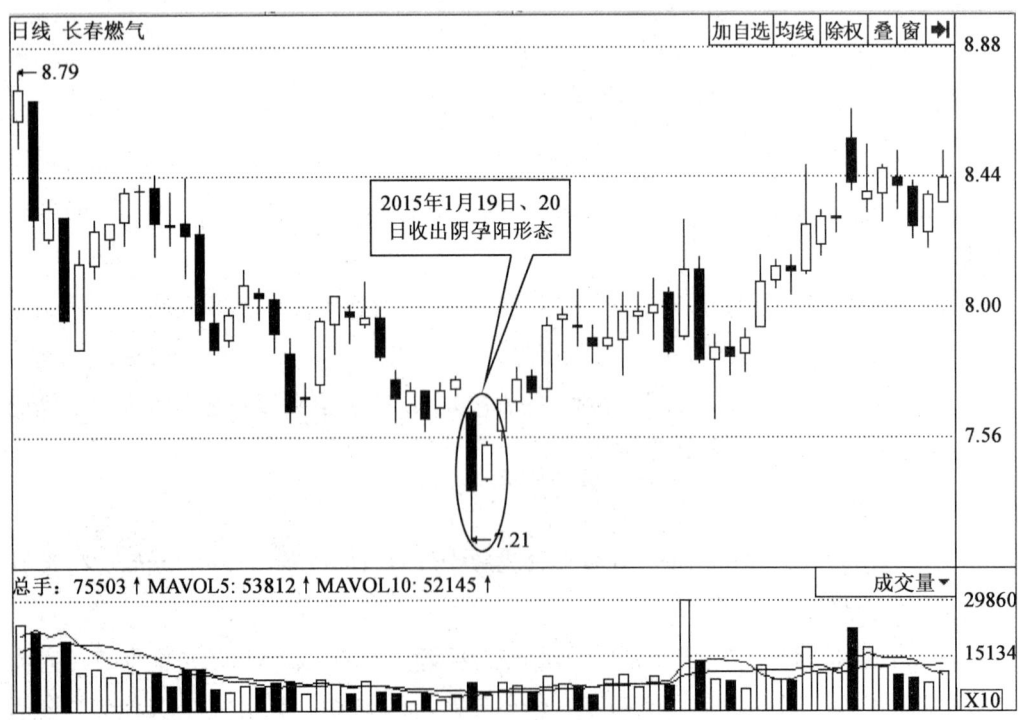

图 2-15　长春燃气(600333)日 K 线走势图

股继续此前的下跌走势,收出一根大阴线。1月20日,该股股价出现高开高走,在K线图上留下了一根小阳线,而且这根小阳线完全藏于前一根大阴线实体之内。至此,阴孕阳形态正式形成,股价可能会反转向上。此后,股价一路向上,投资者宜迅速跟进买入股票。

上面是孕线中阴孕阳的案例,下面再来介绍一个阳孕阴的案例,如图2-16所示。

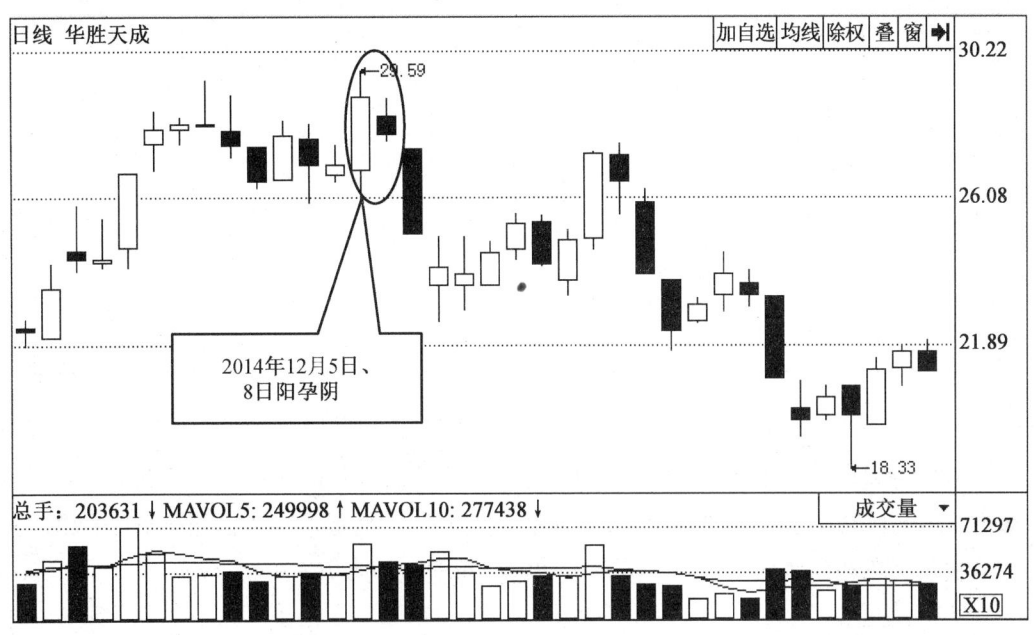

图2-16 华胜天成(600410)日K线走势图

在图2-16中,华胜天成的股价自2014年5月初开始启动一波大幅上涨行情,股价不断创出新高。2014年12月5日,该股收出一根大阳线,此后的12月8日(12月6日、7日休市),该股低开,并经过一番震荡之后,以略低于开盘价的价格收盘,在K线图上留下一根小阴线。至此,阳孕阴形态正式形成,预示该股后市将开始下跌走势,投资者宜卖出手中的股票。

## 二、异动:研判K线的关键价值

K线的异动形态,往往会带来股价的大幅度变化。判断K线的异动形态就是要研判股票背后的主力的真实意图。投资者对主力意图研判得越清晰,就越能清楚把握股价后市的走势。

K线的异动形态,顾名思义,就是指K线走势图上出现了一些在正常交易中不常出现的K线形态,如低位大阳线、高位大阴线、顺势假阴阳揉搓线等。

### （一）低位大阳线

低位大阳线，是指股价在下跌过程中或底部盘整过程中，突然出现的一根阳线打破了 K 线原来的运行轨迹，如图 2-17 所示。

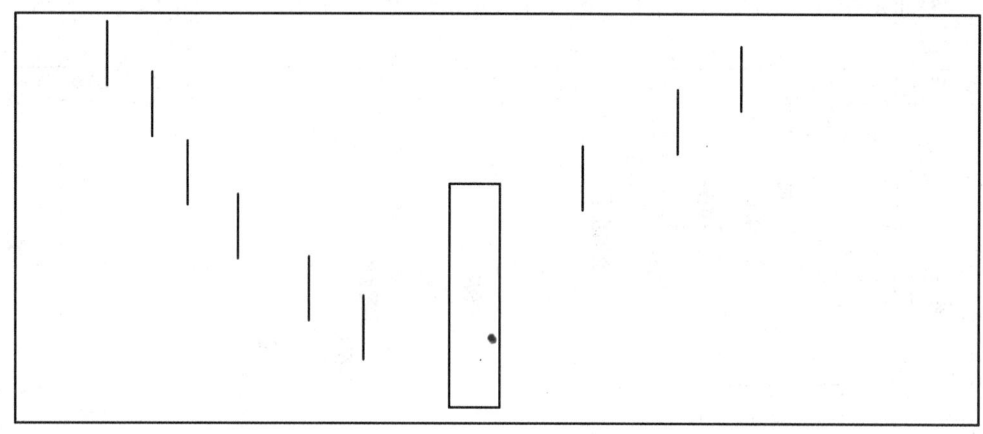

图 2-17　低位大阳线

低位大阳线是一种很极端的 K 线形态，它表示开盘时股价开在一个较低的价位，但多方牢固地控制着盘面，攻势明显，步步逼空，并在收盘时将股价稳步抬升至当日的高点。

低位大阳线的实体越长，越接近涨停状态，越能表明多方上升力量强大。

#### 1. 操作策略

低位大阳线说明买盘阵容强大、攻击力强，全日股价节节高升，涨势显著。

（1）当大阳线出现在低价位区域或深度下跌之后，预示着股价或将进行上涨行情，投资者可以考虑买入。

（2）当大阳线出现在股价盘整过程中或上涨初期，表明上涨趋势将持续，投资者可适时进行加仓操作。

（3）大阳线的开盘价是一个重要的点位，一旦股价后期展开的调整跌破这一价位，则说明，该股行情有进一步恶化的风险，投资者应考虑卖出止损。

#### 2. 形态综述

一般情况下，在底部盘整之后出现的大阳线，如果能有成交量放大相配合，通常是主力在完成建仓之后的试盘动作。主力需要用一根大阳线测试一下市场的买盘与卖盘情况，如果市场抛盘较大，那么主力就不会选择立即拉升股价，而会选择震荡向上的方式，逐步推高股价。

#### 3. 实战参考

下面看一下士兰微的案例，如图 2-18 所示。

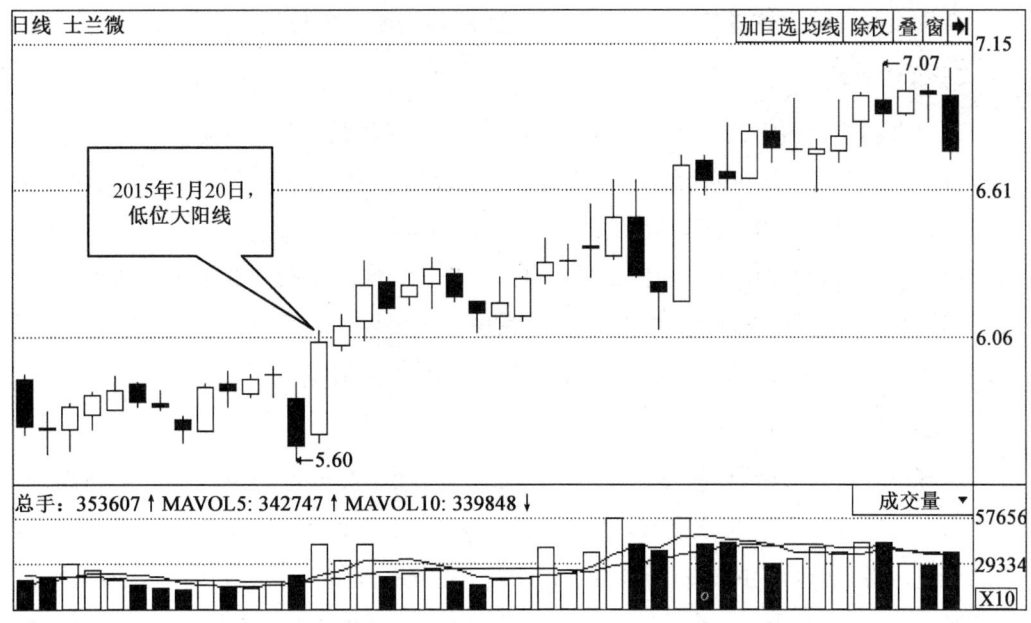

图 2-18 士兰微(600460)日 K 线走势图

在图 2-18 中,士兰微的股价在 2015 年 1 月初进入了底部盘整期。2015 年 1 月 19 日,该股出现了近期的最低价 5.60 元。2015 年 1 月 20 日,该股拉出一根实体很长的大阳线,短期涨势确立,这时投资者可果断跟进。

### (二)高位大阴线

高位大阴线,是指股价在上涨过程中或顶部盘整过程中,突然出现的一根阴线打破了 K 线原来的运行轨迹,牢固地控制着盘面,攻势明显,步步向下紧逼,并在收盘时将股价稳步打压至当日的低点,如图 2-19 所示。

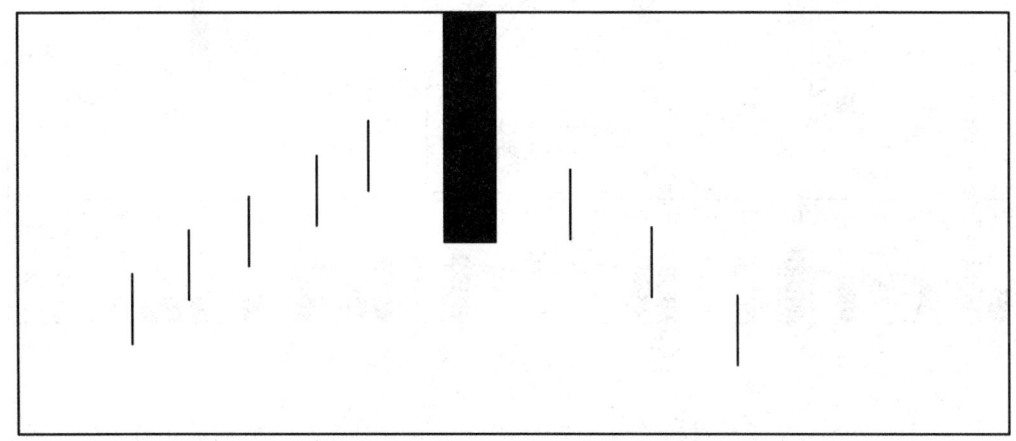

图 2-19 高位大阴线

高位大阴线的实体越长,越接近跌停状态,越能表明空方打压力量强大。

### 1. 操作策略

高位大阴线说明卖盘攻势犀利、锐不可当,空方取得大胜,跌势明显。

(1)当大阴线出现在高价位区域或持续上涨之后,并伴有成交量的放大,表明投资者严重看跌后市或主力正在出货,这时投资者应果断卖出。

(2)当大阴线出现在下跌途中,是后市继续看跌的中继形态,投资者应保持空仓观望。

(3)当大阴线在上涨行情中,投资者应观察下一交易日的走势来研判,如果多方仍占据优势,则可继续持股观望;如果空方开始占据主动,则应逢高卖出。

### 2. 形态综述

在股价上涨过程中,且股价已经创出新高之后,如果股价没能再继续创出新高,而是在K线图上留下了一根大阴线,这时有两种可能:一是主力利用阴线完成震仓,吓退意志不坚定者,其后,股价会重新开始一波上涨;二是主力在一片看好声中完成出货,趁机撤退。这时,成交量是一个重要的指标,如果成交量创出天量,则主力出逃的可能性较大;反之,震仓的可能性较大。

### 3. 实战参考

先看一下宁夏建材的案例,如图2-20所示。

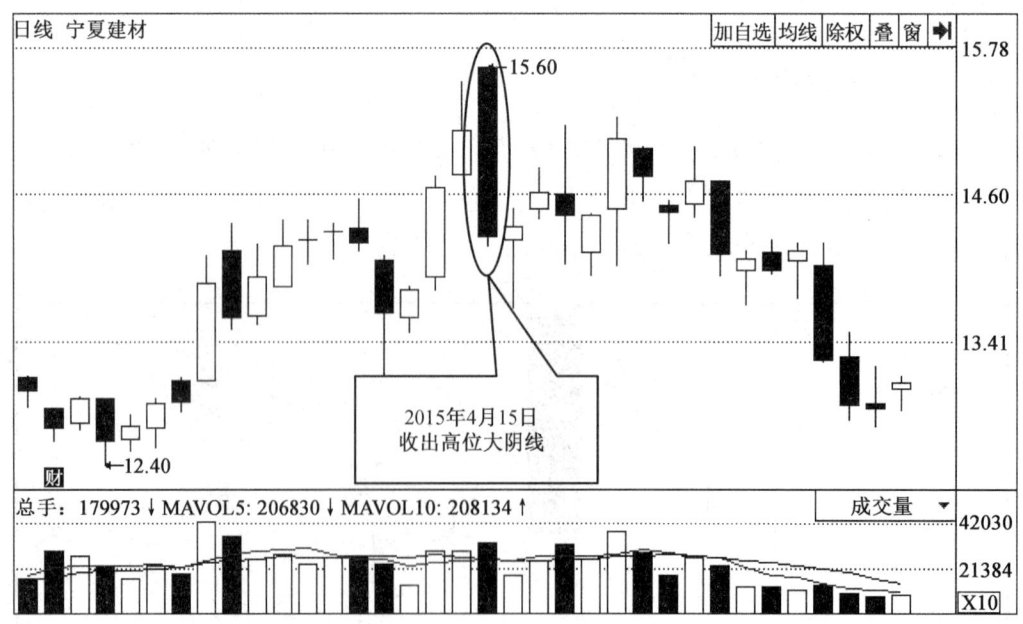

图2-20 宁夏建材(600449)日K线走势图

在图2-20中,宁夏建材的股价在2015年3月末经过了一段时间的小幅上涨之后,在2015年4月15日出现一根高位大阴线,此后该股出现了一波调整走势。我们观察这根阴线的成交量可以发现,在出现大阴线的同时,成交量并未出现明显的放大,这说明,此次下跌很有可能是主力的震仓行为,投资者可以继续持有该股。

再来看一下新希望的案例,如图 2-21 所示。

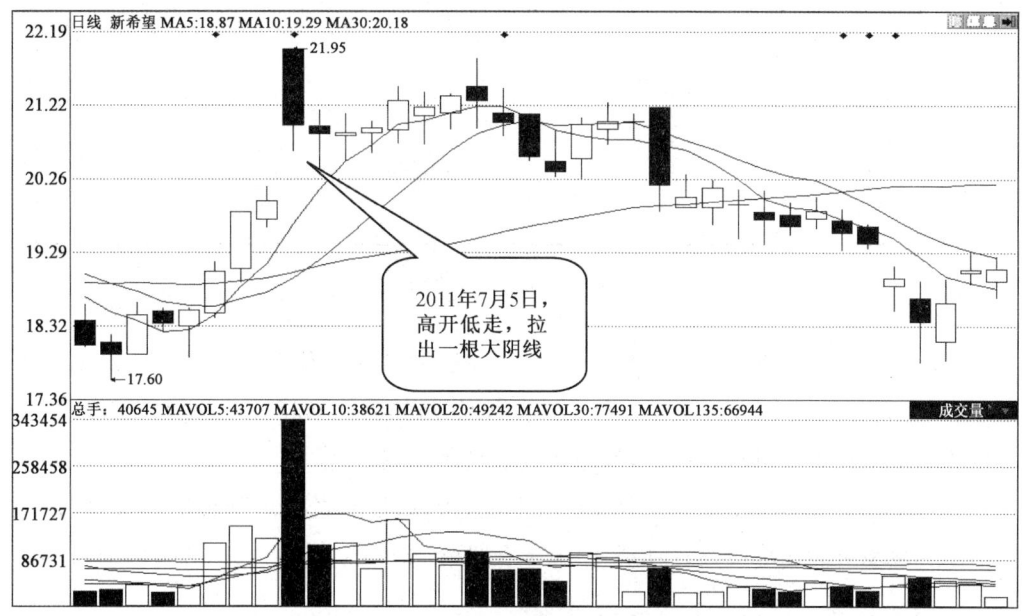

图 2-21 新希望(000876)日 K 线走势图

在图 2-21 中,新希望的股价在 2011 年 6 月底到 7 月初的一段时间内出现震荡上行的走势。2011 年 7 月 5 日,新希望的股价跳空高开,并一路下跌,在 K 线图上留下一根大阴线。我们对照当天的成交量可以发现,当天该股的成交量创下了一段时间内的最高值,这就说明该股的主力有借高开逃走的可能,投资者应保持高度的警惕。

## (三)顺势假阴线

假阴线是指股价在上涨过程中或底部盘整过程中,突然出现的一根高开低收的阴线,且此阴线的收盘价高于前一交易日的收盘价,如图 2-22 所示。

假阴线一般在 K 线形态异动之后出现,表明了多空斗争的激烈。假阴线时常会伴有上下影线出现。上下影线越长,表示多空双方争斗得越激烈。

### 1. 操作策略

假阴线表明股价经过了一段时间上涨之后,获利盘力量有所增强,主力为了更好地拉升股价,需要进行洗盘以吓退意志不坚定者。

(1)假阴线的成交量一般都比较小,且要小于前几个交易日出现阳线的成交量,表明出货的都是一些散户。

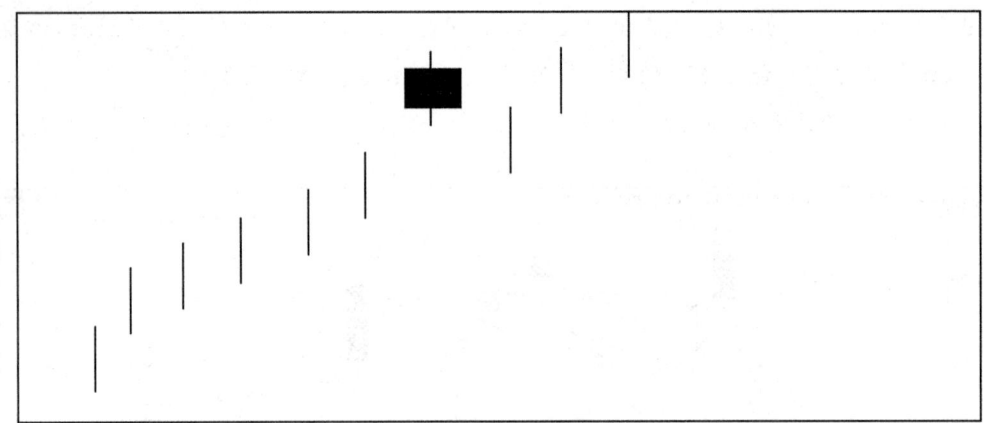

图 2-22　假阴线

（2）假阴线的出现说明主力不想让股价下跌，但又要将意志不坚定者洗出去。于是，刻意造成了 K 线的这种形态。当假阴线出现时，如果伴随着成交量的急剧增大，则有可能是主力在出货，投资者宜迅速逃离这只股票。

（3）假阴线的次日股价多会出现止跌上涨，所以，投资者发现这种假阴线之后，不要被主力蒙骗进而卖出股票，而应坚定地持有股票。

2. 形态综述

传统的 K 线理论认为，假阴线反映了多空分歧较大，上升机会比较小，因而，投资者宜卖出股票。但主力往往会反向运用这一理论，以诱使投资者将手中的筹码卖出。因此，投资者不能被固有的理论所固化，而应灵活运用这些 K 线理论。

3. 实战参考

下面看一下广宇发展的案例，如图 2-23 所示。

在图 2-23 中，广宇发展的股价在 2017 年 1 月 16 日创下 8.21 元低点之后，一路走高。广宇发展的股价在上涨过程中，于 2017 年 1 月 23 日和 2 月 15 日两个交易日的 K 线出现假阴线形态。在假阴线形态出现的同时，成交量并未出现异常放大的态势。由此可见，这两根 K 线形态是主力刻意的洗盘行为，投资者可以继续持有该股。从图 2-23 中我们也可以看出，在假阴线出现之后，该股延续了之前的上涨行情，足以证明，之前的判断是正确的。

再来看下面的一个案例，如图 2-24 所示。

在图 2-24 中，粤电力 A 的股价在 2016 年 11 月初经历了一波大幅度的拉升，2016 年 12 月 1 日，该股更是以光头阳线报收。12 月 2 日，该股高开低走，在 K 线图上留下了一个假阴线形态，此时再观察一下该股的成交量可以发现，当天该股的成交量创下了一段时间内的最高值，由此可以判断，该股的主力有出逃的可能，投资者不宜追涨这只

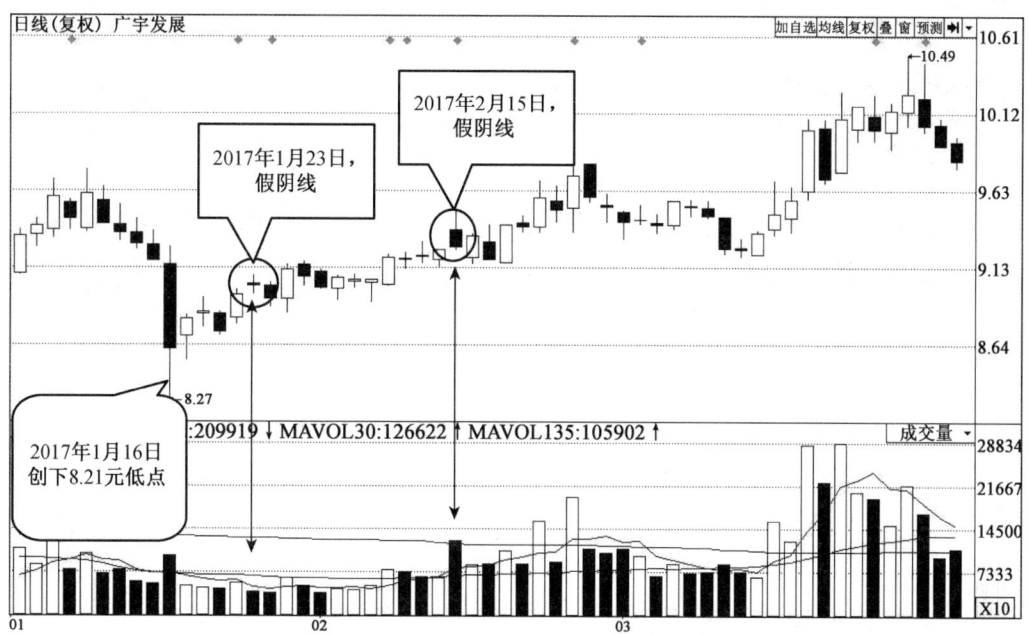

图 2-23　广宇发展(000537)日 K 线走势图

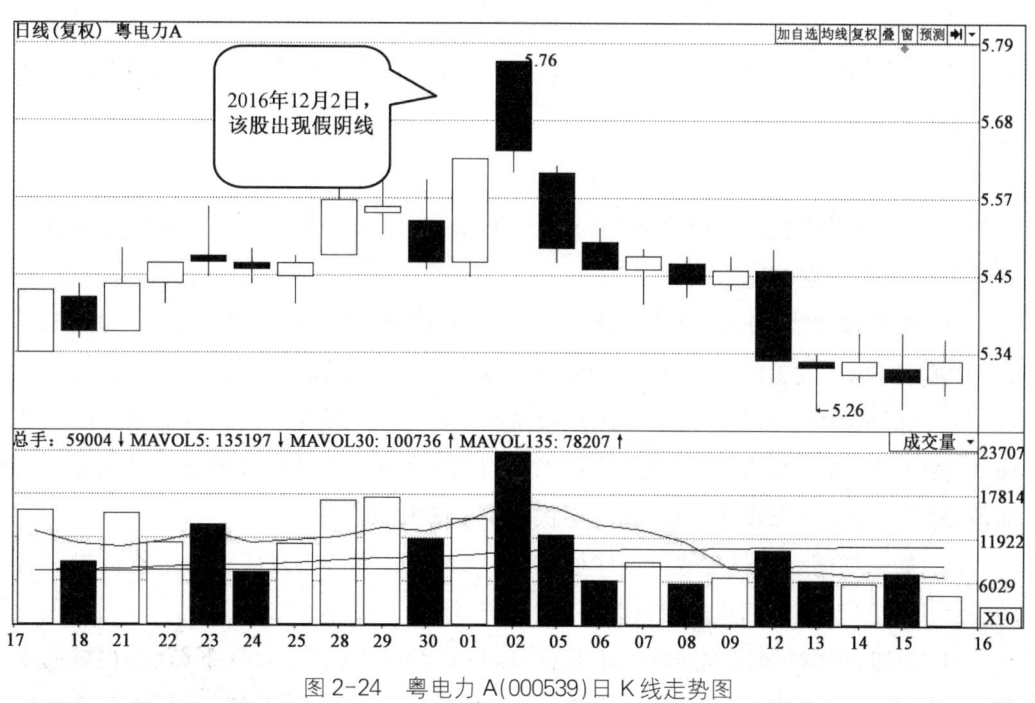

图 2-24　粤电力 A(000539)日 K 线走势图

股票。从该股随后的走势我们也可以看出,该股并没有继续上涨行情,而是出现了震荡走低。

　　判断假阴线是洗盘还是出货的重要依据就是成交量。如果出现假阴线的同时,成交量呈放大状态,那么,主力很有可能在出货;反之,如果出现假阴线的同时,成交量没有放大,那么,很有可能只是庄家的洗盘行为。

### (四)揉搓线

揉搓线是由一根 T 字线和一根倒 T 字线组成的,它通常出现在上涨行情中,表示多空双方僵持不下,如图 2-25 所示。

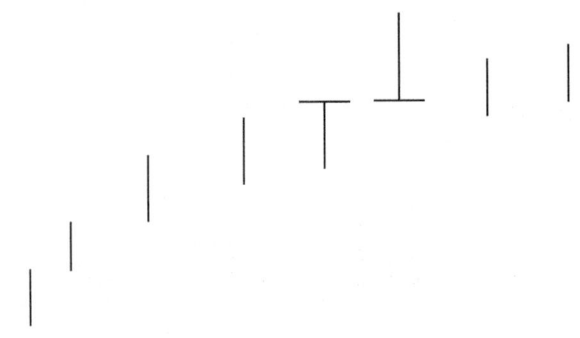

图 2-25　揉搓线

通常情况下,出现在上涨途中的揉搓线,以下影线较短的小 T 字线或下影线较短的小倒 T 字线居多,而下影线较长的大 T 字线或下影线较长的倒 T 字线一般会出现在上涨趋势的顶端。

#### 1. 操作策略

揉搓线一般出现在下跌行情结束或上涨行情中,庄家会利用这一形态实施洗盘吸筹或诱多出货。揉搓线操作要点如下:

(1)如果揉搓线出现在上涨中途,则为盘中的调整,不影响后市走势,行情仍旧看涨,投资者可以适度追涨,并应将止损位设在揉搓线的最低点。

(2)如果揉搓线出现在高价位区域或持续上涨之后,则表明虽然多空双方陷入僵局,但多方力量即将枯竭,空方力量不断增强,后市看淡。这时投资者要及时做好应变准备,为了避免因庄家出逃而被套,应尽快将手中的股票变现。

(3)如果揉搓线出现在低价位区域或是上涨初期,则可能是庄家为了扰乱投资者的心绪、吸纳浮动筹码而实施的洗盘手段,投资者可积极买入。

(4)标准的揉搓线出现的概率不是很高,投资者可以把上影线(下影线)很短的十字线看作是 T 字线或倒 T 字线。只要形态像揉搓线,不管标准与否,投资者都应密切关注。

#### 2. 形态综述

传统的 K 线理论认为,揉搓线的出现是行情发生转向的信号。但是,很多时候,主力就是利用投资者熟知的这一理论进行反向操作,使股价在接近高点附近大幅度的上下波动、震荡,对市场进行大洗盘。一旦主力的洗盘完成,往往意味着新的拉升即将开始。

3. 实战参考

下面来看一下山东如意的案例,如图 2-26 所示。

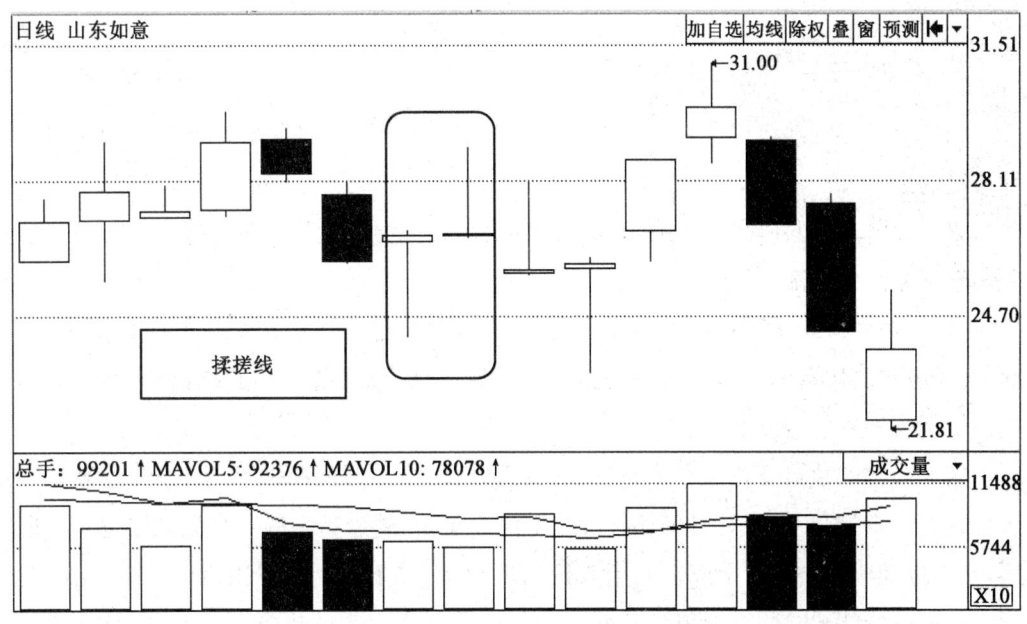

图 2-26 山东如意(002193)日 K 线走势图

在图 2-26 中,山东如意经过持续上涨之后,股价已经到达高位,该股的 K 线图于 2015 年 6 月 17 日至 18 日期间两个交易日出现揉搓线形态。

2015 年 6 月 17 日,山东如意在空方的抛压下大幅下跌,但之后股价又被多方托起,形成一根 T 字线。6 月 18 日,该股高开高走,但又被空方打压,股价回到大概开盘的位置。这两日的 K 线组成了揉搓线形态。表示多空双方陷入了僵局,未来走势不明朗。

## 三、缺口:最特殊的 K 线形态

缺口,意味着股票在交易过程中存在着价格的空白地带。也就是说,缺口的形成,是股价直接"跳过了"某个价格区域,而没在这个区域产生过交易。

缺口一般是由于以下两个原因造成的:一是交易的双方都极度缺乏交易的意愿,这种情形往往发生在市场的横盘震荡区间,此时市场未来的运行方向并不明朗,多空双方都处于观望之中,缺乏入场交易的意愿;二是市场交易中的一方极度缺乏交易的

意愿,这样价格就会按照另一方的意愿前进,这一情形表明市场将按照缺口的方向发展。

缺口主要分为两类:一是向上跳空的缺口,这类缺口往往会对股价向下运行起着重要的支撑作用;二是向下跳空的缺口,这类缺口往往会对股价向上运行起着重要的阻力作用。

### (一)缺口的支撑

当向上跳空的缺口出现后,股价经常会再次回落到缺口位置附近,此时,会出现两种可能的走势。

第一,缺口不回补,或者不完全回补。此时缺口就会对股价产生支撑作用,而后,股价会继续原来的上涨行情。

第二,缺口被完全回补。如果股价出现向上跳空缺口之后,出现回补缺口的情形,此时,若股票的抛盘消失,那么,股价会重新开始上涨之路;若股票的抛盘仍大量涌出,则股价会有下跌的可能。

向上跳空的缺口反映了在多空双方的力量对比中,多方占据了明显优势,这就给很多投资者一定的心理暗示:股价还会继续上涨。于是,越来越多的买盘就会跟进买入股票,从而推动股价进一步上涨。而当股价出现回调,并下跌到缺口附近时,多方会将此形态看成股价的暂时回调。很多看好后市的投资者都会趁此机会买入股票,从而推动股价延续之前的上涨,这样,缺口的支撑作用就凸显出来了。

下面来看一下凤竹纺织的案例,如图2-27所示。

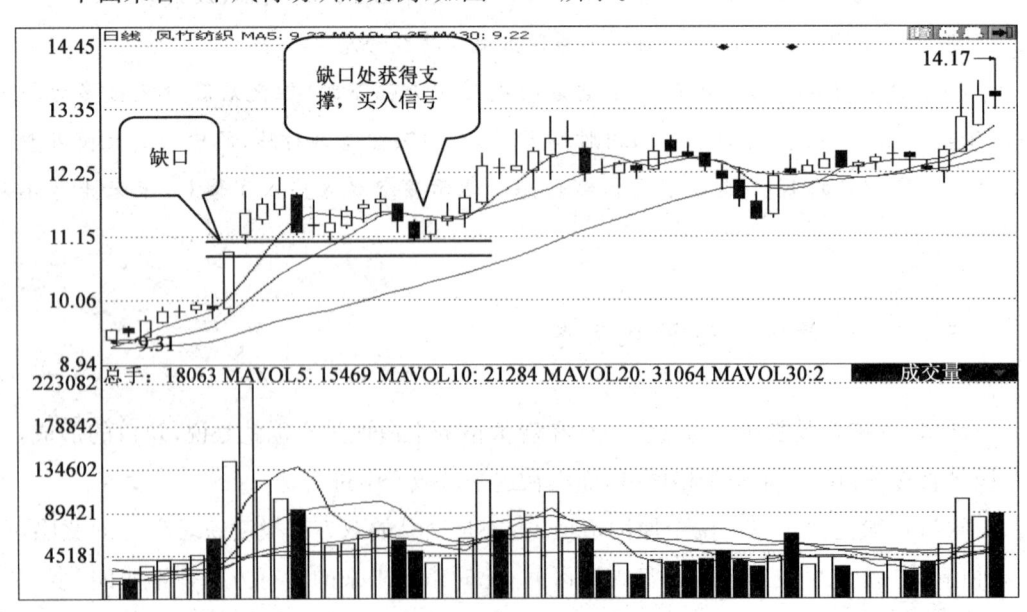

图2-27 凤竹纺织(600493)日K线走势图

在图 2-27 中,凤竹纺织的股价从 2010 年年底开始了一波上升行情。2011 年 2 月 16 日,该股拉出一根大阳线,并封上涨停板,预示股价还将继续上涨。2 月 17 日,该股跳空高开,并继续上攻,在 K 线图上留下一个向上跳空的缺口后继续上涨,随后,股价出现回调走势,在下跌到缺口位置,由于缺口的支撑作用,而重新上涨。投资者应该注意,一旦该股的股价受缺口支撑而重新上涨之时,就是买入该股的时机。

下面再来看一个铜陵有色的走势,如图 2-28 所示。

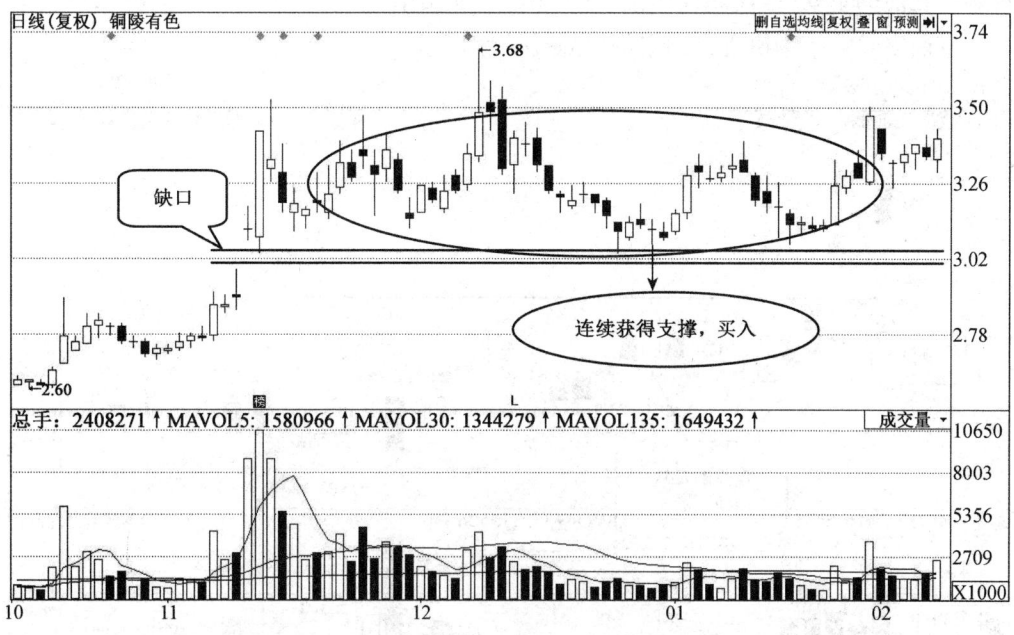

图 2-28　铜陵有色(000630)日 K 线走势图

在图 2-28 中,铜陵有色的股价从 2016 年 11 月下旬开始经历一波震荡上涨的过程,2016 年 11 月 9 日,该股股价以十字线报收,说明当日多空争斗非常激烈。次日,受多重利好因素的刺激,该股跳空高开,再次收出十字线,在 K 线图上留下了一个大大的缺口。此后,该股出现回调走势,连续多次下跌到缺口附近,都因缺口的支撑作用而重新向上,投资者看到缺口没有被回补之时,可以考虑买入该股。

## (二)缺口的阻力

当向下跳空的缺口出现后,股价经常会再次上涨到缺口位置附近,此时,会出现两种可能的走势。

第一,缺口不回补,或者不完全回补。此时缺口就会对股价产生阻力作用,而后,股价会继续原来的下跌行情。

第二,缺口被完全回补。如果股价出现向下跳空缺口之后,出现回补缺口的情形,

此时,若股票的买盘消失,那么,股价会重新开始下跌之路;若股票的买盘仍大量出现,则股价会有上涨的可能。

向下跳空的缺口反映了在多空双方的力量对比中,空方占据明显优势,这就给很多投资者一定的心理暗示:股价还会继续下跌。于是,越来越多的卖盘就会跟进卖出股票,从而推动股价进一步下跌。而当股价出现反弹并上涨到缺口附近时,空方会将此形态看成股价的暂时回调,很多不看好后市的投资者都会趁此机会卖出股票,从而推动股价延续之前的下跌,这样,缺口的阻力作用就凸显出来了。

下面来看一下华讯方舟的案例,如图2-29所示。

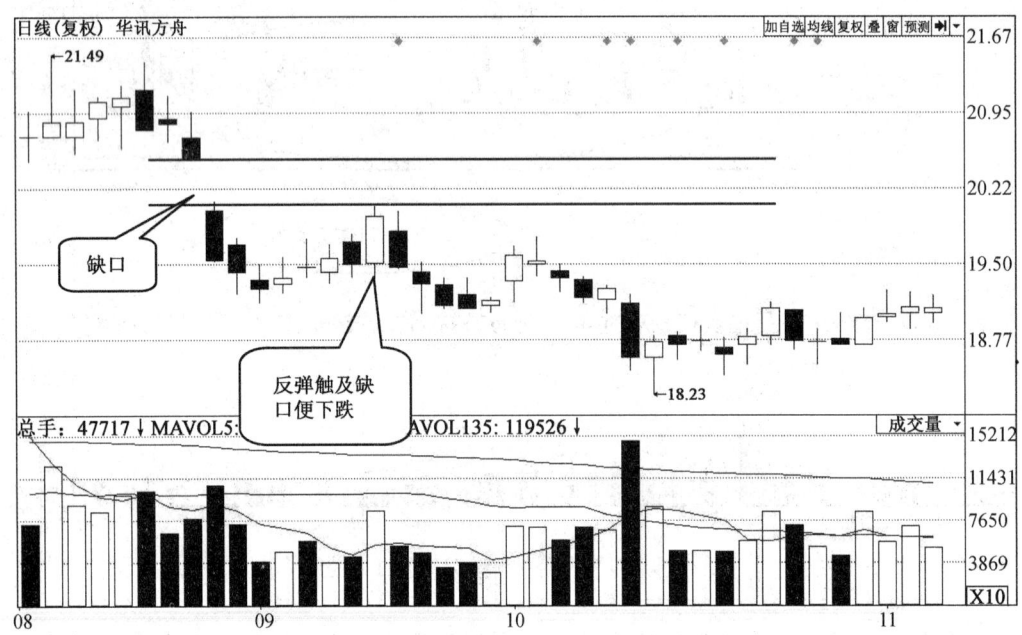

图2-29　华讯方舟(000687)日K线走势图

在图2-29中,华讯方舟的股价从2016年9月初开始一路下跌。2016年9月9日,华讯方舟的股价经过了激烈的震荡之后,收出一根光脚中阴线,预示该股后市运行方向向下的可能性较大。9月12日,该股跳空向下开盘后一路走低,最终在K线图上留下一根大阴线。这根阴线与此前的中阴线形成一个缺口,此后该股一路下跌,虽有反弹,在即将反弹到缺口位置,又开始下跌。由此可见,缺口对股价的阻力作用。

下面再来看一下雅戈尔的案例,如图2-30所示。

在图2-30中,雅戈尔的股价从2011年4月19日开始展开了一波下跌走势。股价在下跌过程中不断创出新低,从5月24日到5月27日,雅戈尔的股价在K线图上连续拉出十字线,预示该股有可能出现变盘。5月30日(5月28日、29日周末休市),该股跳空低开,并一路向下,在K线图上留下了一个缺口和一根大阴线。此后,该股一路向

图 2-30　雅戈尔(600177)日 K 线走势图

下运行。该股在下跌到阶段低点后出现反弹走势,在反弹至缺口位置时,由于受到支撑而重新开始了一波下跌走势。

　　缺口支撑与阻力作用的发挥与缺口是否出现回补有很大的关系。也就是说,投资者只有先确认了缺口没有可能被回补之后,才可以采取相应的买入或卖出行动。一旦缺口回补,那么,缺口所具备的支撑与阻力作用也将不再存在,这一点投资者应该特别注意。

### (三)突破阻力位的缺口

　　一些重要的阻力位都会对股价产生重要的阻力,而一旦被以缺口形式突破,那么,股价很有可能会继续向着缺口所指示的方向发展。重要的阻力位往往是多空双方激烈争夺的区域,而被以缺口形式突破只能说明两点:一是多空双方力量对比已经出现变化,一方已经占据绝对的优势地位;二是多空双方中的一方实力突然大增,所以,股价就会按照其中一方的方向发展。

　　突破阻力位的缺口有两种表现形式:一是向上突破重要阻力位的缺口;二是向下跌破重要阻力位的缺口。

　　先来看一个向上突破重要阻力位缺口的案例,如图 2-31 所示。

　　在图 2-31 中,如意集团的股价从 2011 年 1 月 26 日开始经历一波上涨,该股股价

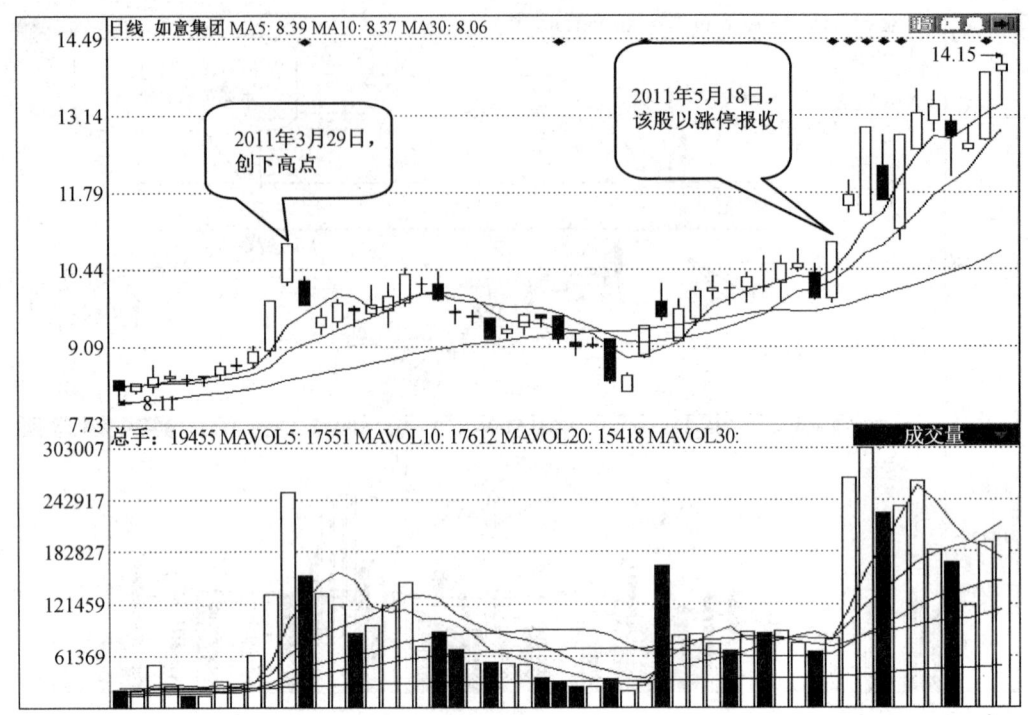

图 2-31　如意集团(000626)日 K 线走势图

在 3 月 29 日达到一个高点后震荡走低。2011 年 5 月 18 日,该股经过一段时间的震荡之后,拉出一个涨停板,此涨停板价位几乎与 3 月 29 日创下的高点相同。5 月 19 日,该股的股价跳空高开,在 K 线图上留下一个小阳线的同时,还留下一个巨大的跳空缺口,这个跳空缺口是在股价突破前期高点时出现,可以判断,该股未来走高的可能性很大。该股随后进行回调整理,但仍未完全回补缺口,预示股价还将继续上涨。

涨停板与向上跳空的缺口经常存在某些联系,要么是出现缺口前股价容易出现涨停;要么是出现缺口的当天股价容易出现涨停板。再看下面一个关于向下跌破重要支撑位的案例,如图 2-32 所示。

在图 2-32 中,国元证券的股价经过了一段时间的震荡下跌之后,于 2011 年 4 月 29 日以跳空下跌的方式,跌破了前期调整的最低点。由此可以判断,该股的下跌走势还将继续,投资者宜卖出手中的股票,以防投资受损。

(四)放量缺口

放量的缺口,说明多空双方经过激烈交锋之后,多方(空方)守住了跳空获得的阵地,这个缺口往往对后市股价的变化产生强大的支持或阻力作用。对于向上跳空的缺口来说,如果缺口出现当天,成交量呈现明显的放大,那么,就说明该股的跳空上涨得到了市场的认可,该股未来上涨的可能性会更大;对于向下跳空的缺口来说,如果缺口出

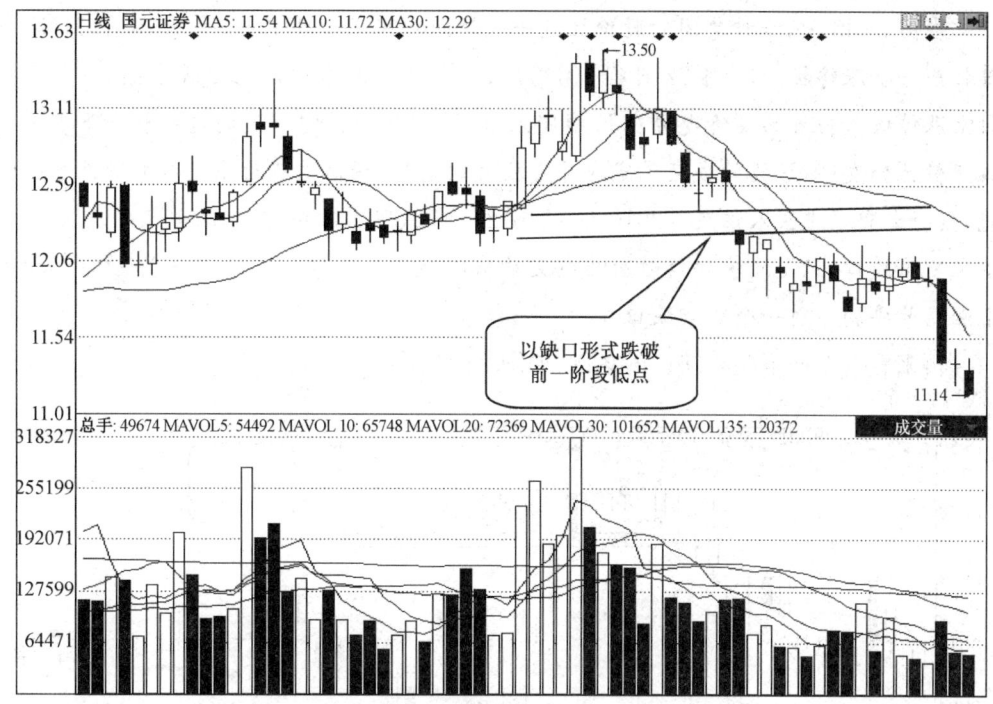

图 2-32　国元证券(000728)日 K 线走势图

现的当天,成交量呈现明显的放大,那么,就说明该股的跳空下跌得到了市场的认可,该股未来下跌的可能性会更大。

下面来看一下向上跳空缺口的案例,如图 2-33 所示。

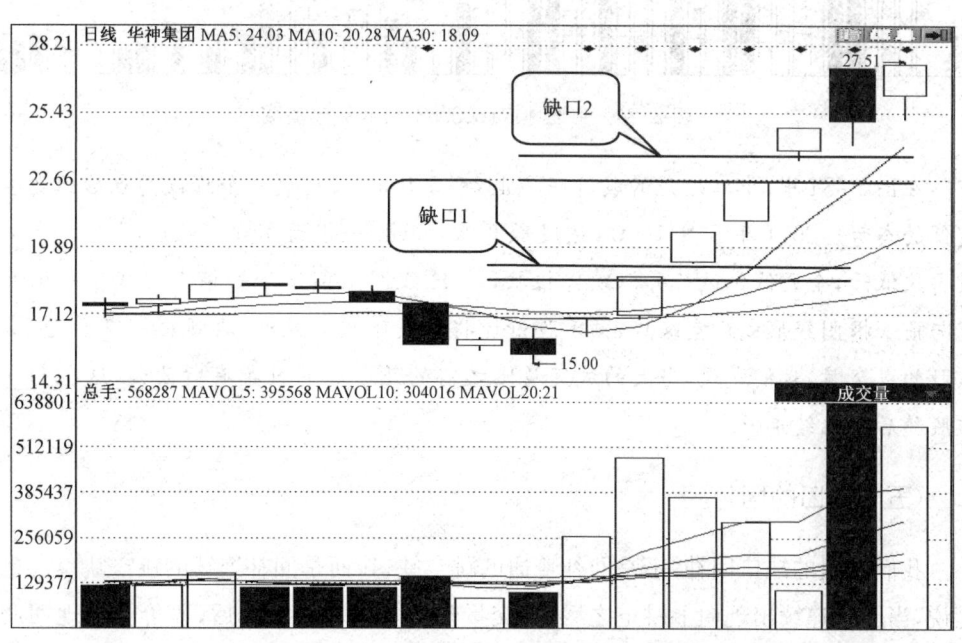

图 2-33　华神集团(000790)日 K 线走势图

在图2-33中，华神集团的股价经过一段时间的震荡整理之后，于2010年11月19日拉出一个涨停板。11月22日（11月20日、21日周末休市），该股跳空高开，并再次封上涨停板。当日的股价走势在K线图上留下一个跳空缺口，我们再观察一下当天的成交量就会发现，该股的成交量呈现异常放大的态势，预示该股后市还有继续上涨的可能，投资者宜跟进买入该股。2010年11月24日，该股再次跳空高开，并又一次在K线图上留下缺口，只是此次缺口对应的成交量出现缩量的态势。这样，后一个缺口预示的上涨信号要弱于前一个跳空缺口。

再来看一个向下跳空缺口的案例，如图2-34所示。

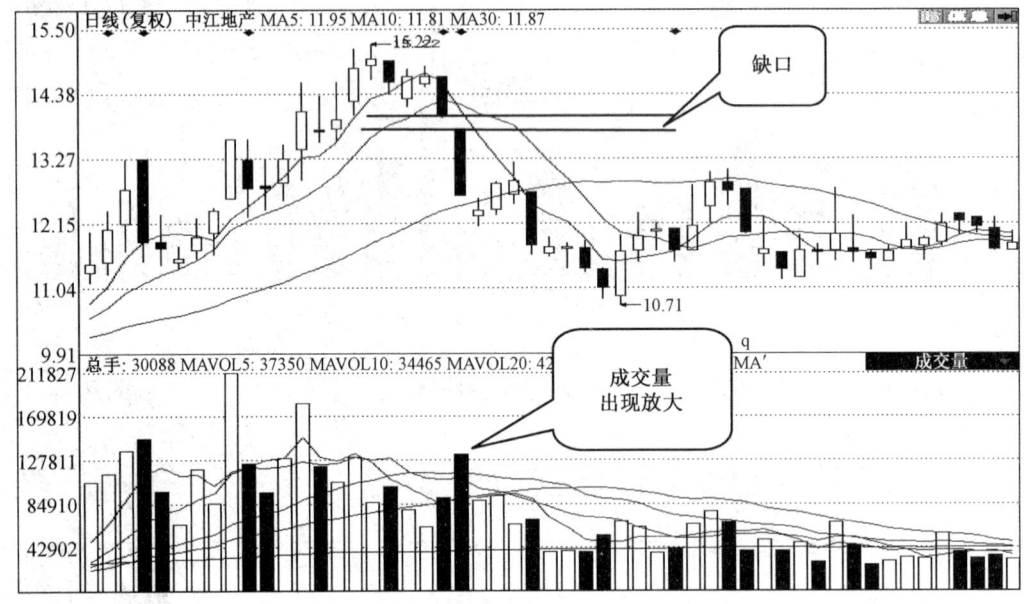

图2-34　中江地产(600053)日K线走势图

在图2-34中，中江地产的股价在2011年5月10日达到一个阶段高点后出现震荡走低的态势。2011年5月16日，该股低开低走收出一根大阴线。此后，5月17日，该股再次低开，全天低位运行并以跌停报收，在K线图上留下了一根大阴线。此根大阴线与前一根阴线形成跳空缺口，预示股价还将继续下跌。此时，再观察一下5月17日该股的成交量，我们发现，当天的成交量比之前的几个交易日都有所放大，这也意味着该股随后将继续走低。

### （五）缺口的回补

我们这里的缺口回补，不是回补普通的跳空缺口，而是回补连续的跳空缺口。也就是说，当股价连续出现向上跳空之后，成交量也会随之攀升。其后，股价会出现回调迹象，股价在回补缺口过程中，如果成交量出现缩量情况，那么，往往意味着该股有继续上涨的可能。当股价完全回补整个缺口之后,该股就会重新开始一段上涨之路。

通常情况下,能出现两个以上的连续向上跳空的缺口,都是有强大的主力活动在其中,并且还会伴随着上市公司的巨大的利好消息。当股价出现连续向上跳空之后,主力为了更好地拉升股价往往会采取反手向下打压股价方法,以达到洗盘的目的。这时,成交量比拉升时低就是最明显的证据,我们一起来看下面一个案例,如图2-35所示。

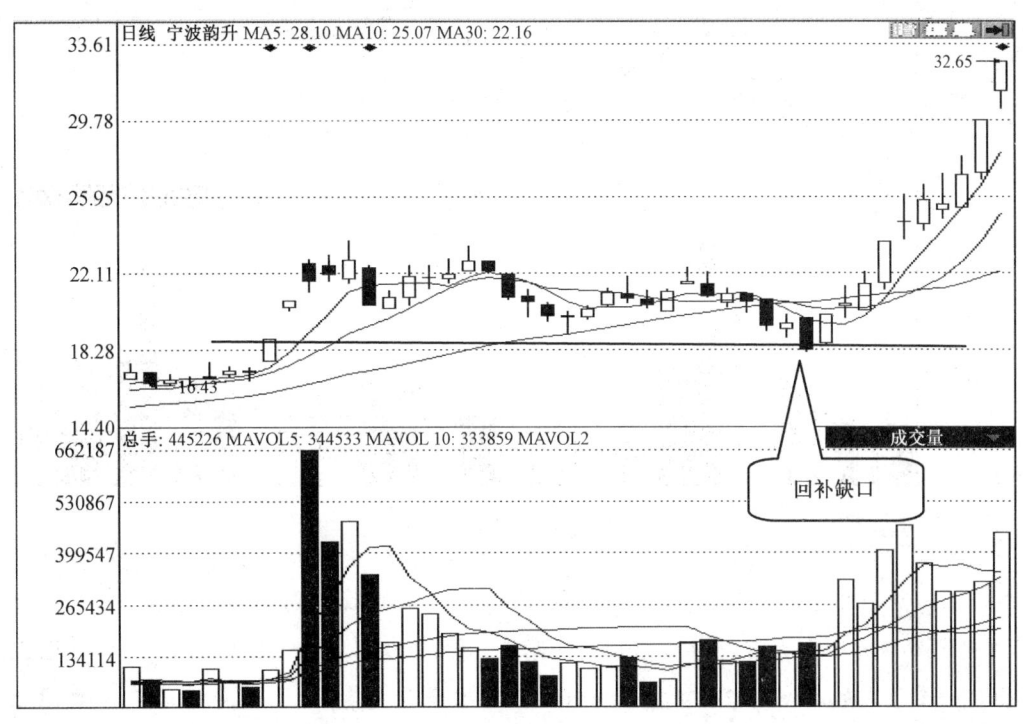

图2-35　宁波韵升(600366)日K线走势图

在图2-35中,宁波韵升的股价从2010年7月6日开始,启动一波震荡上涨行情。2010年8月30日,宁波韵升的股价高开高走以涨停报收,在K线图上留下一根大阳线。其后,8月31日,该股再次高开高走以涨停板报收,这根K线与前一根K线形成一个大大的缺口,此后,2010年9月1日,该股高开低走,在K线图上留下一根大阴线,当天成交量出现异常放大,换手率达到16.73%。此后该股一路走低,回补了之前跳空上涨形成的缺口,我们通过对成交量的观察可知,在回补缺口过程中,成交量一直呈缩小状态。缺口回补之后,股价又重新开始上涨,说明该股后市可期。

在上面的案例中,跳空上涨的缺口被完全回补。其实,很多时候,连续上涨形成的缺口还没有完全得到回补时,股价就会再次重新开始上涨,所以,投资者一定要密切关注股价的变化,不可固守股价回补再买入股票这一原则,而应发现股价出现拐头向上时,即买入股票。看一下这个案例,如图2-36所示。

在图2-36中,巨化股份的股价从2010年7月5日开始启动一波震荡调整之路,股

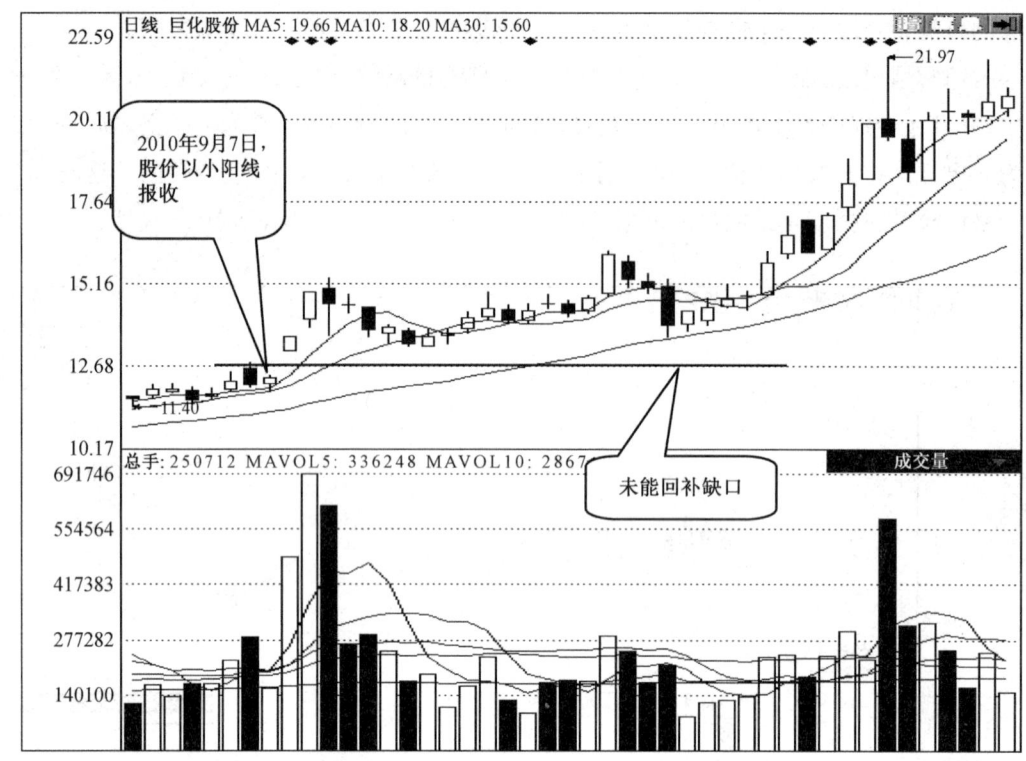

图 2-36　巨化股份(600160)日 K 线走势图

价在上涨过程中不断出现回调。2010 年 9 月 7 日,该股股价以小阳线报收。9 月 9 日(9 月 8 日召开股东大会停牌),该股高开高走,并成功封上涨停板,与此同时,K 线图上出现一个巨大的跳空缺口。9 月 10 日,该股再次高开高走,封住涨停板。在 K 线图上出现连续跳空的缺口。我们再观察一下该股的成交量可以看到:该股在拉出涨停板的同时,成交量出现异常放大的迹象。此后,该股股价出现回调走势,成交量也出现萎缩情况,但此后股价回调过程中并未完全回补缺口,而是受均线的支撑作用重新向上运行,此时,投资者可以考虑跟进买入股票。

## 四、十字线:未来何去何从

十字线,是多空经过激烈交锋后,出现暂时性力量均衡的产物。

### (一)十字线基本交易含义

十字线又称十字星,是一种只有上下影线,没有实体或实体可以忽略不计的 K 线形态。当收盘价和开盘价相同或几乎相同时便会出现这种 K 线形态,它的收盘价和开盘价之间的波动范围一般小于 1%,如图 2-37 所示。

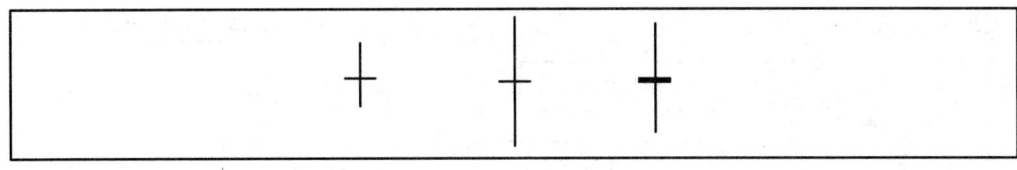

图 2-37　十字线

1. 操作策略

十字线通常代表着市场的"疲惫",它可能是一个单行趋势的延续,也可能是一个较明显的反转信号。

(1) 当十字线出现在连续上涨之后或相对顶部,之后股价开始一路走低,表明空方开始聚集力量,行情有反转向下的可能。尤其是前两日出现动向明显的大阳线或大阴线时,这种转势信号更加明显。投资者应当将其视为"逃顶"的重要参考,并坚决卖出,保持空仓。

(2) 当十字线出现在连续下跌之后或相对底部,之后股价开始企稳回升,表明多方开始占据优势,行情有反转向上的可能。尤其是前两日出现动向明显的大阳线或大阴线时,这种转势信号更加明显。投资者应当将其视为"抄底"的重要参考,并采取坚决买入做多的策略。

(3) 如果十字线出现在上涨途中,之后股价又迅速突破十字线的顶端(最高价),表明多方仍占据着主动,后市仍旧看涨。投资者不要急于卖出变现,只需继续关注即可。

(4) 如果十字线出现在下跌途中,之后股价又迅速跌破十字线的末端(最低价),表明空方仍占据着主动,后市仍旧看跌。投资者不要急于吸纳买入,应继续持币观望。

2. 形态综述

十字线的上下影线长短变化很大,上下影线越长,十字线的信号就越强。上下影线较长的十字线称为大十字线,表示多空双方争夺激烈;上下影线较短的十字线是小十字线,表明多空双方小心接触,市场上的交易并不活跃。此外,十字线的上影线越长,表示卖压越重;下影线越长,表示买盘越旺盛。

3. 实战参考

先来看一下亨通光电的案例,如图 2-38 所示。

在图 2-38 中,亨通光电的股价在 2015 年 1 月初出现震荡走低行情,连续几根大阴线和中阴线将该股股价打到一个比较低的水平。在此过程中,2015 年 1 月 22 日、2 月 5 日,连续出现十字线形态,这说明多空双方争夺十分激烈。随后,2015 年 2 月 10 日,出现一根小十字线后,股价随机收出一根大阳线,这说明该股股价有反转向上的可能,投资者宜保持关注。

下面再来看一下美罗药业的案例,如图 2-39 所示。

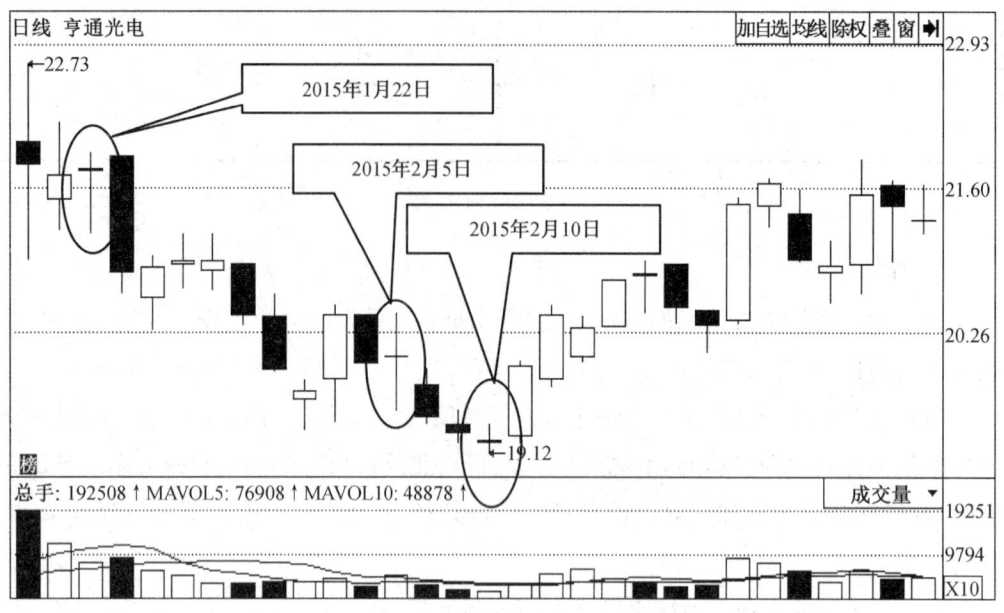

图 2-38　亨通光电(600478)日 K 线走势图

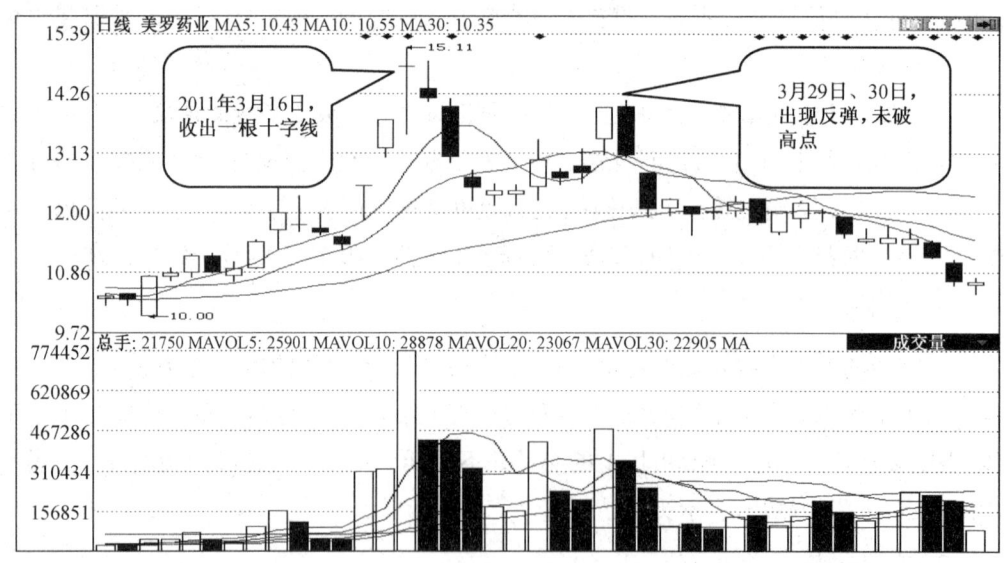

图 2-39　美罗制药(600297)日 K 线走势图

在图 2-39 中,美罗制药的股价从 2011 年 1 月 25 日开始一路震荡走高,到了 2011 年 3 月份,该股加快了上涨速度。3 月 14 日、3 月 15 日连续两个交易日拉出涨停板。2011 年 3 月 16 日,该股再次跳空高开,全天经过激烈的震荡,最后在开盘价附近收盘,在 K 线图上留下了一根带着长长下影线的十字线,预示该股有行情反转的可能。3 月 17 日,该股低开低走,在 K 线图上留下了一根小阴线,预示股价下跌已经开始,投资者宜远离这只股票。

### （二）特殊的十字线——涨停板上阴十字

涨停板上阴十字，是指股价在经过了一段时间的震荡整理之后，拉出一个涨停板，次日，股价再次跳空高开，此后一路震荡下跌，在当日K线图上留下一个阴十字，如图2-40所示。

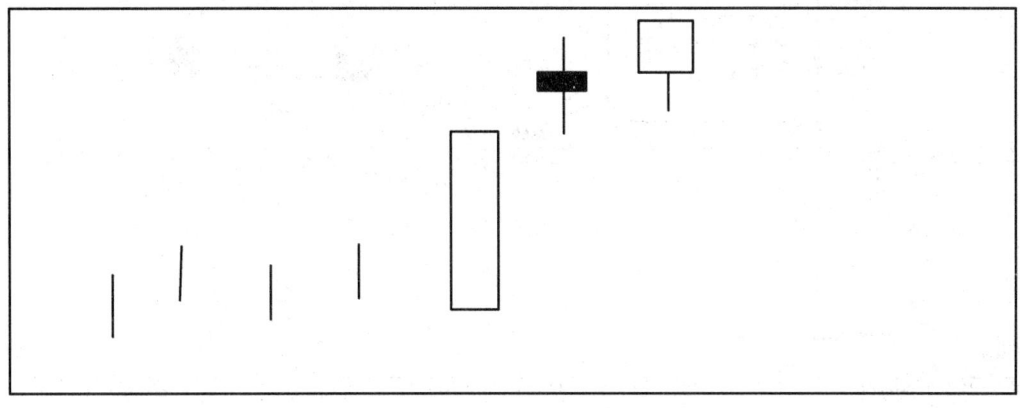

图 2-40　涨停板上阴十字

#### 1. 操作策略

股价原本处于震荡整理之中，突然而至的一根大阳线打破了调整的格局，也就是说，面对主力的拉升，投资者显然还没有反应过来。次日，主力再次拉升后，故意通过股价回调的方式完成洗盘，这样，很多投资者认为股价会出现回落从而匆匆卖出手中的股票。主力则趁机吸筹，便于以后的拉升。

（1）涨停板出现时，成交量有可能比前几个交易日有所放大，但仍没有放出巨量。这样的成交量便于主力后面的拉升。

（2）阴十字线出现时，成交量出现急剧放大的态势，甚至超过了之前涨停板的成交量，说明多空双方争斗激烈。

（3）阴十字出现的次日，股价不跌反涨，突破了阴十字的最高价，则涨势确定。这一点很关键，如果当天股价不能上涨，则说明前一交易日很可能是主力在出货，投资者应迅速远离这类股票。

#### 2. 形态综述

传统的K线理论认为，长阳之后的阴十字线，常常预示一个顶部区域的来临。主力就利用了投资者都熟知的这一理论，借势完成洗盘。由于操盘的时间比较紧，很多主力来不及用很多天完成洗盘，于是，就通过涨停板上的十字阴线完成洗盘。这一方法洗盘有两个好处：一是很多投资者都认为主力在出货，所以，会拼命地外逃，这样洗盘效果会非常好;二是前期获利盘也会在 K 线出现阴线时,兑现盈利,从而利于主力进一步拉升股价。

### 3. 实战参考

先来看一下天山股份的案例,如图 2-41 所示。

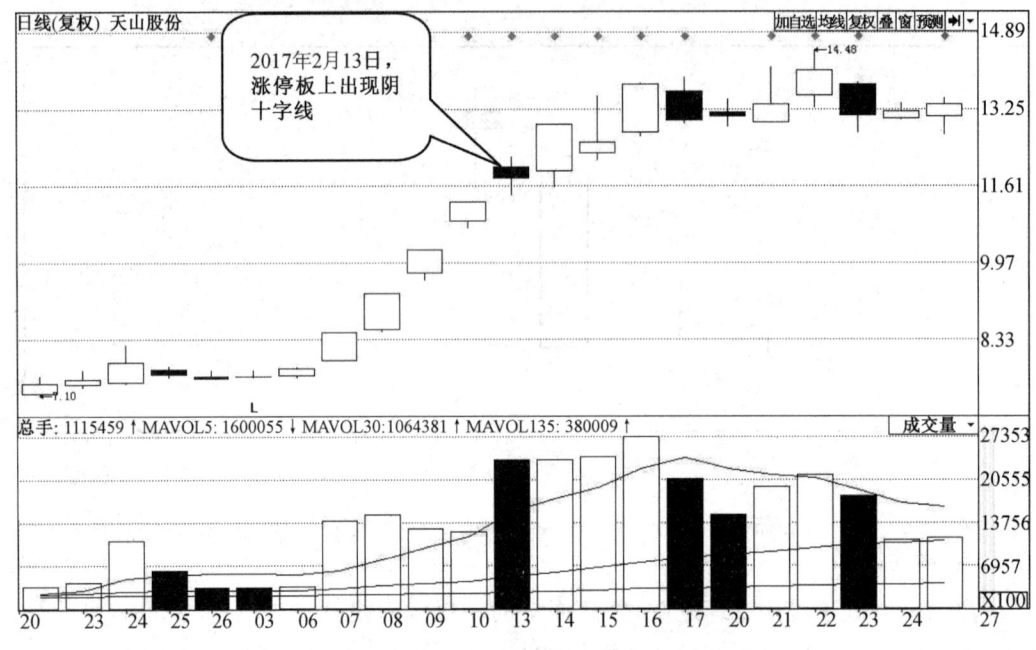

图 2-41　天山股份(00877)日 K 线走势图

在图 2-41 中,天山股份的股价从 2017 年年初开始一路震荡盘整。2017 年 2 月 6 日,天山股份拉出一个涨停板,此后,该股又连续拉出数个涨停板。2017 年 2 月 13 日,天山股份的股价在 K 线图上留下一根阴十字线,当天成交量相比涨停板的成交量有所增加,这说明很有可能是主力在强力洗盘。其后,2 月 14 日,该股的股价继续前期的上涨行情,再度以涨停报收,鉴于该股前期涨幅较大,投资者必须控制好风险。

# 第三章 K线信号辅助系统：
## 让买卖点更精确

K线,作为单一的技术分析工具,所发出信号的准确性毕竟有限。笔者根据多年股市征战经验,从众多技术指标中拣选了四种与K线系统能够完美兼容的,使之形成一套综合的股市趋势预测系统。

## 一、K线信号辅助系统

K线信号辅助系统主要由均线、量柱、分时线和MACD指标等技术指标构成,如图3-1、图3-2所示。

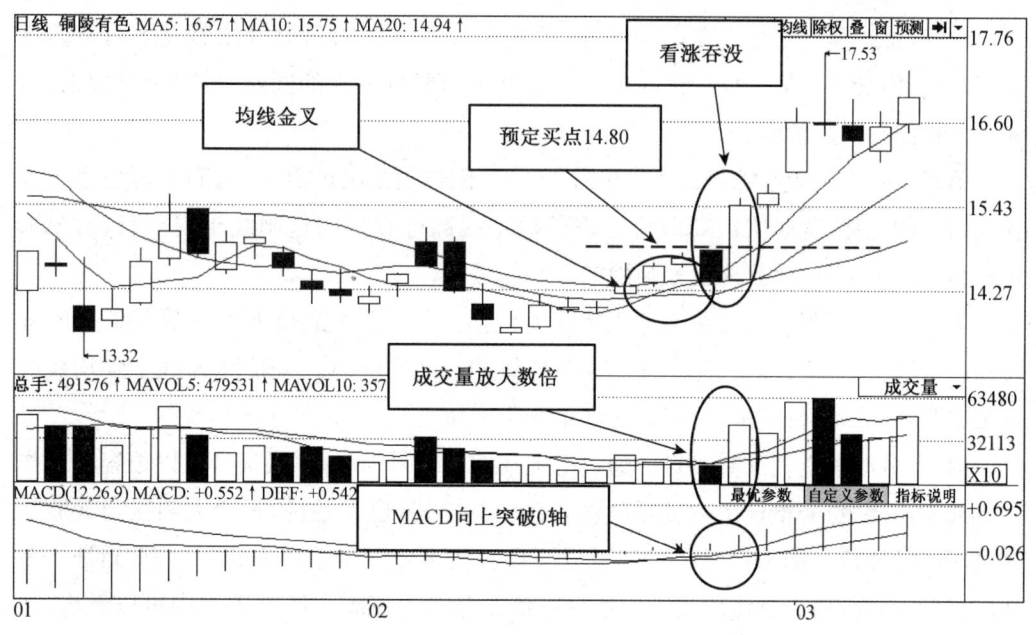

图 3-1　铜陵有色(000630)日K线走势图

下面结合铜陵有色的走势,介绍一下K线信号辅助系统的功能。

第一,K线买入信号。在图3-1中,铜陵有色的股价经过震荡回调,在2015年2月

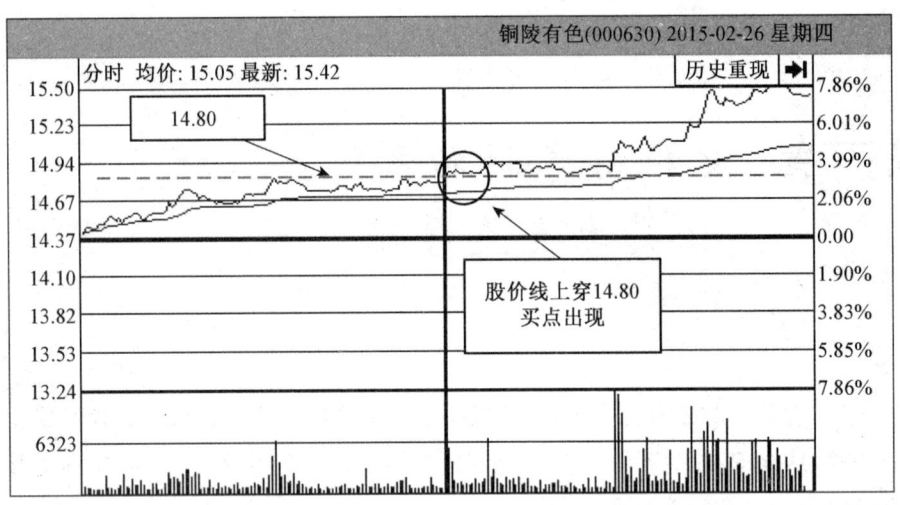

图 3-2 铜陵有色(000630)分时走势图(2015.2.26)

25 日、2 月 26 日两个交易日走出了阳包阴线形态,这通常是一种看涨信号。投资者如果对这一信号的准确性存在疑虑,还可以借助这套信号辅助系统进行确认。

第二,均线助涨信号。在图 3-1 中,均线发出的信号包括两类:一是,短期 5 日均线上穿 10 日均线和 20 日均线形成黄金交叉;二是,阳包阴线中第一根阴线回调至均线交叉位置后受到支撑,第二根阳线的开盘价也在均线上方,这说明均线对股价有很强的支撑作用。

第三,量柱辅助信号。在图 3-1 中,阳包阴线所对应的两根量柱形成了明显的落差,且第二根量柱比第一根量柱高出数倍。这说明股价上涨的同时,成交量放大很多,属于比较健康的量价形态。

第四,MACD 趋势判断信号。在图 3-1 中,阳包阴线出现前,MACD 指标已经出现拐头向上的走势,这说明短期股价走强的概率很高;同时,阳包阴线出现当日,MACD 正好自下而上穿越 0 轴,这也是强烈的看涨信号。

第五,预定买点。预定买点的确定主要包括三种:其一,股价 K 线上穿均线时的价位;其二,股价 K 线上穿均线前一交易日 K 线的最高价位;其三,股价 K 线上穿均线前某根大阴线的最低价或最高价(即底部最强阻力位)。

第六,分时线上找准买卖点。通过对上述四个信号的研判,投资者可以很容易地作买入或卖出决策,而最佳买点就是阴线开盘价的位置,也就是说,只要大阳线当天股价超过阴线开盘价且能站稳此位置就可以买入。从图 3-1 中可以看出,14.80 元是一个比较好的买入价格。具体的买卖点选择可借助分时图完成。从图 3-2 中可以看出,在2015 年 2 月 26 日当天开盘后,铜陵有色的股价线一直位于均价线上方,这说明股价走势较强。盘中,股价线几次触及 14.80 元位置,但都受到阻力而回调,这说明该位置具有很强的阻力。午间开盘后,股价线快速携量突破 14.80 元的位置,买点出现,投资者可大胆买入。

## 二、均线:K线的最佳拍档

均线,堪称K线最完美的搭档。K线对均线的每次有效突破都可能对股价短期走势产生重要的影响。

均线,全称移动平均线,英文简称为MA,该指标是以"平均成本概念"为理论基础,采用统计学中"移动平均"的原理,将某一段时间内的股价平均值画在坐标轴上连成曲线,用来显示股价的历史波动情况,进而反映股价未来的发展趋势,为投资者提供操作依据,如图3-3所示。

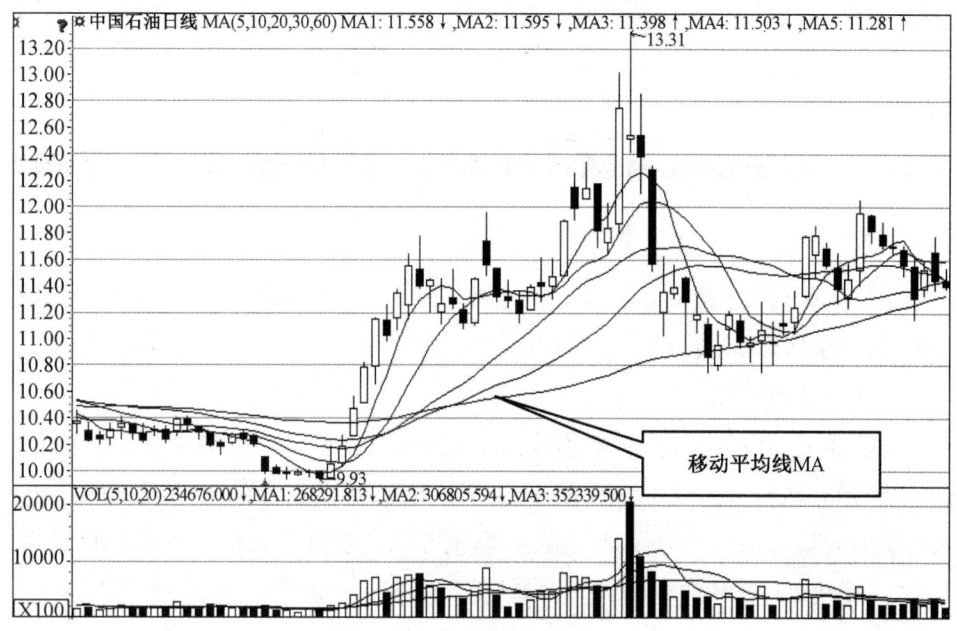

图3-3　移动平均线(MA)

移动平均线是在某段期间股价平均成本的基础上,配合每日收盘价的变化分析这段时间内多空双方的优劣,以研判股价的可能变化。均线的计算又分为算术移动平均线,加权移动平均线和指数平滑移动平均线等多种,其中最常用的是算术移动平均线,也是炒股软件中最基本、最常用的MA指标。

一般情况下,炒股软件通常默认的均线为MA5、MA10、MA20、MA30、MA60,也就是我们常说的5日均线、10日均线、20日均线、30日均线和60日均线,如3-4所示。

均线的周期参数是可以修改的,投资者可根据需要自行设定和增减。投资者在运用时可以单独使用某一根均线来进行研判,也可以采取均线组合的方式进行分析。

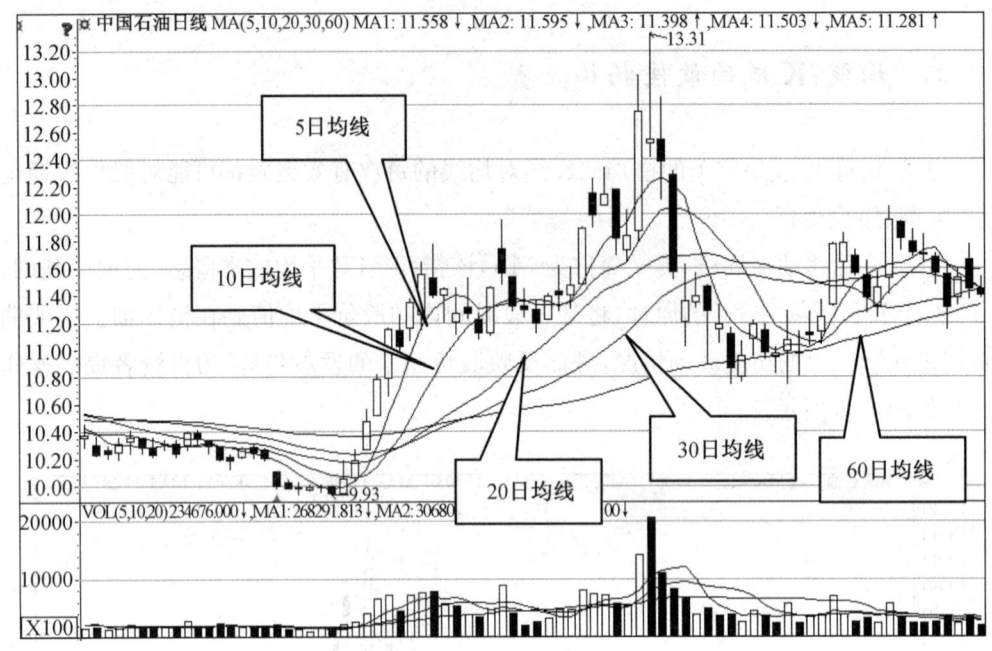

图 3-4　炒股软件上的默认均线

均线最基本的思想是消除股价变动的偶然因素,反映股价在一段时间内变动的基本趋势,因而它具有以下作用。

第一,揭示股价趋势。

均线能够表示股价的趋势,当均线向上运行时,表示行情趋势向好;当均线向下运行时,表示行情趋势向淡。如果从 K 线图上能够画出明显的上升或下降趋势线,那么均线的发展方向与趋势线是一致的,能消除股价在这个过程中出现的起伏波动。

第二,反映市场平均成本。

均线是近期收盘价的平均值的连线,能有效揭示当前市场的平均成本。比如,某只个股在某一交易日内的 10 日均线位所对应的数值,代表了该股近 10 个交易日内的平均成本。通过对平均成本的分析,投资者能够准确认识市场目前的成本结构,进而可以判断出自己的买入价位是否处于有利位置。而且平均成本是市场操作,特别是跟踪庄家踪迹的重要依据。

第三,助涨和助跌的作用。

在一个较大的趋势中,均线会朝着一个方向移动,通常会持续一段时间后才会转向。均线在上涨行情中通常是多头的防线,具有助涨的作用;在下跌行情中通常是空头的防线,具有助跌的作用。当股价向上突破或向下跌破均线时,往往还有向突破方向再进一步的愿望,这也表现了均线的助涨和助跌作用。

第四,支撑和阻力的作用。

移动平均线在股价走势中会起到支撑线和阻力线的作用。股价在均线上方运行时,均线会对股价形成支撑;股价在均线下方运行时,均线会对股价形成阻力。均线被突破,实际上是支撑线或阻力线被突破。

第五,给出明显的交易信号。

均线能够为投资者提供适当的交易时机。比如,当周期较短的均线由下向上穿越周期较长的均线时,称为黄金交叉(金叉),此为买入信号;反之,当周期较短的均线由上向下穿越周期较长的均线时,称为死亡交叉(死叉),此为卖出信号。

均线与 K 线组合使用时,可进行以下几方面的预判。

## (一)股价运行趋势判断

均线与 K 线相结合预判股价运行趋势的方法,主要包括以下几种。

### 1. 均线方向

通常情况下,均线的倾斜方向与股价运行的大趋势是相吻合的,即短期均线方向向上,则股价短期处于或即将进入上涨趋势;短期均线方向向下,则股价短期处于或即将进入下降趋势。

如图 3-5 所示,华能国际的 5 日均线、10 日均线和 20 日均线在 2015 年 3 月出现拐头向上的走势,且股价 K 线一直位于均线上方,这预示着股价将在中短期出现一波上涨走势。

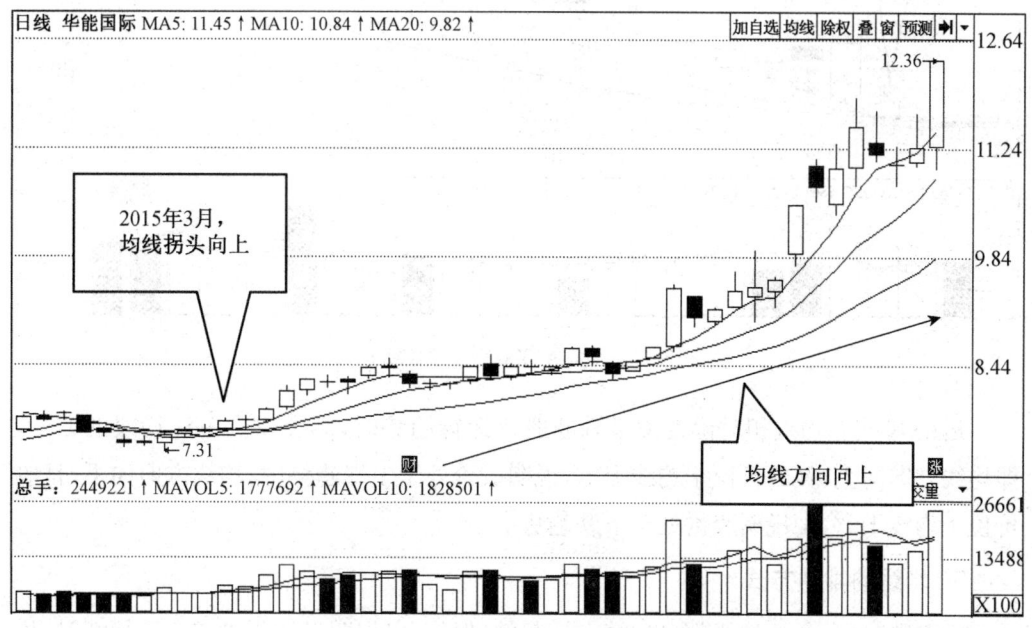

图 3-5　华能国际(600011)日 K 线走势图

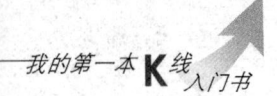

运用均线和K线判断股价运行趋势时,有两点需要注意。

第一,均线的选择。短期均线的走势能够对股价短期内的趋势进行预判,中长期均线,也同样能够对股价中长期趋势进行预判。使用何种均线,主要取决于投资者投资策略的选择。

第二,通常情况下,若均线方向向下倾斜则预示着股价将下行,此时,投资者应尽量避免买入交易。

2. K线与均线的相对位置

K线位于均线的上方,则表示股价高于均线对应周期内的大多数投资者的持仓成本,也就意味着股价上涨相对比较容易;反之,则下跌比较容易。

如图3-6所示,黄山旅游自2015年3月8日走出震荡区间后,股价K线一直位于均线的上方,且均线方向向上,则意味着股价将持续上涨走势。期间,股价曾几次回调至均线附近,但均因受到均线的支撑而重新上涨。

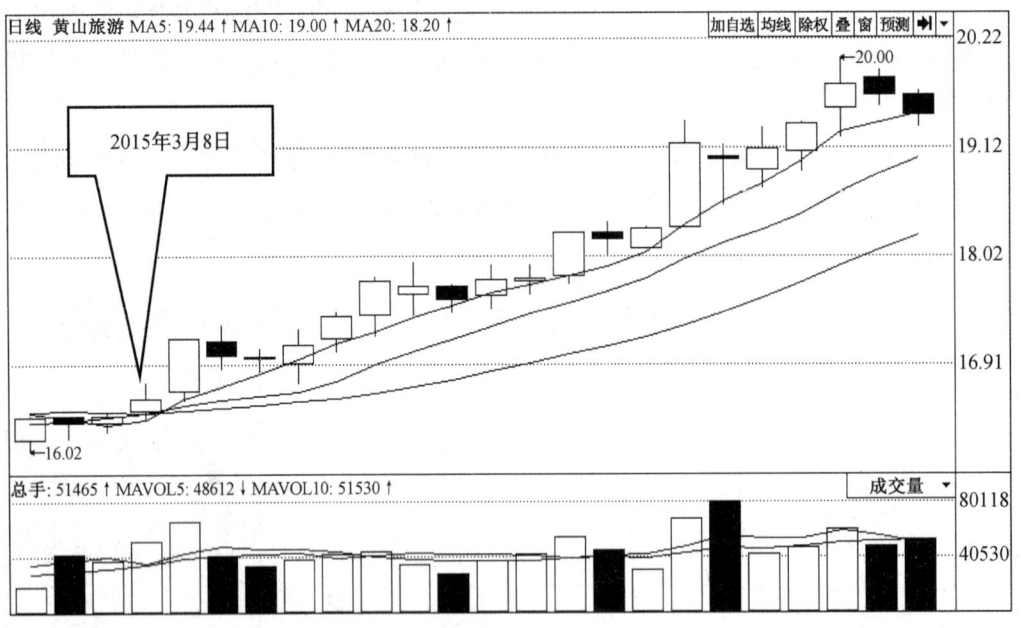

图3-6 黄山旅游(600054)日K线走势图

运用K线和均线相对位置关系判断股价运行趋势时,需要重点关注均线的方向,即均线方向向上,且股价位于均线上方,说明股价处于上涨趋势中;均线方向向下,且股价位于均线下方,则说明股价处于下跌趋势中。

3. 均线的排列方式

大多数时间,各条均线都是纠缠在一起的,但是,出现明显的下跌或上涨行情时,均线的排列就会出现比较经典的组合方式。

1）多头排列

多头排列是指短期均线、中期均线和长期均线按照自上而下的顺序排列，三根均线呈现向上倾斜。均线的多头排列，表示多方力量强大，股价进入了一个稳定的上升期，通常是中线进场的机会。

如图3-7所示，2015年2月，永大集团成功筑底后开始启动。2015年3月2日，以5日均线、10日均线和20日均线构成的均线系统进入多头排列状态，但此时K线却显示为放量小阳线，这说明股价短期涨势基本确立，投资者可追涨买入该股。

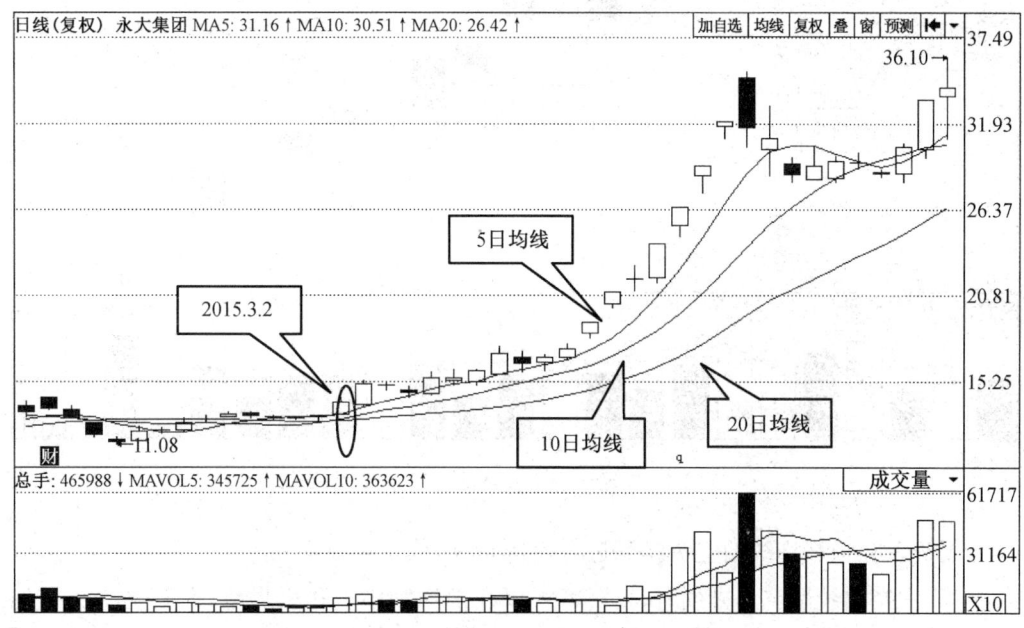

图3-7　永大集团(002622)日K线走势图

投资者在根据均线的多头排列进行操作时，应该注意以下几点。

第一，当均线呈多头排列时，投资者可以在前期和中期积极做多，尤其是多头排列刚形成的首个交易日，是最佳的介入时机。

第二，均线如呈多头排列，股价往往会处于短期均线之上运行，如果股价回落，并在某条均线附近获得支撑再度上涨，投资者仍可适量买入。

第三，当股价上涨到高位后，均线虽然仍呈多头排列，但是，已经有走平或掉头向下的迹象，此时投资者应该对买入持谨慎态度。

2）空头排列

空头排列是指长期均线、中期均线和短期均线按照自上而下的顺序排列，三根均线呈现向下倾斜。均线的空头排列，表示空方力量强大，股价进入了一个持续的下跌期，通常是中线离场的信号。

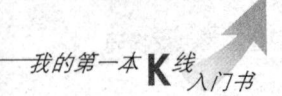

如图3-8所示,2015年6月,仁智油服的5日均线先后跌破10日均线和20日均线,接着10日均线有效跌破了20日均线,5日、10日均线和20日均线形成了空头排列状态,这意味着该股已进入空头市场中,股价的整体趋势将转弱。由于仁智油服之前已有较大的涨幅,所以这次出现的空头排列会引发一波较大的下跌行情。

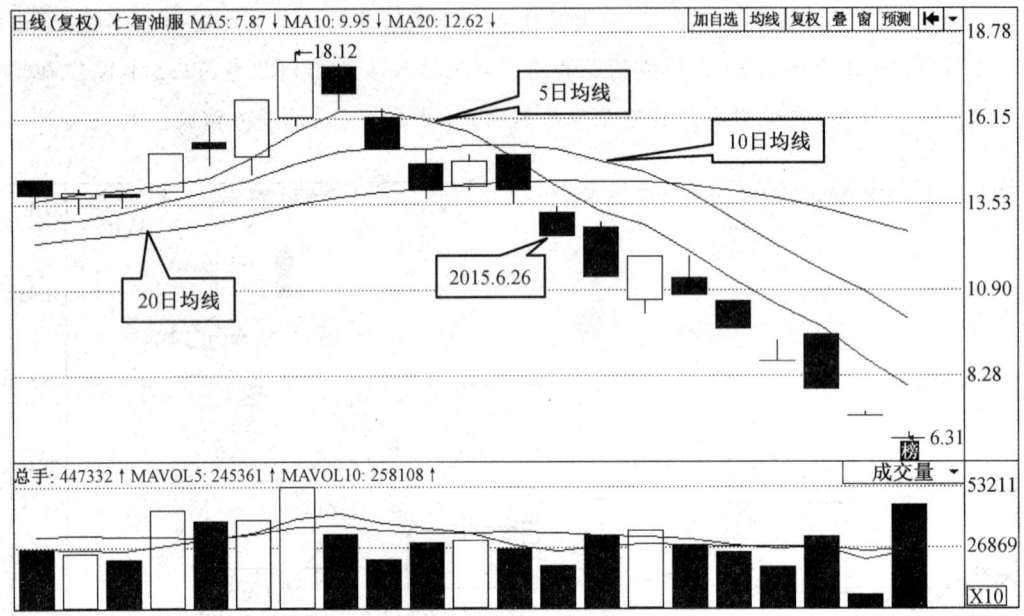

图3-8 仁智油服(002629)日K线走势图

投资者在根据均线的空头排列进行操作时,应该注意以下几点。

第一,当均线呈空头排列时,投资者可以在前期和中期积极做空,尤其是空头排列刚形成的首个交易日,是最佳的卖出时机。

第二,均线如呈空头排列,股价大多会处于短期均线之下运行,如果股价反弹,并在某条均线附近遇到阻力再度下跌,持股者应果断卖出。

第三,当股价下跌到低位后,均线虽然仍呈空头排列,但是,已经有走平或掉头向上的迹象,此时投资者不应再盲目割肉。

### (二)股价支撑位与阻力位判断

均线所处的位置,本身就是多空力量强弱的分界线,因而,股价K线每次向均线靠拢,多空双方都会经历一番激烈的争斗。

### 1. 股价支撑位判断

当股价自上而下回落到某条均线处时,如果获得支撑开始回升,那么投资者就可以认定此位置为股价的支撑位,且具有一定的支撑能力。

如图3-9所示,潍柴重机在2017年1月12日股价达到一个高点后开始回落,2017

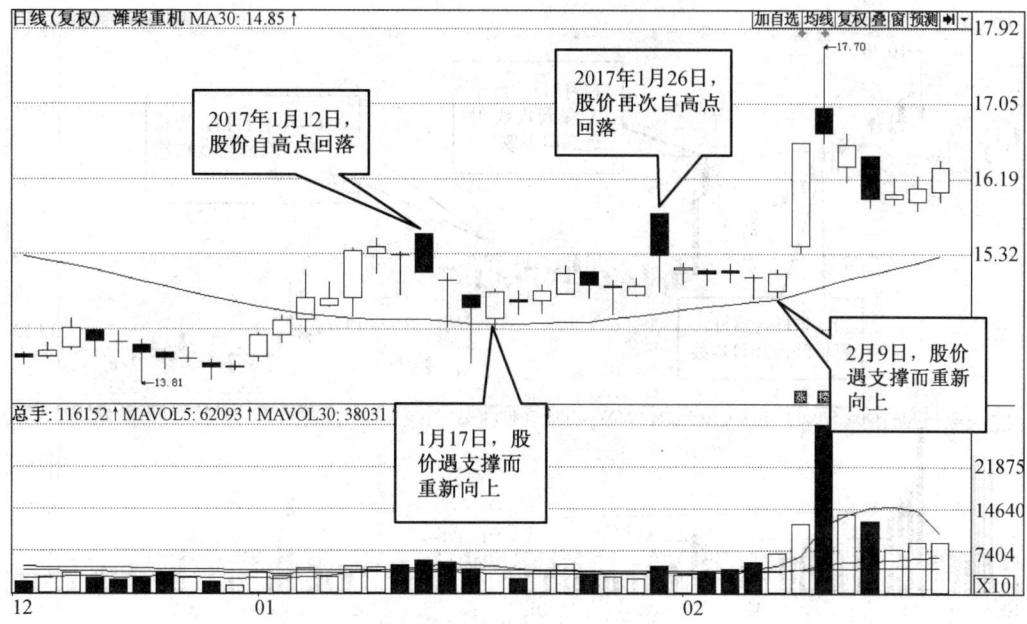

图 3-9　潍柴重机(000880)日 K 线走势图

年 1 月 17 日，在跌到 30 日均线附近时，股价因受到 30 日均线的支撑而重新开始上涨；2017 年 1 月 26 日，股价再次跌到 30 日均线附近，股价又一次受到 30 日均线的支撑而上涨，这一次还出现了加速上涨的行情，由此可见 30 日均线对股价的支撑作用。

投资者研判均线支撑位及其支撑作用时，需注意以下几点。

第一，股价 K 线自上而下回调到均线处时，要确保股价 K 线没有跌破均线，或者跌破均线后立即回到了均线之上。

第二，股价 K 线自上而下回调到均线处时，成交量要同步出现萎缩的态势；当股价遇支撑而重新上涨时，成交量最好能够放大。

第三，均线的方向要保持向上倾斜的姿态，均线方向如果向下倾斜则不应买入股票。

2. 股价阻力位判断

当股价自下方上涨到某条均线处时，如果遇到阻力开始回落，那么，也就意味着此位置为股价的阻力位，且具有一定的阻力。

如图 3-10 所示，欢瑞世纪在 2016 年 11 月 23 日股价收出一根小阴线，并跌破 30 日均线，随即，股价出现一波下跌行情。几个交易日之后，该股出现震荡反弹的走势，2016 年 12 月 8 日，股价在上涨到 30 日均线附近时，因受到 30 日均线的阻力而重新开始下跌；2017 年 1 月 11 日，股价再次上涨到 30 日均线附近，受到 30 日均线的阻力而下跌。期间，该股曾短暂突破 30 日均线，但股价并未成功站稳 30 日均线。由此可见，30 日均线对股价的阻力作用。

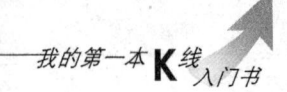

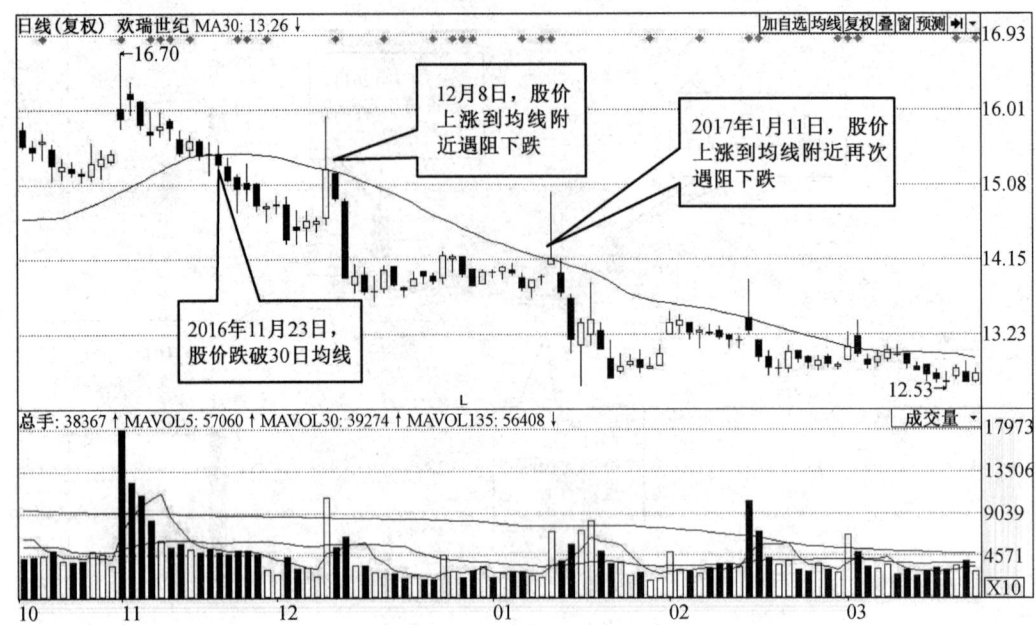

图 3-10 欢瑞世纪(00892)日 K 线走势图

投资者利用均线研判股价阻力位及其阻力作用时,需注意以下几点。

第一,股价 K 线上涨到均线处时,股价 K 线没有突破均线,或者突破均线后立即回到了均线下方,则说明均线阻力较强。

第二,股价 K 线上涨到均线处时,成交量如果同步出现放大的态势,投资者需保持观望,因量价齐升时,有成功突破均线的可能。

第三,均线的方向如果是向下倾斜的,那么,均线对股价的阻力作用会更强。

## (三)股价买卖点判断

利用 K 线与均线综合研判股价买卖点的方法包括以下几种。

### 1. 突破

事实上,K 线与均线相对位置关系的每次转换都有可能构成一次买入或卖出的契机。只不过,投资者是否扣动交易的扳机,还需要综合其他因素。

K 线突破均线主要包括两种形式:其一,自上而下跌破均线支撑位;其二,自下而上突破均线阻力位。

(1)自上而下跌破均线支撑位。当股价自上而下跌破某条均线时,预示着股价趋势开始向下,卖出信号出现。

如图 3-11 所示,达实智能的股价从 2014 年 11 月 5 日开始大幅下跌。11 月 6 日,股价 K 线跳空低开并下跌至 5 日均线以下,均线方向也开始拐头向下,这预示该股短期内将出现一波下跌行情,投资者可选择短线卖出。

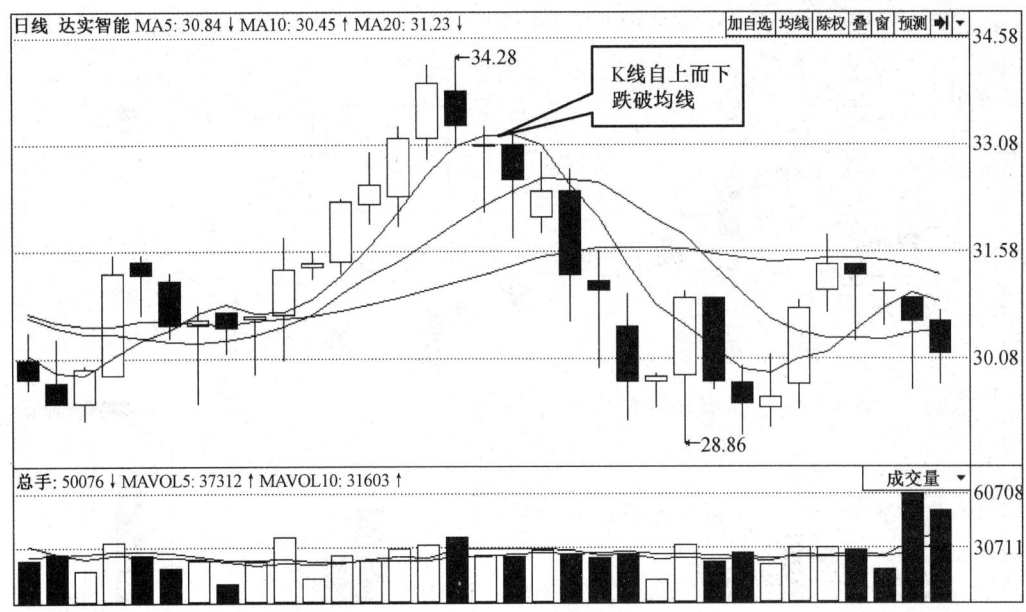

图 3-11　达实智能(002421)日 K 线走势图

投资者在这里需要注意三点。

第一,越是长期的均线,股价对其向下跌破时,所发出的交易信号越可靠。而周期很短的均线,例如,3 日均线或 5 日均线,其交易信号的准确度相对较差。

第二,股价跌破均线支撑位时,如果能有成交量放大相配合,将大大加强突破的有效性。

第三,股价跌破均线支撑位时,均线方向要出现拐头向下的趋势。

(2) 股价自下而上突破均线阻力位。当股价自下而上突破某条均线时,预示着股价趋势开始向上,买入信号出现。

如图 3-12 所示,恒信移动的股价从 2011 年 12 月 6 日开始震荡回升,股价不再下跌。12 月 8 日,恒信移动的股价 K 线一连突破了四条均线,且成交量同步出现放大,均线方向也开始拐头向上,这预示该股将启动一波上涨行情,投资者可选择短线买入。该股阻力位位于前期高点附近,如果该股能够突破前期高点,投资者可加仓买入。

投资者在这里需要注意四点。

第一,越是长期的均线,股价对其向上突破时,所发出的交易信号越可靠。而周期很短的均线,例如,3 日均线或 5 日均线,其交易信号的准确度相对较差。

第二,股价突破均线阻力位时,如果能有成交量放大相配合,将大大加强突破的有效性。

第三,股价突破均线阻力位时,均线方向要出现拐头向上的趋势。

第四,短线交易者判断股价突破均线阻力位时,一般以 10 日均线为准,当股价突破 30 日均线时,可以加仓买入。

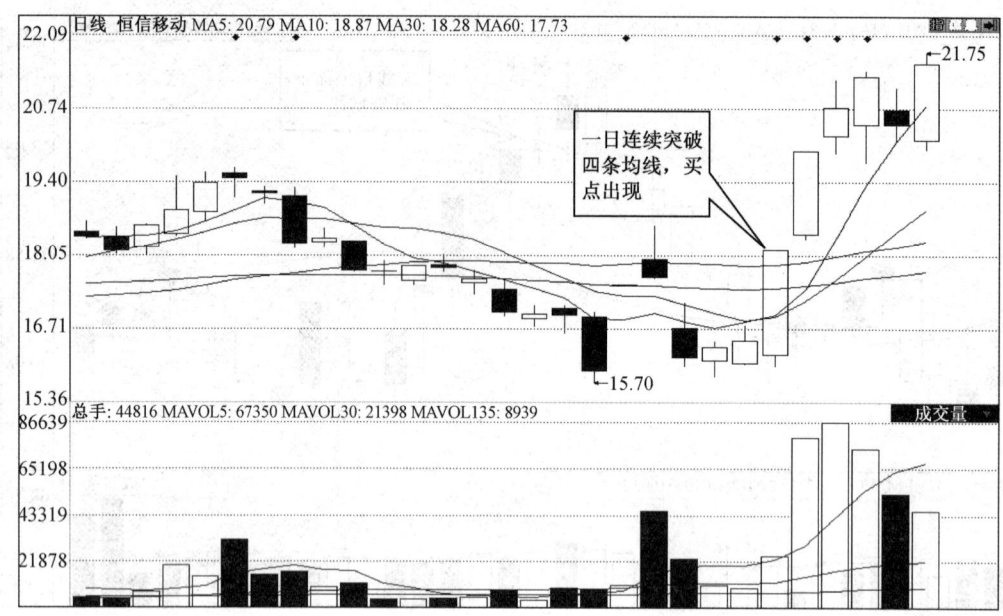

一日连续突破四条均线，买点出现

图 3-12　恒信移动(300081)日K线走势图

### 2. 反弹与回调

股价K线因受到均线支撑或阻力而发生的反弹或回调，也可以构成股票的买卖点。

（1）股价K线遇均线支撑的买点。当股价自上而下跌至某条均线位时，因受到均线的支撑作用而重新上涨，那么，该反弹位就构成了一次短线买入点。

如图 3-13 所示，顺荣三七的股价自 2015 年 1 月初启动一波上涨行情。2 月 4 日，

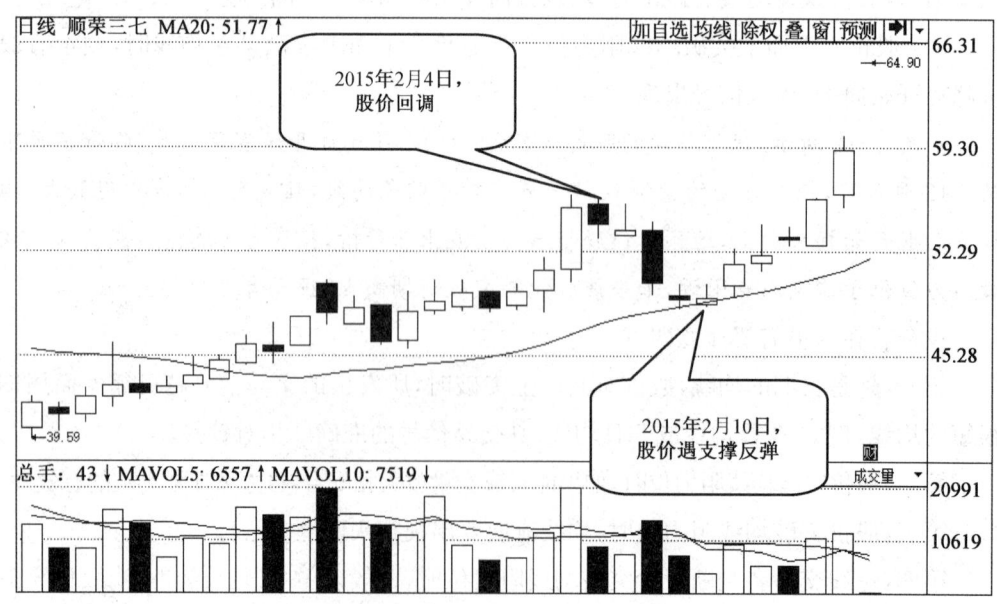

2015年2月4日，股价回调

2015年2月10日，股价遇支撑反弹

图 3-13　顺荣三七(002555)日K线走势图

股价在到达阶段高点后出现回落。2月10日，股价下跌至20日均线位置，遇均线支撑而出现反弹迹象。2月11日，该股股价放量上涨，此时，该股买入信号正式形成。

投资者在这里需要注意三点。

第一，越是周期较长的均线，支撑作用越显著，股价下跌至该位置反弹的可能性越大。

第二，股价遇均线支撑反弹向上时，如能有成交量放大相配合，将加强买入信号的有效性。

第三，投资者据此信号买入股票时，一定要等到股价确实已经开始反弹再买入，切忌提前介入，以免被套。

（2）股价K线反弹遇均线阻力的卖点。当股价自下而上涨至某条均线位时，因受到均线的阻力作用而重新下跌，那么，该回调位就构成了一次短线卖出点。

如图3-14所示，科大智能的股价经历了一波上涨后，在2014年12月初开始下跌，并陆续跌破了几条重要均线。2014年12月10日，该股股价开始反弹。12月17日，股价K线反弹至20日均线位置时，因受到均线的阻力而上攻乏力，在K线图上留下了一根长的上影线阳线，投资者需要密切关注次日的走势。12月18日，该股股价低开低走，说明该股可能会重归下跌通道，投资者宜清空手中股票。

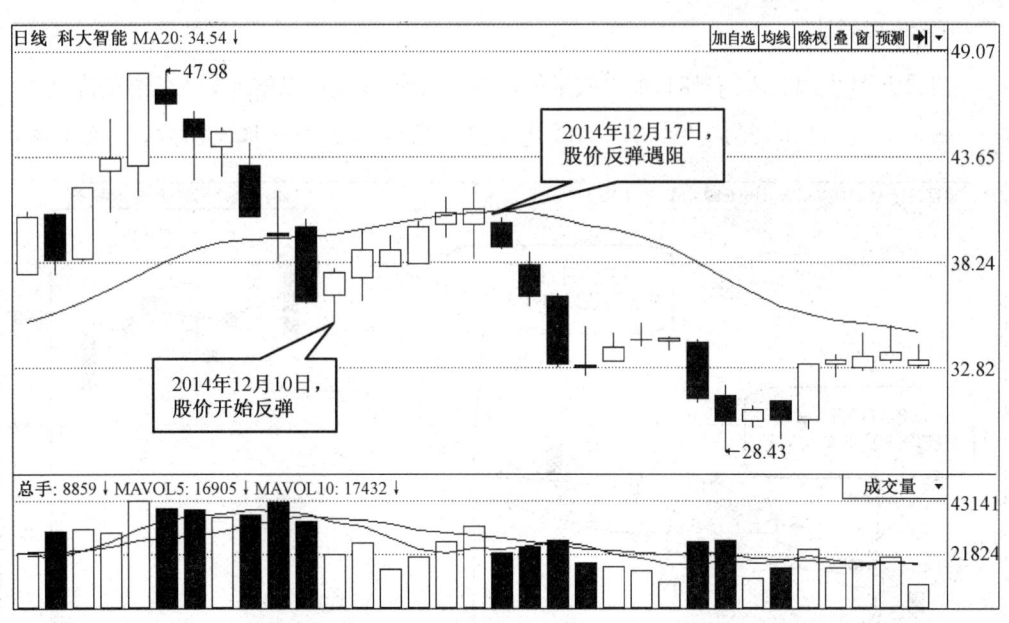

图3-14　科大智能(300222)日K线走势图

投资者在这里需要注意三点。

第一，越是周期较长的均线，阻力作用越显著，股价上涨至该位置回落的可能性越大。

第二，股价遇均线阻力回调时，如成交量放大，则意味着下跌速度将加快。

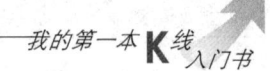

第三,投资者应尽量避免购入股价 K 线位于均线下方的股票,以免被套。

### 三、量柱:K 线信号的瞄准器

量柱是指 K 线图上反映当期成交量大小的柱形图。量柱的高低,不仅能够说明资金变动的趋势,更透露着庄家或主力的某种意图。正因如此,投资者通过对量柱变化的观察,可以更加准确地辨别 K 线信号的含义和未来运行趋势。

根据量柱之间的对比关系,可以将量柱分为放量量柱、缩量量柱和平量量柱三类,下面主要介绍放量量柱与缩量量柱。

### (一)放量量柱

放量量柱是指 K 线图上成交量量柱呈现依次递增关系的几根量柱(不少于两根),即只要当前量柱高于前一根量柱,就可以认定为放量量柱。放量量柱的出现,说明股票的成交量依次递增,市场对股价未来走势存在分歧,交易活跃。

放量量柱的出现,可以在一定程度上确认 K 线信号能否成立。一般情况下,放量量柱主要有以下两种用途。

#### 1. 助涨确认

股价 K 线发出买入信号时,如果放量量柱能够出现,无疑可以增加买入信号的准确性。

如图 3-15 所示,2015 年 3 月 9 日,建设银行的股价收出一根大阳线,且这根阳线

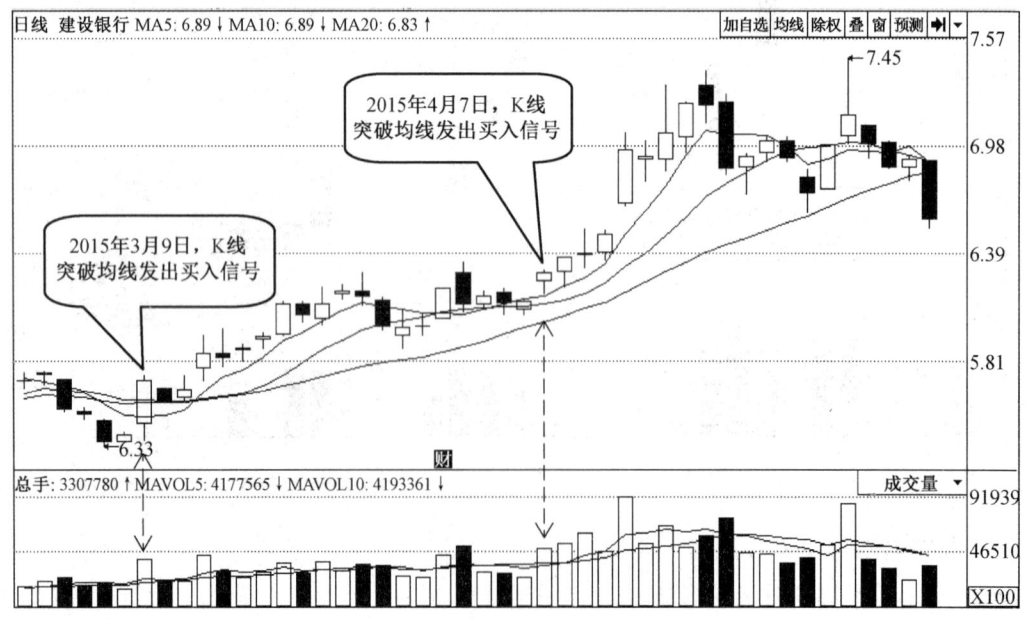

图 3-15　建设银行(601939)日 K 线走势图

一举上穿多根均线，发出买入信号。在此过程中，成交量曾两次明显放大，该日成交量量柱相比前一交易日放大了数倍，这属于后市看涨信号，投资者可在阳线出现的次日买入股票。2015年4月7日，建设银行的股价K线经过几个交易日的调整，再次突破均线系统，与此同时，成交量量柱再次出现放量状态，这预示着股价还将继续上涨，投资者可加仓买入该股票。

通过成交量量柱和K线综合研判买点时，需要注意以下两点。

第一，K线或K线组合发出买入信号时，后一根量柱的高度最好能超过前一根量柱的两倍以上。

第二，通常情况下，股价上涨成交量放大属于非常健康的价量关系，但如果放量过大，创下天量，则有可能意味着股价短期高点的来临。

如图3-16所示，中国石化的股价从2015年3月开始启动了一波上涨行情，与此相对应，成交量量柱也逐步走高。2015年4月28日，该股股价创出近期新高9.27元后回落，此时，成交量量柱达到了近期最高值，即天量柱，说明该股后续上涨动力可能不足，将会有一波调整走势。

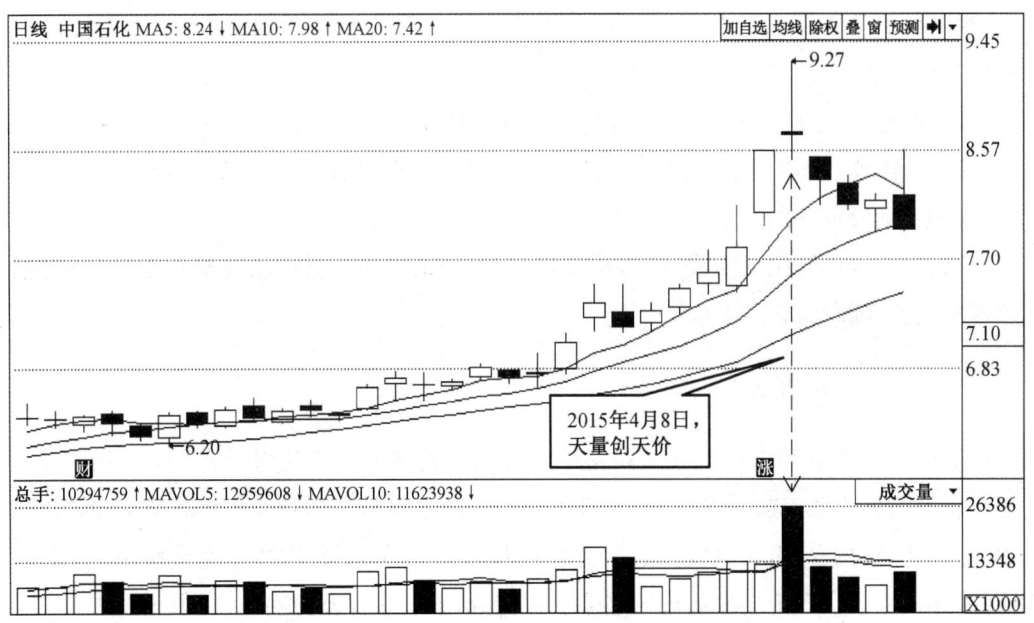

图3-16　中国石化(600028)日K线走势图

### 2. 助跌确认

股价K线发出卖出信号时，如果放量量柱出现，则投资者应强化卖出的决心。

如图3-17所示，长城汽车的股价经过一段时间的震荡上涨后，出现了上攻乏力状况。2015年4月28日，该股K线跌破多条均线支撑，预示股价有可能进一步走低。与

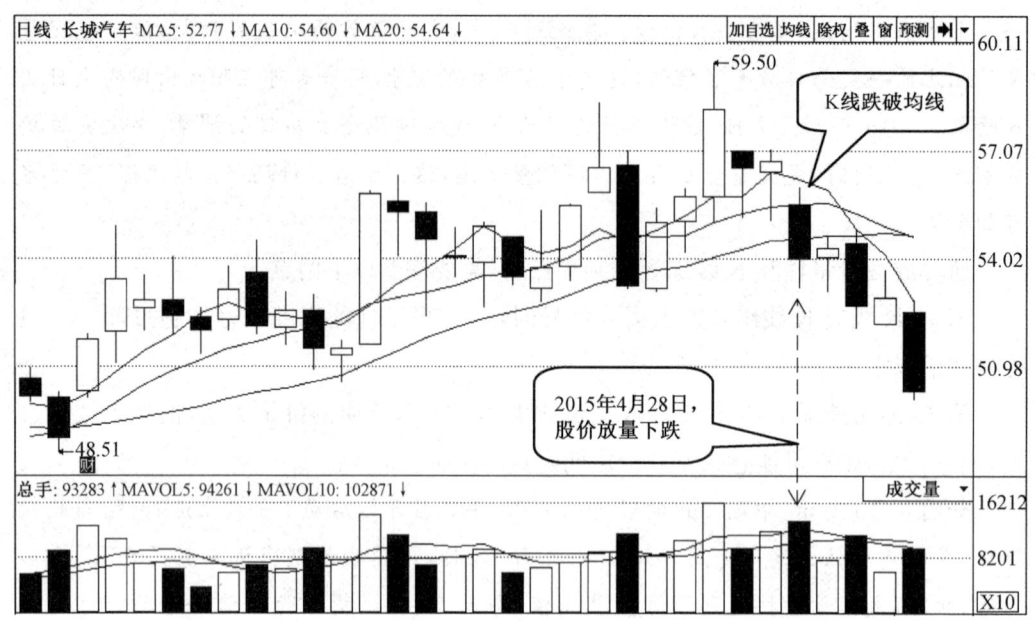

图 3-17　长城汽车(601633)日 K 线走势图

此同时,成交量量柱高于前一交易日,这说明在股价下跌时,资金流出加速,未来还将进一步下跌。此时,投资者宜卖出股票。

通过成交量量柱和 K 线综合研判卖点时,需要注意以下两点。

第一,K 线或 K 线组合发出卖出信号时,如后一根量柱的高度超过前一根量柱的两倍以上,则股价下跌速度可能会加快。

第二,K 线连续拉出阴线,股价步步走低时,如果成交量量柱出现异常放大,则需注意观察,股价随时有止跌上涨的可能。

### (二)缩量量柱

缩量量柱是指 K 线图上成交量量柱呈现依次递减关系的几根量柱(不少于两根),即只要当前量柱低于前一根量柱,就可以认定为缩量量柱。缩量量柱的出现,说明股票的成交量依次减少,市场对股价未来走势判断趋向一致,交易清淡。通常情况下,缩量量柱的出现,表示股价当前运行的趋势还将持续,投资者保持原有状态即可。

如图 3-18 所示,中国建筑的股价从 2015 年 3 月初开始启动了一波上涨行情。在上涨过程中,股价 K 线曾数度拉出阴线,与此相对,成交量量柱全部为缩量量柱,这预示着股价将延续上涨态势,投资者可耐心持股。投资者如想加仓,可在股价回调至均线位置时买入。

庄家或主力通过对敲等手段能够将成交量量柱做高,但他们却无法将量柱做短。正因如此,缩量量柱往往具有更大的研究价值,尤其是缩到极点的地量量柱。地量量柱

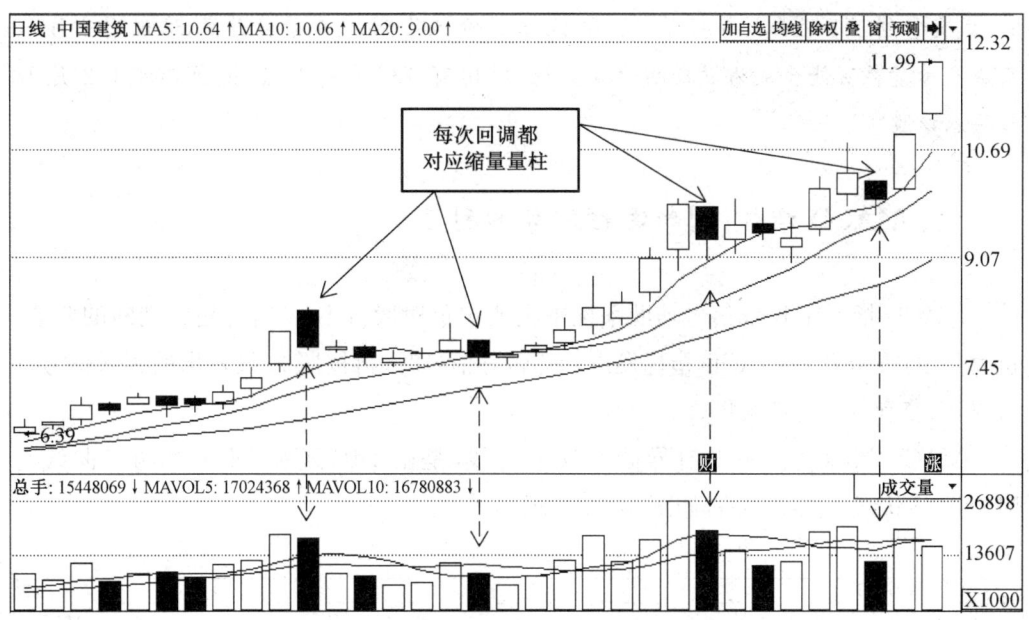

图 3-18 中国建筑(601668)日 K 线走势图

是指在一段时间内某种股票最低成交量所对应的量柱。地量量柱的出现，往往意味着股价将启动新一波的上涨行情（因涨停板或跌停板而产生的量柱除外）。

如图 3-19 所示，2015 年 2 月初，风范股份的股价经过短暂调整之后，股价 K 线回落至均线支撑位置，且 5 日均线、10 日均线和 20 日均线出现黏合状态，这说明该股股价正在选择突破的方向。2015 年 2 月 16 日，该股股价 K 线收出一根小十字线，与此同

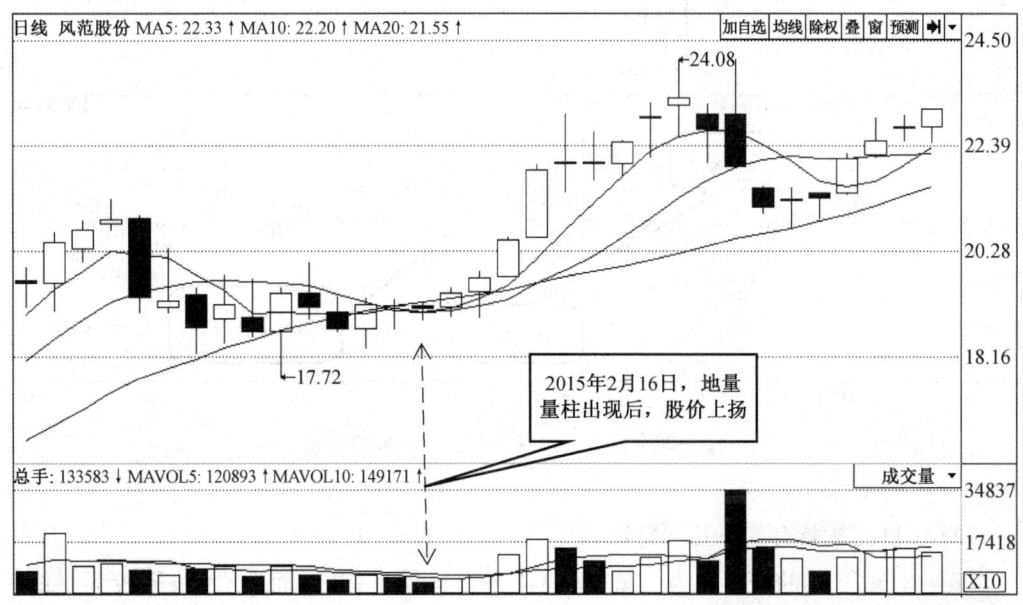

图 3-19 风范股份(601700)日 K 线走势图

时,成交量创下了近期的最低值。2月17日股价回升、成交量量柱升高,这说明2月16日成交量量柱可能会成为近期的地量量柱,股价有可能重新上涨,投资者可于2月18日买入该股。

## 四、MACD 指标:判断运行趋势的利器

MACD 指标在 K 线信号辅助系统中主要担负对股价 K 线运行趋势判断的职能。也就是说,投资者在 MACD 指标发出趋势转好信号时,再按照 K 线发出的买入信号进行操作,获利的可能性会更大。

MACD 指标全称是平滑异同移动平均线,是由 DIF 线和 DEA 线两条曲线与 MACD 柱状线共同组成的,如图 3-20 所示。

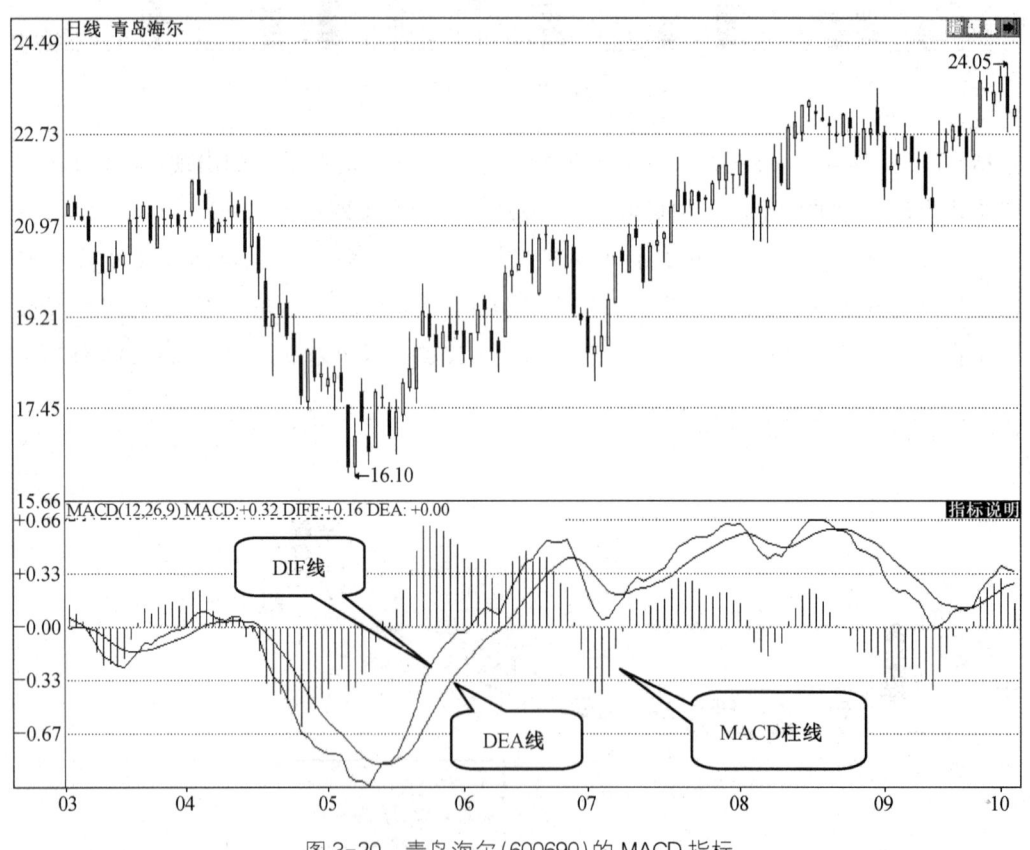

图 3-20　青岛海尔(600690)的 MACD 指标

MACD 指标具有如下几项特性。

第一,DIF 线的变动较为灵敏,是快速平滑移动平均线;而 DEA 线则较为平缓,是慢速平滑移动平均线,两条线都围绕 0 轴上下波动。

第二,MACD指标所显示的两条曲线都不是市场价格的移动平均线,而是两条移动平均线差距的平滑移动平均线。它能克服移动平均线假信号频繁的缺点,又保留了均线的诸多优点。

第三,MACD柱状线即BAR线,表示DIFF线与DEA线之间的偏离程度,BAR线越长,说明DIF线距离DEA线越远。BAR为正值,柱状线显示为红色,表示DIFF线在DEA线之上;BAR为负值,柱状线显示为绿色,表示DIFF线在DEA线之下。

第四,当MACD柱状线由负变正(或由绿变红)时,DIFF线必然向上突破DEA线,从而形成金叉;当MACD柱状线由正变负(或由红变绿)时,DIFF线必然向下跌破DEA线,从而形成死叉。

第五,BAR线的正负值之间有一条分界线,称为0轴(或0线)。

第六,MACD是一个极其重要的中长线指标,通过MACD指标能够判断指数或个股在一波行情开始后,庄家的洗盘和打压情况。

第七,当股价处于横盘整理或是小幅频繁震荡过程中,MACD会出现钝化,参考作用会弱化。

MACD指标对K线运行趋势的判断主要通过以下几条途径实现。

### (一) MACD指标对0轴的突破

#### 1. MACD指标向上突破0轴

当DIFF线由下向上突破0轴,表明多头行情即将悄然形成,是中长线第一个较为安全的买入点,投资者可逢低吸纳;当DEA线由下向上突破0轴,表明多头行情逐渐变强,是中长线第二个较为安全的买入点,此时投资者可以追涨买入。

如图3-21所示,盘江股份的股价在2015年2月中旬后,随着大盘指数的回暖而出现一波快速震荡上涨行情。MACD指标也随之不断走高,DIFF线自低位向上运行,并于2015年3月6日率先向上突破0轴,这说明市场已经完全处于多头主导,此后的3月12日,DEA线也向上突破0轴,这更加说明市场的强势,投资者宜加仓买入该股。

通过MACD指标向上穿越0轴和K线综合研判买点时需要注意:有时K线、均线和量柱均发出买入信号时,MACD指标还没有完成对0轴的穿越,但只要MACD指标已经出现拐头向上的趋势就可以认定MACD指标发出了趋势向好信号。

#### 2. MACD指标向下跌破0轴

当DIFF线由上向下跌破0轴,表明空头行情即将悄然形成,是中长线第一个较为合适的卖出点,投资者应坚决择高派发;当DEA线由上向下跌破0轴,表明空头行情逐渐变强,是中长线第二个较为合适的卖出点,此时投资者应该将仓位沽空。

如图3-22所示,耀皮玻璃的股价在2015年6月中旬后,随着大盘指数的暴跌而出

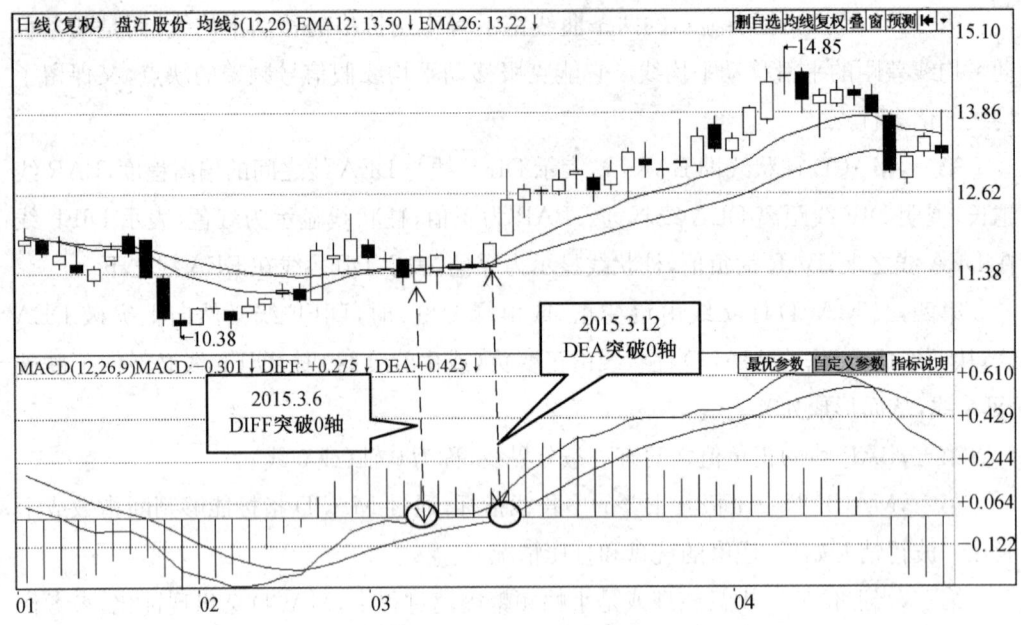

图 3-21　盘江股份(600395)MACD 走势图

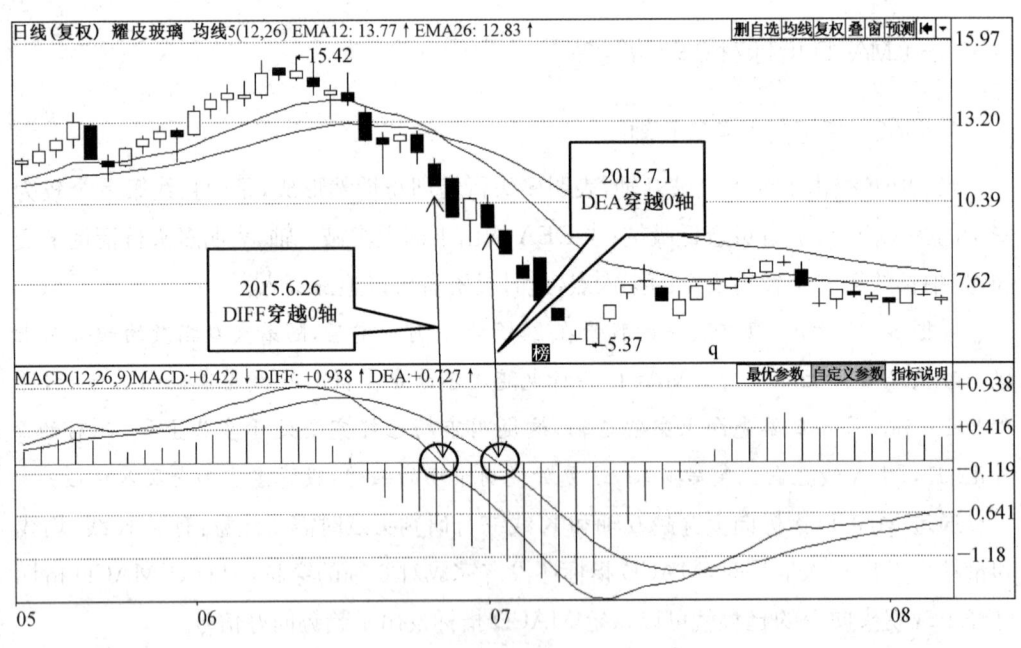

图 3-22　耀皮玻璃(600819)MACD 走势图

现了一波快速下跌行情。MACD 指标也随之不断走低,DIFF 线自高位向下运行,并于
2015 年 6 月 26 日率先跌破了 0 轴,这说明市场已经完全处于空头主导,此后的 7 月 1
日,DEA 线也跌破了 0 轴,这更加说明市场的弱势,投资者宜清空手中的股票。

通过 MACD 指标向下穿越 0 轴和 K 线综合研判卖点时需要注意:有时 K 线和均

线、量柱均发出卖出信号时,MACD指标还没有完成对0轴的穿越,但只要MACD指标已经出现拐头向下的趋势,就可以认定MACD指标发出了趋势向坏信号。

## (二)MACD指标的金叉和死叉

### 1. MACD指标形成金叉

当DIFF和DEA均为正值,DIFF线向上突破DEA线,在0轴上方形成金叉,表示市场上买盘非常踊跃,上涨行情仍将继续,此时投资者可以追涨买入。

当DIFF和DEA均为负值,DIFF线向上突破DEA线,在0轴下方形成金叉,表示市场上的做空气氛有所缓和,持币者有低位吸纳的意愿,股价可能止跌反弹,此时投资者需要借助其他技术指标来分析是否可以买入。

总而言之,MACD指标在0轴上方附近位置形成的金叉才是可靠的买入信号。

如图3-23所示,2015年年初,随着大盘趋势向好,中山公用的股价也同步出现了上涨态势。MACD指标自底部反弹向上,在2月至3月期间,DIFF快线曾经两次向上穿越DEA慢线形成交叉。其中,第一次交叉点位于0轴下方;第二次交叉点位于0轴上方。由于第一次交叉点位于0轴下方,并不属于理想的位置,因而投资者可保持观望或少量买入该股。2015年3月18日,中山公用MACD指标第二次出现交叉,此时,该股股价刚刚完成对均线的突破,并位于均线上方,这说明股价有企稳走好的迹象,且成交量同步放大。这些信息都可以强化黄金交叉信号的准确性,投资者此时可放心买入或加仓该股。

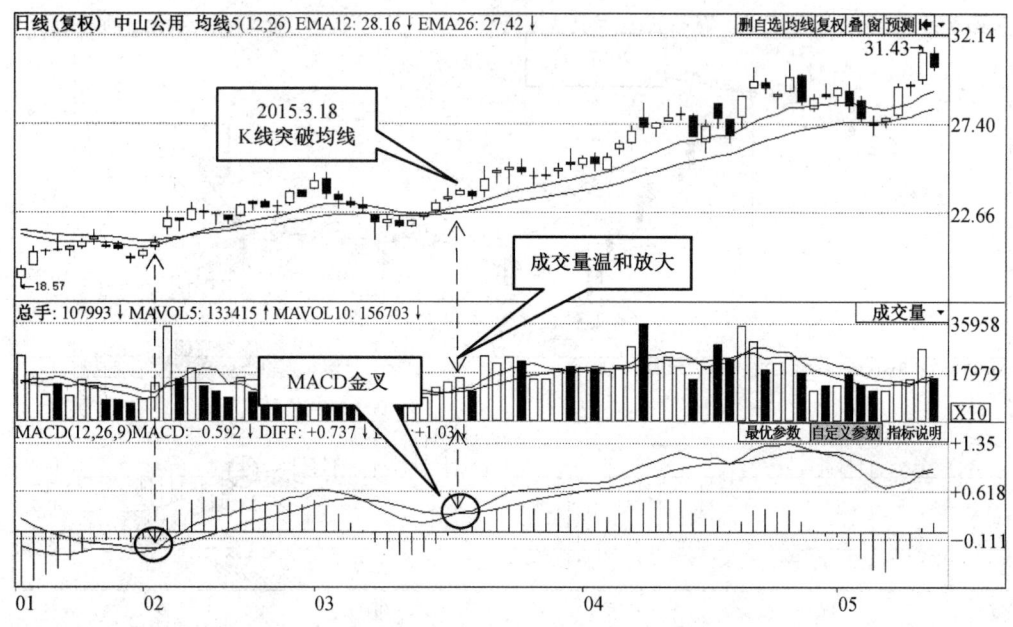

图3-23 中山公用(000685)MACD黄金交叉示意图

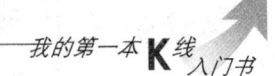

通过 MACD 指标金叉和 K 线综合研判买点时需要注意:有时 K 线、均线和量柱均发出买入信号时,MACD 指标还没有完成金叉,但只要 MACD 指标有完成金叉的趋势,就可以认定 MACD 指标发出了趋势向好信号。

2. MACD 指标形成死叉

当 DIFF 和 DEA 均为负值,DIFF 线向下跌破 DEA 线,在 0 轴下方形成死叉,表示市场上做空力量较为强大,下跌行情仍将持续,此时投资者应该杀跌卖出。

当 DIFF 和 DEA 均为正值,DIFF 线向下跌破 DEA 线,在 0 轴上方形成死叉,表示市场上的做多氛围有所松懈,持股者有高位回吐的想法,股价可能滞涨回落,此时投资者需要借助其他技术指标来分析是否应该卖出。

总而言之,MACD 指标在 0 轴下方形成死叉才是可靠的卖出信号。

如图 3-24 所示,同方股份的股价在 2015 年上半年随着大盘的上涨而走出了一波暴涨行情。MACD 指标中的 DIFF 快线和 DEA 慢线也同步上升。2015 年 6 月 11 日,该股股价在连续几个交易日出现回调的基础上,DIFF 快线自上而下穿越 DEA 慢线,形成了高位死亡交叉形态,这意味着股价后市下跌的概率很大,由于此时 DIFF 快线和 DEA 慢线仍位于 0 轴上方,投资者可卖出大部分股票,留少许筹码。随后,DIFF 快线跌破 0 轴时,可考虑清仓该股。

2015 年 8 月 21 日,同方股份的股价经过一段时间的震荡反弹,逐渐走出低谷。DIFF 快线也自底部反弹至 0 轴附近,随后,DIFF 快线拐头向下与 DEA 慢线形成交叉,此交叉点位于 0 轴附近属于典型的反弹遇阻,投资者宜清空手中股票。

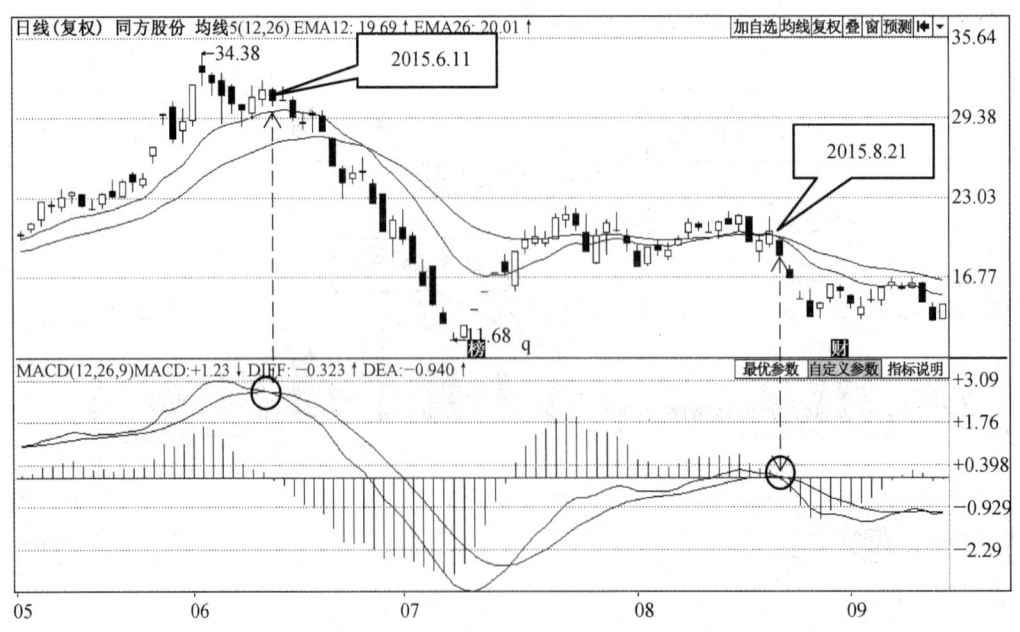

图 3-24　同方股份(600100)MACD 指标走势图

通过 MACD 指标死叉和 K 线综合研判卖点时需要注意:有时 K 线、均线和量柱均发出卖出信号时,MACD 指标还没有完成死叉,但只要 MACD 指标有完成死叉的趋势,就可以认定 MACD 指标发出了趋势向坏信号。

### 五、分时线:K 线买卖点研判的助手

在股市实战中,买入点位以及实际都可能对短线收入构成巨大的影响。因而,当 K 线、均线和量柱所发出买入信号时,投资者还需要参考分时线的走势确定具体的买入时间和买入价位。

投资者能够在分时走势图上看到个股股价走势、均价线走势和个股成交量等信息。其主要构成部分如图 3-25 所示。

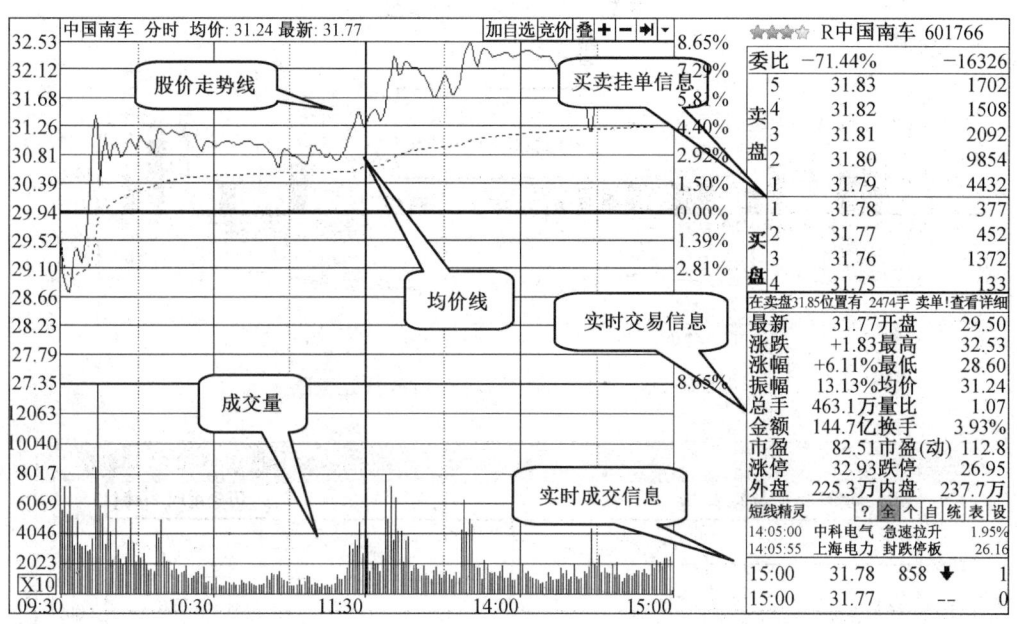

图 3-25　中国南车(601766)分时走势(2015.5.5)

图 3-25 为中国南车的分时走势图。图中的实线"股价走势线"代表了中国南车股价的实际走势,反映的是当天该股股价的变动情况,在一般的股市行情软件中用"白线"表示;图中的虚线"均价线"代表的是从开盘到当时时刻的平均价格曲线,在行情软件中一般用"黄线"表示;"买卖挂单信息"就是通常所说的"盘口",一般股市行情软件中都会给出五档买卖信息;"实时交易信息"为当天该股的交易状况,如"开盘价、最高价、最低价和量比等";"实时成交信息"反映的是从早上开盘到收盘的每一笔成交信息。

在 K 线信号辅助系统中,分时图是用来确认股票买卖点和买卖时机的。通常情况下,满足以下三个条件,投资者即可执行买入操作。

第一,股价线自下而上触及预设买入价位,且有进一步走高的趋势或自上而下回落至预设买入价位,且遇支撑出现反弹向上趋势。

第二,股价线运行于均价线上方。此形态说明股价走势较强,适合买入操作;反之,如果股价线始终运行于均价线下方,说明股价走势较弱,不宜执行买入操作。

第三,股价线向上运行时,成交量有所放大。此时执行买入操作比较恰当。

下面来看一下川仪股份的案例,如图 3-26、图 3-27 所示。

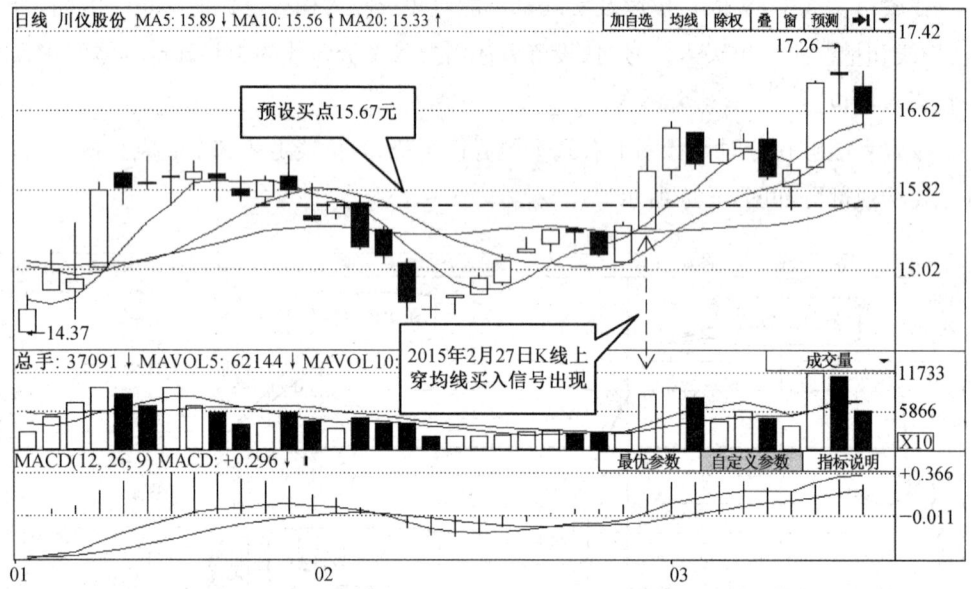

图 3-26　川仪股份(603100)日 K 线走势图

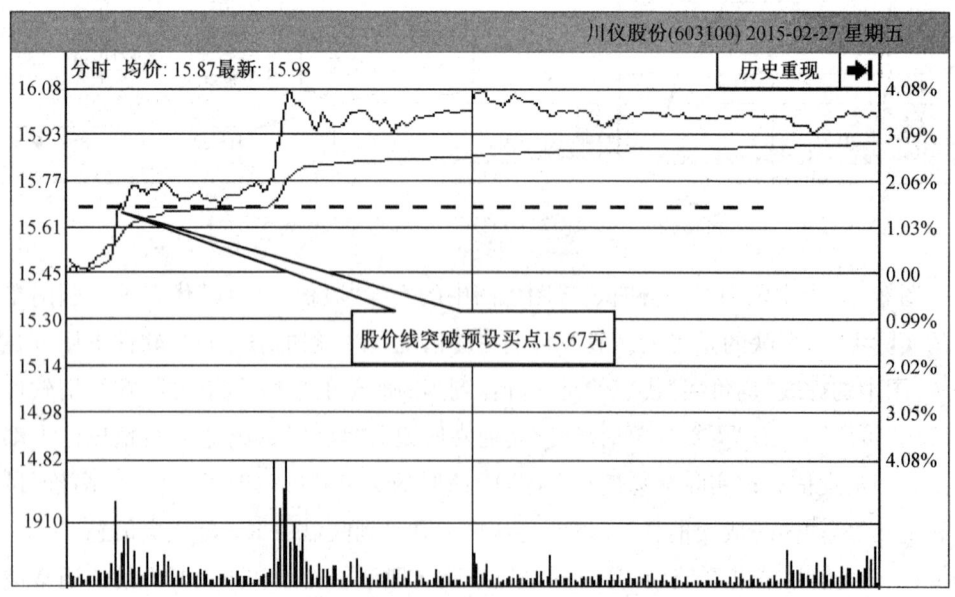

图 3-27　川仪股份(603100)分时走势图(2015.2.27)

在图 3-26 中,川仪股份的股价经过一段时间震荡下跌后,出现了缓慢上涨的走势。2015 年 2 月 27 日,该股股价 K 线一举上穿多条均线,且当日量柱高于前一交易日数倍,MACD 指标自下而上穿越 0 轴,这说明该股的买入时机已经成熟。

通过对该股 K 线走势的观察,投资者可以看出,该股之前经历了一段迅速的下跌,而下跌起始位置为 15.67 元,此位置可能存在较强的阻力,因而,投资者宜把此位置设定为买入价位。

在图 3-27 中,投资者通过对川仪股份 2 月 27 日分时图的观察可知,该股股价线在开盘后一直位于均价线之上,且出现快速上升走势。开盘不久后,股价线成功上穿预定价位 15.67 元,投资者可第一时间买入该股。其后,该股股价线虽出现过回调,但一直位于均价线和 15.67 元买入价上方。

# 第四章 K线图，21种经典买入形态

一直以来，从事股票或其他投资的人都在努力破解 K 线形态所代表的含义，力求投资分析过程更简单、高效。本章所给出的 21 种买入形态，就是这样一些被市场和广大投资者无数次证明过的有效信号。

当然，买入形态的出现，并不意味着投资者应该立即执行买入操作，毕竟市场总是充满变数。买入形态出现后仍有失败的风险，投资者见此信号出现后，应结合外围环境和信号发出时股价所处的位置、时机等综合研判。

## 一、上涨两颗星

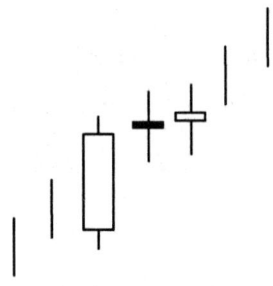

图 4-1 上涨两颗星

上涨两颗星，出现在上涨趋势的初期或中期，它虽然名为两颗星，实际上却是由三根 K 线组成的。先是收出一根大阳线或中阳线，紧接着在这根阳线的上端出现两根实体非常小的 K 线，这两根小 K 线可以是小阳线或小阴线，也可以是十字线，如图 4-1 所示。

上涨两颗星是一种比较经典的 K 线组合，也是一种攻击形态，预示着股价短期内还要继续上涨。

### 1. 操作策略

上涨两颗星往往在强势上涨的初始阶段或中途出现，是一种中继形态，不影响股价的上升趋势。投资者可以利用这种形态发现短线战机、捕捉短线黑马。

（1）当 K 线图上出现上涨两颗星形态时，表明涨势仍将继续，投资者可在次日适量买入、持股待涨。

（2）上涨两颗星的第一根阳线应该伴随着明显的放量，而之后的两颗星则应该保持缩量，这样才有空中加油的含义，一旦出现这样的价量配合，后市上涨的可能性更大。

（3）有时候，阳线的上方会出现 3 根小 K 线，称作上涨三颗星，它同上涨两颗星具有相同的中继意义，上涨力度会更强。

（4）参照上涨两颗星买入股票的投资者,应将止损位定在第一根阳线的最低价上。

（5）在高价位区域出现与之类似的形态,极有可能是黄昏之星的前半阶段,不能把它看成是上涨两颗星来操作。同样在弱势反弹中出现该形态也不宜买入。

2. 实战参考

如图4-2所示,建发股份在上涨行情初期的2015年3月17日、18日和19日三个连续的交易日形成了上涨两颗星形态。2015年3月17日,建发股份收出一根大阳线。2015年3月18日,在大阳线的上端位置,又收出一根实体很小的小阳星。2015年3月19日,该股再次收出一根实体很小的小阳星。

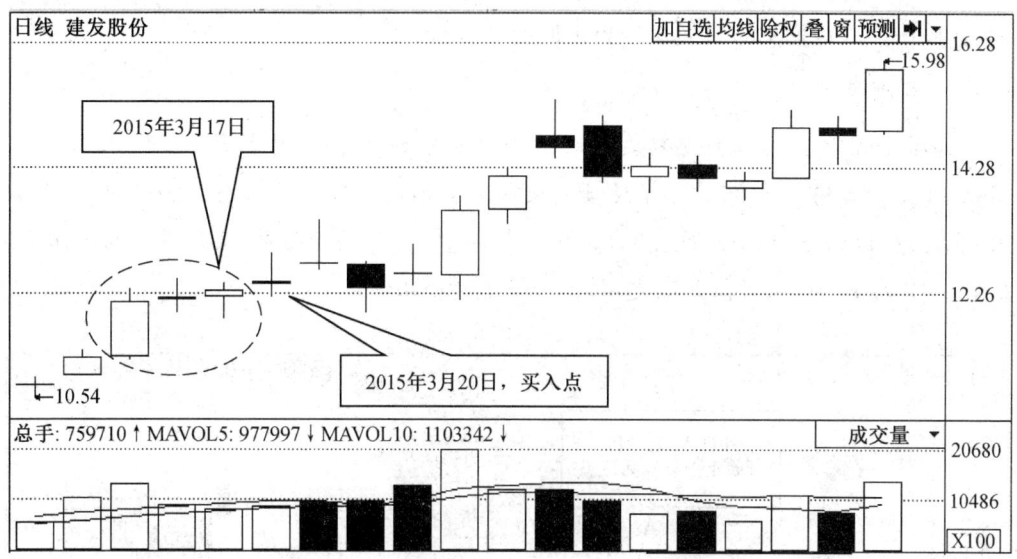

图4-2　建发股份(600469)日K线走势图

这三根K线共同组成了上涨两颗星形态。投资者可以在该形态完成后(3月20日)适量买入并持股待涨。

投资者买入该股时,可将大阳线的最低价位设置成止损位,如股价跌破该位置则立即止损。

## 二、红三兵

红三兵又称前进三兵,既可出现在下跌行情中,也可出现在上涨行情中。由三根股价连续创新高的小阳线组成,这三根小阳线有无上下影线均可,如图4-3所示。在红三兵形态中,后一根K线的收盘价均高于前一日的收盘价,形成稳步上升态势。

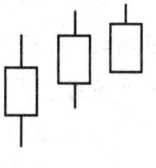

图4-3　红三兵

79

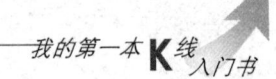
### 1. 操作策略

红三兵形态表现的是一种上涨的态势,说明市场上做多的力量在不断增强,形成了市场共识,并在一起努力推动股价不断上升。

(1)当红三兵出现在低价位区域或深度下跌之后,表明主力或多数投资者认为股价已经到了自己能够接受的价位,于是开始积极买入。这时,红三兵具有强烈的反转含义,持币的投资者应该选择买入,持股待涨。

(2)当红三兵出现在上涨途中,并且伴随着成交量的放大,则说明众多投资者在积极跟进,后市将继续上涨。看到这种形态后,投资者仍应看多,并积极追涨。

(3)投资者的买入时机应该选择在股价突破红三兵形态的最高点时。在买入的同时,还应把红三兵形态的最低点设为止损位。

### 2. 实战参考

如图4-4所示,在深度下跌之后,上工申贝的股价于2015年2月12日、13日和16日(14日、15日周末休市)这三个连续的交易日里形成了红三兵形态。2015年2月12日,上工申贝收出一根小阳线。2015年2月13日,该股高开高走,又形成一根小阳线。2015年2月16日,该股高开高走,收出一根光脚小阳线。

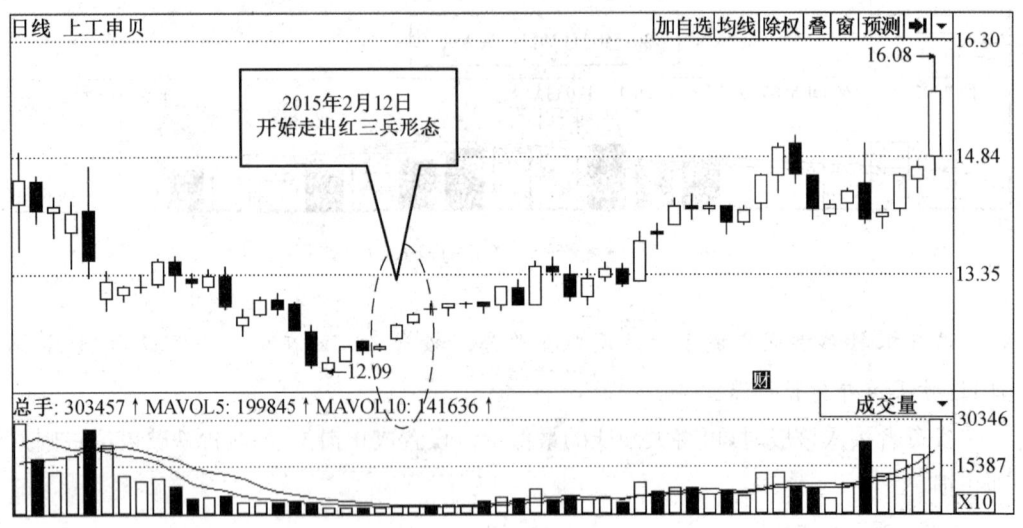

图4-4　上工申贝(600843)日K线走势图

这三根K线共同组成了红三兵形态,由于该形态出现在低价位区域,且是在深度下跌之后,可以看作是转势信号,投资者可在股价回调至红三兵最高价且不破该价位时买入该股。

2015年2月17日,上工申贝的股价一度高于前一根K线的最高价,此时投资者可以适量买入。当天该股收出一根小阴十字线,这证明了多方正在蓄积力量。

经过几个交易日的调整之后，2015年3月2日，该股大幅拉升，次日就是投资者最后的加仓机会。

## 三、三个白武士

三个白武士又称三个白兵，一般出现在盘整行情或上涨初期，其特征是连续出现三根阳线，其中第二、第三根阳线收盘价要高于前一天的收盘价，且每根阳线的收盘价都接近或等于该日的最高价。如图4-5所示。

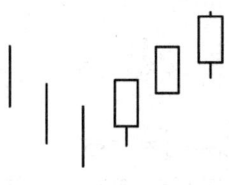

图4-5　三个白武士

三个白武士是红三兵的一种特殊形态，它的三根阳线没有上影线或只有很短的上影线，所以它对股价的助涨作用要强于普通的红三兵。

1. 操作策略

三个白武士是市场健康上涨的标志，预示着一轮下跌或盘整行情的结束或上涨行情的继续。

（1）当三个白武士出现在下跌行情的末端，是见底信号，投资者可在次日果断买入。

（2）当三个白武士出现在上涨途中的盘整期，表示多方已经重新聚集力量，是看涨信号，投资者可追涨买入。

（3）以三个白武士形态为买入标准，应该将止损位设在三根阳线的最低价上；一旦股价跌破该位置，投资者应果断止损。

（4）如果三根阳线的实体依次变大，且成交量也逐渐放大，表示多方力量逐渐加强，后市加速上升的可能性变大。

（5）如果三根阳线中至少有一根有较长的上影线，那么它也只是普通的红三兵，而不能称为三个白武士。

2. 实战参考

如图4-6所示，2015年3月17日至19日，中原高速在经历了一波底部整理行情之后，其K线图上出现了三个白武士形态。2015年3月13日、16日，中原高速连续收出小阳线。3月17日，该股又收出一根大阳线。其中，后面K线的开盘价总是位于前一根K线的实体之内，而收盘价都高于前一日的收盘价，从而形成三个白武士形态。这预示着行情已触底反弹，投资者可以在3月20日进行买入操作。

该股在后面虽然调整了两天，但一直没有跌破19日阳线的最低点，可放心持股。2015年3月24日，该股高开高走，股价突破了三个白武士的最高价，这时投资者可以追加买入。

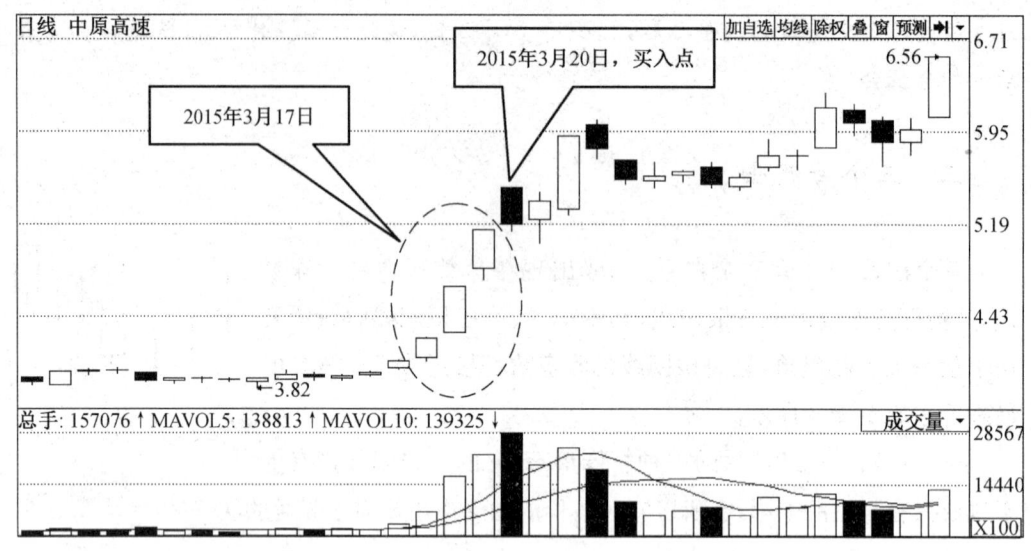

图 4-6　中原高速(600020)日 K 线走势图

## 四、三阳开泰

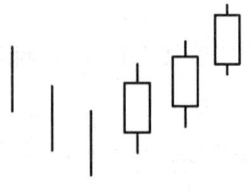

图 4-7　三阳开泰

三阳开泰,一般出现在盘整行情或上涨初期,其特征是连续出现三根中到大阳线,其中第二、第三根阳线开盘价均要高于前一交易日的开盘价,收盘价均要高于前一交易日的收盘价。如图 4-7 所示。

三阳开泰与红三兵、三个白武士有某些相似之处,但三阳开泰对阳线实体的要求要高于前两种形态,其看涨信号的强度也是最佳的。

### 1. 操作策略

三阳开泰是上涨行情已经启动的标志,预示着一轮下跌或盘整行情的结束,上涨行情的开始。

(1)三阳开泰的出现,说明多方已经占据绝对优势地位,快速上涨行情启动。

(2)以三阳开泰形态为买入标准,应该将止损位设在三根阳线的最低价上;一旦股价跌破该位置,投资者应果断止损。

(3)如果三根阳线的实体依次变大,且成交量也逐渐放大,表示多方力量逐渐加强,后市加速上升的可能性变大。

(4)如果三根阳线均无上影线或只有很小的上影线,则此形态可称之为三个白武士,同样也属于强烈的看涨信号。

(5)如果三根阳线的实体过短,则只能将该形态看成红三兵形态,其所发出的看涨信号要弱于三阳开泰。

### 2. 实战参考

如图 4-8 所示, 2015 年 4 月 9 日至 13 日, 际华集团在经历了一波调整行情之后, 其 K 线图上出现三阳开泰形态。

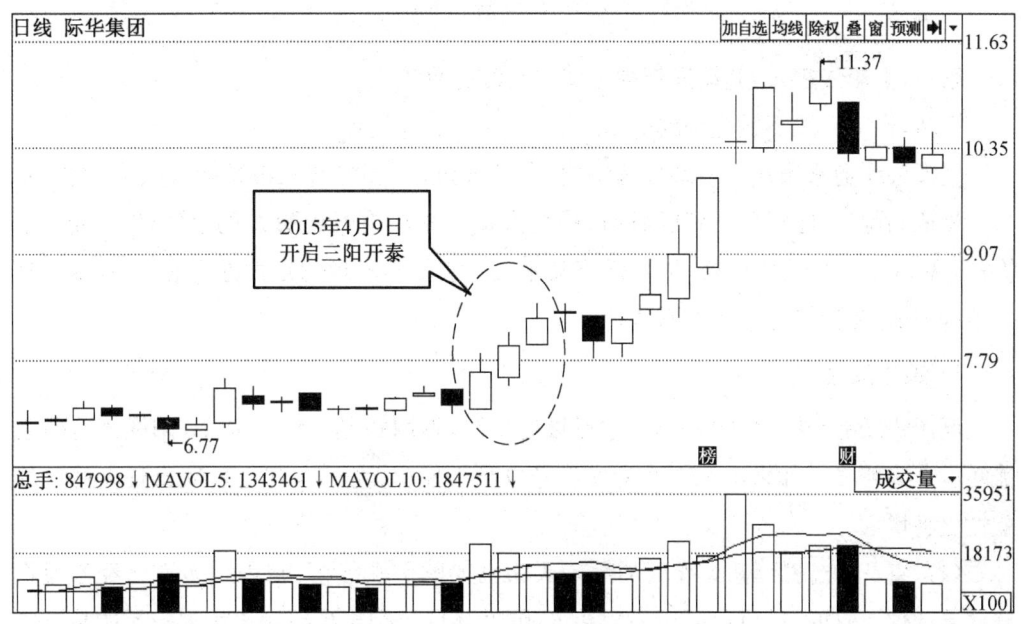

图 4-8　际华集团(601718)日 K 线走势图

2015 年 4 月 9 日, 际华集团收出一根大阳线, 其后更是连续拉出两根中阳线, 其中后面 K 线的开盘价总是位于前一根 K 线的实体之内, 而收盘价都高于前一日的收盘价, 从而形成三阳开泰形态。这预示着上涨行情已启动, 投资者可择机买入该股。

该股在后面虽然小幅调整了两天, 但一直没有跌破 13 日阳线的最低点, 可放心持股。2015 年 4 月 17 日, 该股高开高走, 股价突破了三阳开泰的最高价, 这时投资者可以追加买入。

## 五、倒锤头线

倒锤头线与前文所讲的锤头线相似, 只是锤子的把儿转向了上方, 形状像一把倒置的锤子, 如图 4-9 所示。

倒锤头线具有以下形态特征:

第一, 实体很短, 且位于当日整个价格区间的下端。

第二, 没有下影线, 或者下影线非常短。

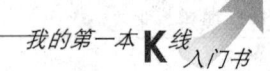

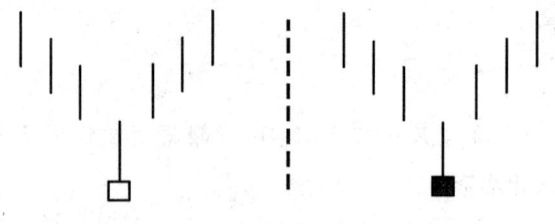

图 4-9　倒锤头线

第三,上影线很长,其长度至少是实体长度的两倍。

第四,位于一段下跌趋势的底部。

倒锤头线通常出现在下跌行情中,在当日开盘后,多方进入市场抬升股价,但空方的力量依旧很强,他们努力打压股价,最终形成一根具有长上影线的小实体 K 线。尽管长上影线有一定看跌性质,但看跌意义不大。它更多表现的是卖盘后继乏力,多方开始显示力量,走势将进入上升通道。

### 1. 操作策略

倒锤头线有止跌回升的意义,它可以是阳线,也可以是阴线。其中,阳线含有的上涨暗示更为明显。如果出现倒锤头线信号的当天成交量很大,那么后期出现上涨的可能性也将增大。

(1)如果在出现倒锤头线后的第二天为强势的上涨行情,则表明多方已经开始占据主导地位。这时,投资者可以适时买入,同时还应当把出现倒锤头线那一天的最低价设为止损位,一旦股价跌破该价位,则应及时止损出局。

(2)从倒锤头线形成的过程来看,这个形态的信号强度不如锤头线明显,所以,投资者可以把它与之前或之后的 K 线组合放在一起综合分析,以准确研判后期走势。

(3)出现倒锤头线形态后,如果投资者担心风险,则可以观察几日,待到行情企稳后再逢低吸纳。

### 2. 实战参考

如图 4-10 所示,软控股份从 2015 年 6 月 15 日开始出现了一波下跌行情。2015年 7 月 7 日和 7 月 8 日,连续两个交易日,该股都收出倒锤头线,这说明多方即将发动反攻,激进的投资者可以在第三日买进该股。

## 六、多方炮

多方炮又称两阳夹一阴(或两红夹一黑,根据后面的两种称谓可以知道,这种形态由两根实体较大的阳线和一根实体较小的阴线组成,三者的中轴基本处于同一位置上,阴线被左右两根阳线紧紧地夹在中间,且其实体部分被两根阳线的实体完全覆盖,如图

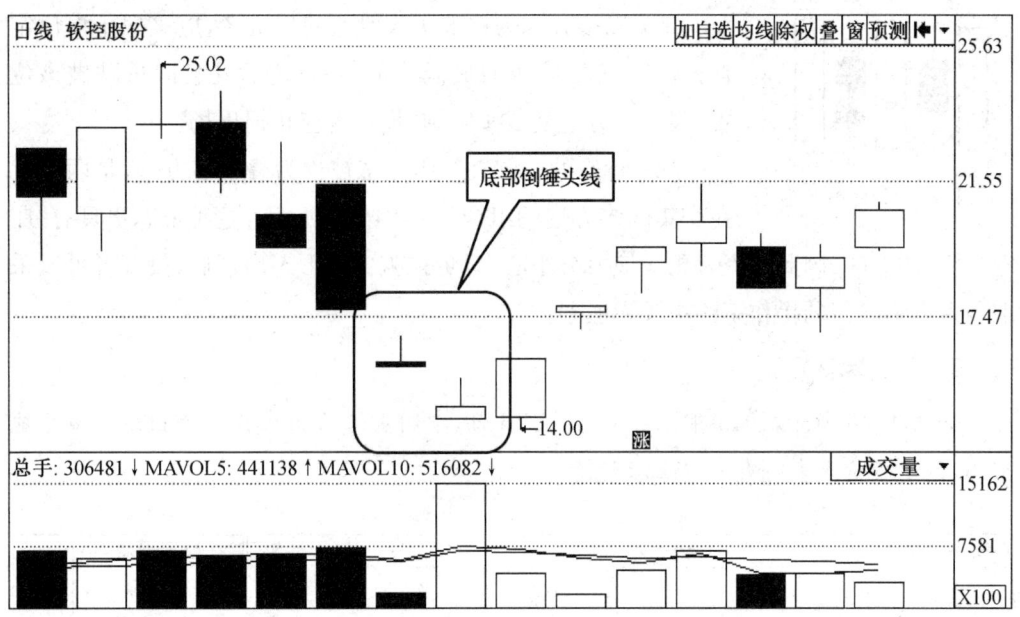

图 4-10 软控股份(002073)日 K 线走势图

4-11 所示。

多方炮形态中,中间阴线的开盘价一般低于其前后两根 K 线的收盘价,收盘价通常高于其前后两根 K 线的开盘价。该形态既可以出现在上涨行情中,也可以出现在下跌行情中。

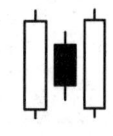

图 4-11 多方炮

### 1. 操作策略

多方炮形态并不一定说明多方发动攻击后,空方就节节败退;空方也有可能压制住多方的进攻,从而反败为胜。因而,多方炮只有在关键位置才有开炮取胜的可能性,投资者需要根据其出现的具体位置进行操作。

(1)多方炮常出现在庄家洗盘过程中。如果收出阴线的同时成交量萎缩,而后一日的成交量又温和放量,则说明洗盘效果明显,后市看涨信号更为强烈。为了避免被清洗出局,投资者应该保持警惕,不要轻易卖出股票。

(2)在下跌行情中,尤其是大幅下跌之后出现多方炮形态,表示多方开始向空方开炮,走势应在多空双方的激战后发生变化,股价会止跌反弹或见底回升。投资者可以买入适量股票,持股待涨。

(3)在上涨初期或上涨途中出现多方炮形态,是中继信号,表明股价经过短暂休整后,仍有继续上升的空间,投资者可以适度追涨。

(4)在高价位区域或股价已经大幅上涨之后出现多方炮形态,投资者应注意风险,因为股价之后或将进入盘整或下跌行情,这时的多方炮有可能成为多头陷阱。如果反转趋势确立,投资者应该选择合适的时间卖出股票、持币观望。

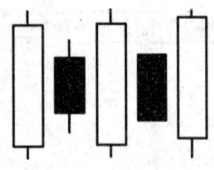

图4-12　叠叠多方炮

（5）以多方炮为标准买入股票的投资者，应该把止损位定在该形态三根K线的最低价上，一旦之后几日股价跌破该位置，表示多方炮变成了哑炮，投资者应止损出场。

（6）特殊的三阳夹二阴形态被称为叠叠多方炮，是两个存在交集的多方炮的组合，如图4-12所示。这种形态更具有"庄家陷阱"的意味，因此投资者更应该万分小心，以免被骗。该形态出现后，投资者可以采取与多方炮类似的操作策略去买卖股票。

**2. 实战参考**

如图4-13所示，2015年4月14日至16日，中国重工的K线图上都出现了多方炮形态，预示股价未来将有一波上涨行情。

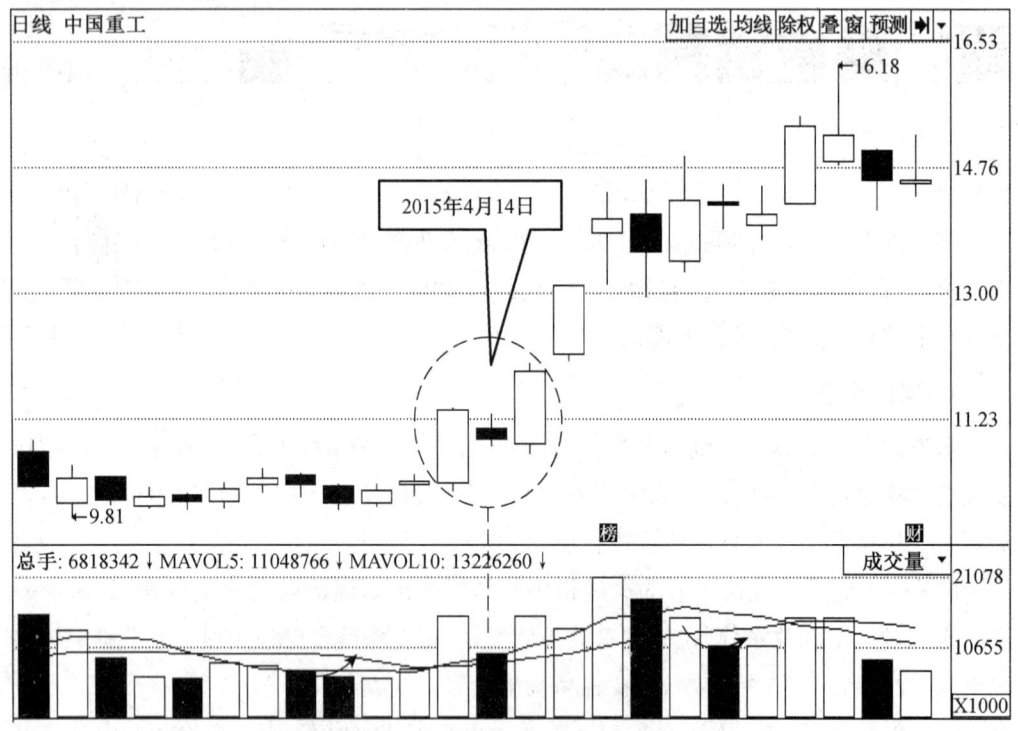

图4-13　中国重工(601989)日K线走势图

2015年4月14日至16日，中国重工在经历了一段盘整行情后，走出了多方炮形态，这一阶段也是之前股价都没能突破的压力位置，庄家在这一区域设计了该形态可谓寓意明显，就是为了洗盘然后拉升。但是持股的投资者只要多加警惕还是能避免落入庄家圈套，此外，激进的投资者还可以选择在次日买入股票、短线做多。

2015年4月14日，多方炮形态出现在中国重工股价启动初期，看到这一形态后，投资者应该果断买入、持股待涨。需要说明的是，在出现多方炮的时候，阳线都有成交量放大支撑,而阴线则对应成交量萎缩,这种价量配合使得形态的看涨信号更为明显。

## 七、上升三法

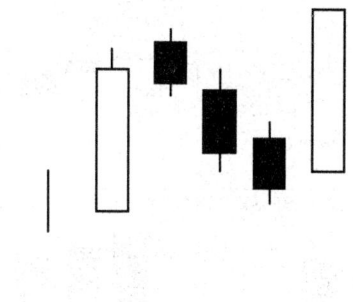

上升三法又称升势三鸦或上升三部曲,通常出现在上涨行情中,由两阳三阴五根K线组成。先是收出一根大阳线或中阳线,然后连续出现三根小阴线(其中可能有十字线),但这三根小阴线都没有跌破前面那根阳线的最低价,最后又拉出一根大阳线或中阳线。如图4-14所示。

上升三法的走势就像大写的英文字母"N",该形态中三根小阴线的收盘价都在第一根阳线的开盘价之上,

图4-14 上升三法

且最后一根阳线的收盘价应高于第一根阳线的收盘价,从而一举弥补了三根阴线的跌幅。

### 1. 操作策略

上升三法是股价上升过程中的短暂休息,暗示行情在稍作调整后会继续上行,因而是一种持续形态。

(1)上升三法表示多方没有失去主导地位,依然保持着强势,是看涨信号。投资者看到这种形态后可以继续持股观望,如仍持有现金可进行追涨操作。

(2)当在上升过程中出现三根连续的小阴线(黑三兵),投资者切勿将其当作转势信号而卖出股票,这样可能会错过之后的上涨行情。

(3)最后一根阳线的实体越大,表明后市上涨的力度越大。

(4)如果出现阳线时的成交量明显放大,而出现阴线时的成交量萎缩,则看涨信号的可靠性越高。

(5)如果三根小阴线击穿了第一根阳线的最低价,或者最后一根阳线不能突破第一根阳线的收盘价,则上升三法形态不能成立。

(6)参照上升三法买入股票的投资者,应将止损位设在该形态第一根阳线的开盘价上。

### 2. 实战参考

如图4-15所示,康恩贝从2015年3月初开始了稳步上升行情。2015年4月3日至10日,处于上涨途中的该股形成上升三法形态。

2015年4月3日,康恩贝股价高开高走,并最终在K线图上留下一根中阳线。

2015年4月7日至9日,该股连续三个交易日收出小阴线,而且这些小阴线的收盘价都要高于第一根阳线的开盘价。看到这种形态后,投资者不应盲目减仓。

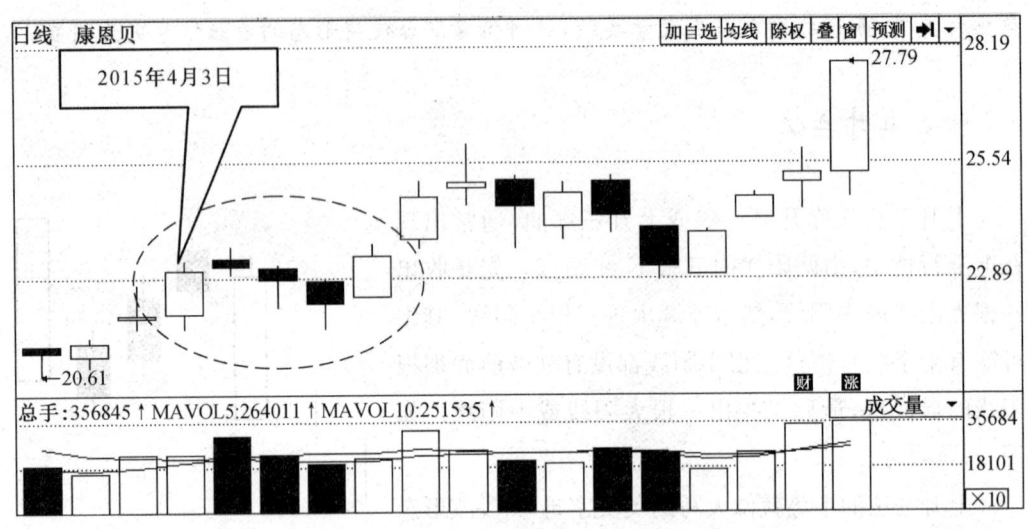

图4-15　康恩贝(600572)日K线走势图

2015 年 4 月 10 日,该股又高开高走收出一根大阳线,完全弥补了前三日的跌幅。这充分证明,中间的三根小阴线是庄家的洗盘手法。庄家达到清洗浮筹的目的后迅速将股价拉升,不想再给短线投资者逢低补仓坐轿的机会。

这五个交易日所形成的 K 线组合便是上升三法。这表明股价将在短期内继续上涨。投资者看到此形态完成后,不但应继续持股,还可在次日逢低买入。

## 八、多方尖兵

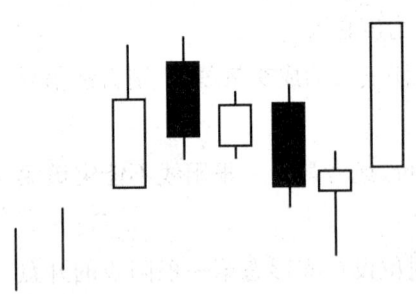

图4-16　多方尖兵

多方尖兵,出现在上涨行情中,其形态表现为:股价在上升时遭遇空方的打压,因而收出一根带有较长上影线的大阳线或中阳线。之后几个交易日,股价有所回落,但不久之后,多方重新聚集力量发动反攻,又拉出一根大阳线或中阳线,使股价涨到上影线的最高点之上。如图 4-16 所示。

多方尖兵形态中的 K 线数量一般为五根至十五根。第一根阳线的上影线部分,是多方在试探上档的抛盘压力,因而被人们视为"深入空方腹地的尖兵","多方尖兵"的雅称便由此而来。随后的股价回落,正是对上档抛压的一种释放措施,当上方压力减轻,多方便发动更为凌厉的进攻,从而形成最后那一根阳线。

### 1. 操作策略

多方尖兵形态常常是多方发动全面进攻前的试盘活动,表示多方在摸清了空方的底细之后,对于进一步拉升股价信心满满。

（1）多方尖兵是一种行情将继续向好的中继形态。对于投资者而言,看到此形态后果断买入往往能够把握后期股价上涨带来的投资收益。

（2）只有最后一根阳线的实体穿越了第一根阳线上影线的最高点,才能被视为多方尖兵。

（3）如果收出最后一根阳线的同时,伴随着成交量的放大,那么看涨信号更为强烈。

（4）参照多方尖兵形态买入股票的投资者,最好将止损点定为第一根阳线的收盘价。

2. 实战参考

如图4-17所示,香溢融通从2015年1月进入上升通道。2015年3月11日至17日,该股的走势出现多方尖兵形态。2015年3月11日,香溢融通收出一根带有较长上影线的中阳线。2015年3月12日、13日,该股连续收出两根近似于十字线的小阴线和小阳线,表明多空双方争夺非常激烈。2015年3月16日(14、15日周末休市),该股低开高走收出一根中阳线,虽然没能收复上影线位,但上攻的态势依然出现。2015年3月17日,该股高开高走收出一根大阳线,此根阳线一举突破之前阳线的长上影线位,预示股价上涨行情正式启动,投资者宜于股价站稳阳线上影线位时买入该股。这五个交易日所形成的K线组合就是多方尖兵形态。保守的投资者可在该形态出现后的次日逢低买入股票,并将止损点定为第一根阳线的收盘价。该股之后进入横盘整理,由于股价没有下跌,投资者可放心持股。

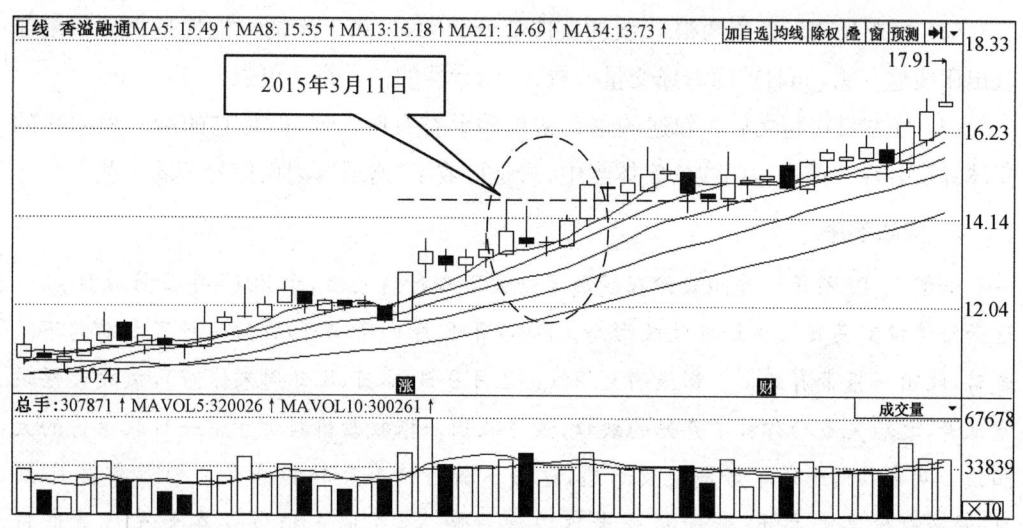

图4-17 香溢融通(600830)日K线走势图

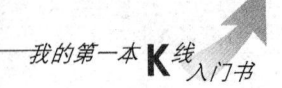

## 九、好友反攻

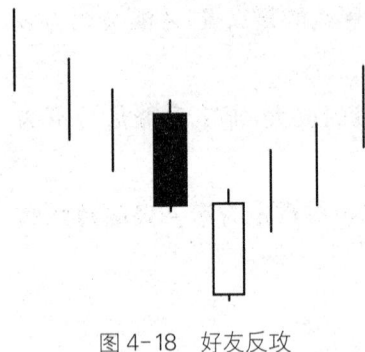

图 4-18　好友反攻

好友反攻一般出现在下跌行情中,由一阴一阳两根 K 线组成。先是收出一根大阴线或中阴线,接着又收出一根跳空低开的大阳线或中阳线,且这两根 K 线的收盘价相同或接近,如图 4-18 所示。

好友反攻的第一根阴线表示原来下跌趋势的延续。第二根低开高走的阳线表示开盘初始时空方仍占据优势,开盘价与前一根阴线的收盘价之间有一定的跳空,但之后多方通过努力扭转了局面,在收盘时将股价拉升至前一日收盘价附近,填补了这一跳空,使两条 K 线"面对面"。因而好友反攻又被称为上涨遭遇线或上涨约会线。

1. 操作策略

好友反攻表示股价大概已接近底部,行情有反转的可能。

(1)好友反攻具有一定的看涨意义,它提示投资者不要盲目看空。遇到这种形态,持股的投资者不要盲目斩仓,而应静观其变。空仓的投资者可以结合其他信号进行综合研判,如果确认为反转,则应该适时适量买进。

(2)好友反攻前后两根 K 线"遭遇"的位置,即两者的收盘价附近,是股价上涨的一个小的阻力位,投资者可以把该位置作为买入的基点,当股价突破该位置时再进行买入操作。投资者在介入时最好将该形态阳线的最低价设为止损点以规避风险。

(3)好友反攻形态中两根 K 线的实体部分越大,后市上涨的可能性越大。如果在收出阳线这一天,同时伴随着成交量的放大,则看涨的信号意义更强。

(4)好友反攻与之后要叙述的曙光初现的形态有些类似,但是它的后一根阳线的实体并没有深入前一根阴线的实体当中,只是形成了"遭遇",因而信号会弱一些。

2. 实战参考

如图 4-19 所示。鲁阳股份在经历了一波下跌行情之后,于 2015 年 2 月 6 日、9 日这两个连续交易日形成好友反攻形态。2015 年 2 月 6 日,鲁阳股份延续了之前的下跌走势,收出一根带有短上下影线的大阴线。2 月 9 日(7 日、8 日周末休市),该股大幅跳空低开,之后又成功弥补了开始的缺口,最终收出一根收盘价接近于前一日收盘价的大阳线。两者共同形成了好友反攻形态,这预示着行情有反转的迹象。2015 年 2 月 10日,该股股价高开高走,此时投资者可以适量买入,并把止损位设在大阳线最低价11.82 元的价位上。

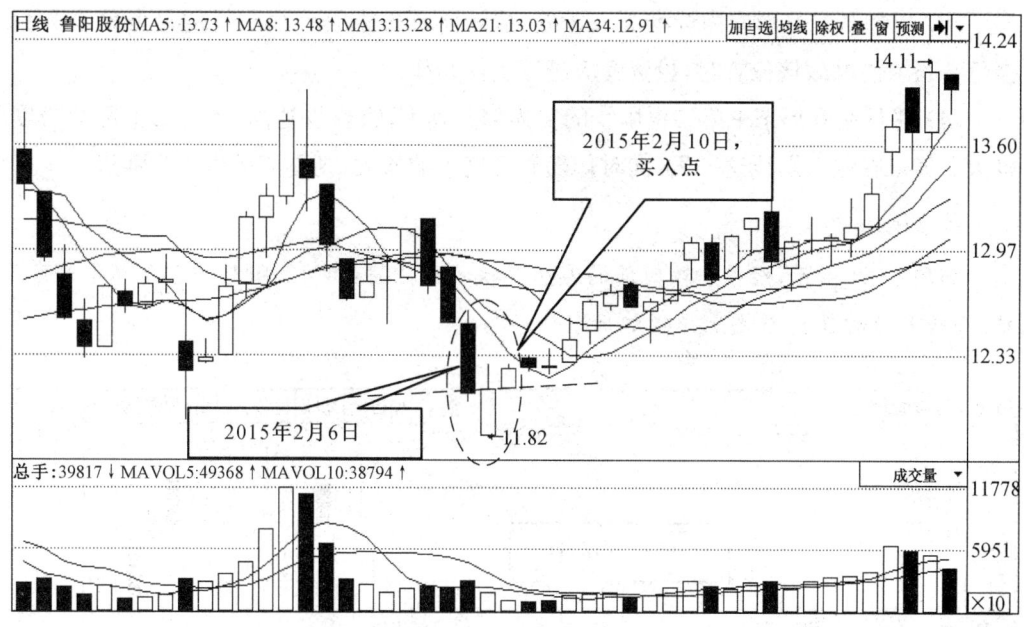

图 4-19 鲁阳股份(002088)日K线走势图

## 十、旭日东升

旭日东升通常出现在一轮显著的下跌行情之后，它是由一阴一阳两根K线组成；先是收出一根大阴线或中阴线，接着又收出一根高开高走的大阳线或中阳线，且这根阳线的收盘价高于前一根阴线的开盘价，如图 4-20 所示。

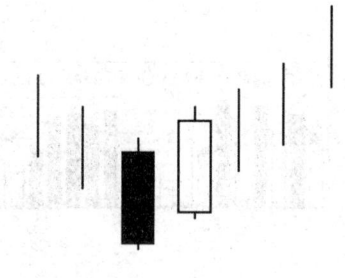

图 4-20 旭日东升

只有黑暗过后才可能会旭日东升，即必须股价前期经历过一段长时间的下跌。旭日东升的第一根阴线表示原来下跌趋势的延续，不过这一天空方几乎将能量释放殆尽。第二根高开高走的阳线表示一开盘多方已占据主动，而空方因无力抵抗节节败退，最终，多方以绝对的优势取得胜利。

### 1. 操作策略

旭日东升预示着行情由阴转晴，未来变得更加光明，是较为强势的看涨信号。

（1）当在连续下跌之后出现旭日东升形态时，投资者不宜继续看空，而应该转变思维，寻找合适的机会逢低买入、积极做多。

（2）如果在出现旭日东升形态后股价不升反降，则表示形态失败，投资者应以持币观望为宜。

91

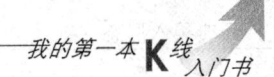

（3）以旭日东升形态为标准买入股票，应该将该形态第一根阴线的最低价设为止损位。当股价跌破该位置时，投资者应进行止损操作。

（4）旭日东升形态中第二根阳线的实体部分越大，收盘价越高，则后市上涨的力度越大。如果在收出阳线这一天，同时伴随着成交量的放大，则看涨信号更为强烈。

2. 实战参考

如图 4-21 所示，经过一段时间的震荡下跌之后，2014 年 12 月 31 日、2015 年 1 月 5 日，齐峰新材的日 K 线图上出现旭日东升形态。

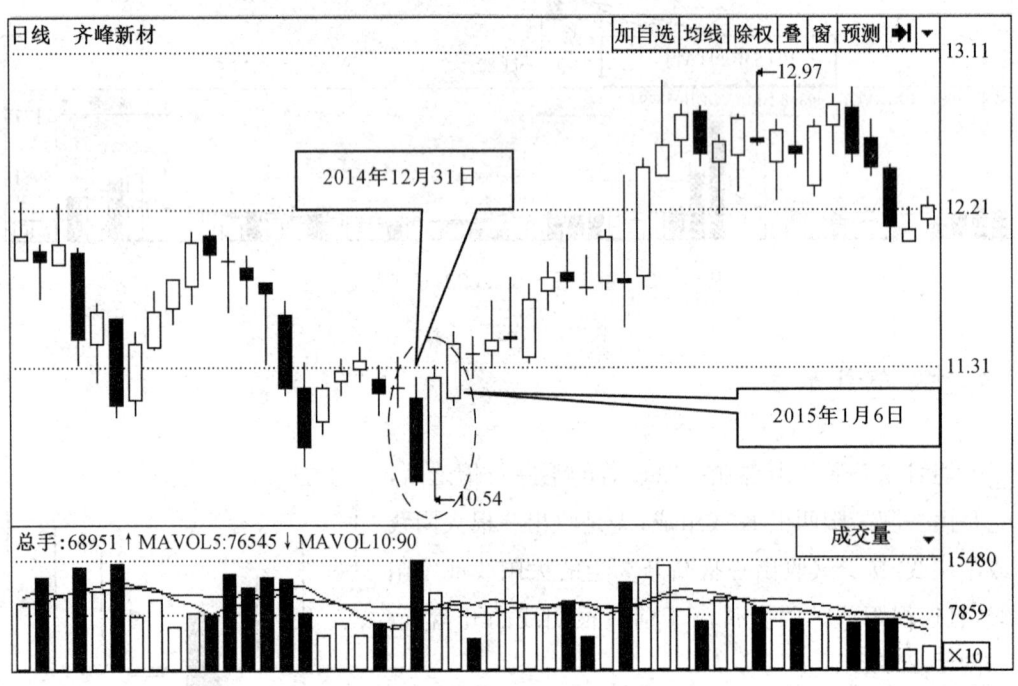

图 4-21　齐峰新材(002521)日 K 线走势图

2014 年 12 月 31 日，齐峰新材低开低走，收出一根大阴线。2015 年 1 月 5 日，该股高开高走，当天收出一根大阳线。这根阳线的收盘价高于前一根阴线的开盘价，两者共同组成旭日东升形态，这预示着行情有回暖的迹象。

此时，投资者应将看空思维转换成看多思维。激进的投资者可在次日逢低吸纳，稳健的投资者则可以选择在 2015 年 1 月 6 日股价突破旭日东升形态中阳线的最高价时再买入。

十一、上涨分离

上涨分离又称上涨分手，一般出现在上涨行情中，由一阴一阳两根 K 线组成，先是收出一根阴线，接着又收出一根阳线，两根 K 线的开盘价相同或者接近，如图 4-22 所示。

上涨分离的第一根阴线表现了与之前相反的趋势，使多头开始紧张起来；但第二天开盘时，股价又回到了前一日开盘价附近的位置，投资者重拾信心，并使股价重新呈现出上涨趋势。

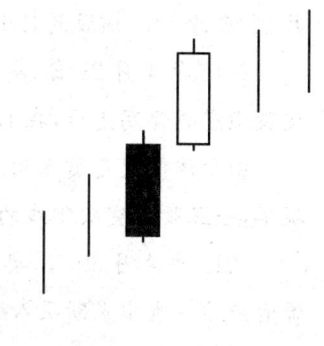

**1. 操作策略**

上涨分离通常是一种中继信号，不过当它在高价位区域出现时，投资者应保持警觉。

图4-22 上涨分离

（1）当上涨分离形态出现在低价位区域或上涨初期，表示多方重新夺回了主动权，股价将继续上行。这时已经买入的投资者可继续持股，空仓的投资者可以适当做多。

（2）当上涨分离形态出现在高价位区域时，可能预示着顶部即将出现，投资者应保持警觉，一旦股价有向下的趋势，应毫不犹豫地卖出股票。

（3）投资者以上涨分离形态为参照买入股票，应将止损位设置在上涨分离形态第一根阴线的最低价上，一旦股价跌破该位置，应果断止损。

（4）上涨分离和好友反攻两种形态非常接近，只是前后K线的颜色不同，投资者要注意区分。

**2. 实战参考**

如图4-23所示，2015年3月初，奥飞动漫经过长时间盘整后启动上涨。2015年4

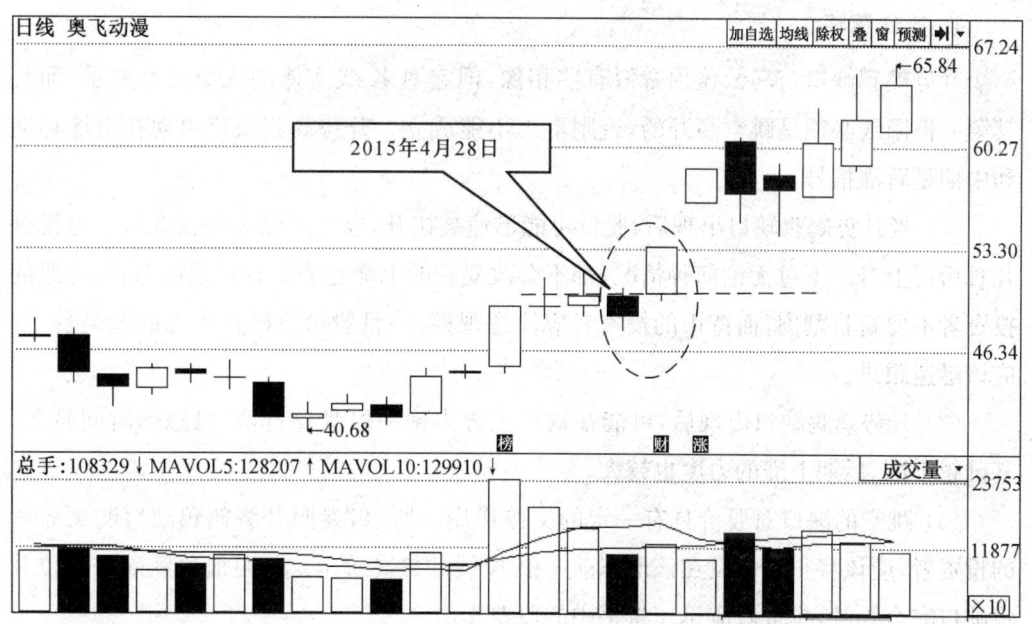

图4-23 奥飞动漫(002292)日K线走势图

93

月28日、29日，该股的日K线图上出现上涨分离形态。

2015年4月28日，奥飞动漫经过几个交易日震荡之后以小阴线报收。4月29日，该股跳空高开高走后，在K线图上留下一根中阳线。两者共同形成上涨分离形态。

由于该位置是奥飞动漫的启动位，所以预示着股价可能还将上涨，投资者需要保持观察，一旦股价突破阳线的收盘价位，就可以买入股票。

2015年4月30日，奥飞动漫的股价跳空高开高走，这是较为明显的买入信号。投资者应该在盘中果断买入股票。

## 十二、升势鹤鸦缺口

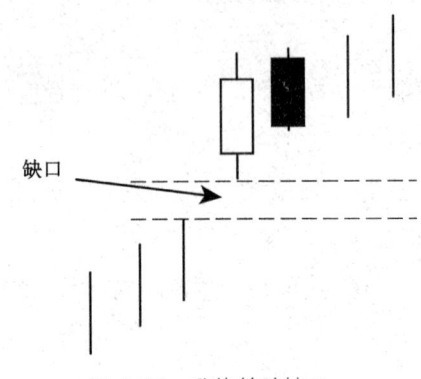

图4-24　升势鹤鸦缺口

升势鹤鸦缺口又称跳空上扬形，一般出现在上涨行情中，由一阳一阴两根K线组成。先是收出一根跳空高开高走的阳线，与前面的K线形成一个缺口；接着又收出一根高开低走的阴线，但这根阴线并没有弥补整个缺口，如图4-24所示。

升势鹤鸦缺口是由于人们通常把阳线比喻成白鹤，把阴线比喻成乌鸦，故而得名。该形态的出现表示股价在攀升时受到了空方的阻挠，但多方克服了阻力，继续将股价拉升。

### 1. 操作策略

升势鹤鸦缺口与乌云盖顶看似有些相像，但它对K线实体的大小没有要求，而且其第一根阳线必须是跳空高开的，否则形态不能成立。升势鹤鸦缺口出现在上涨初期和中期是看涨信号。

（1）当升势鹤鸦缺口出现后，股价可能迅速被拉升，也有可能先是在缺口上方徘徊几日后再上升。不过无论何种情况，都不会改变它的上涨趋势。看到该形态后，持股的投资者不要盲目割肉，而持币的投资者应注意观察，一旦股价突破该形态的最高价，则应该迅速跟进。

（2）升势鹤鸦缺口出现后，可能在缺口上方出现一段盘整行情，盘整的时间越久，基础越牢固，后期上涨的力度也越大。

（3）跳空的缺口对股价具有一定的支撑作用。所以，参照升势鹤鸦缺口购买股票的投资者，应该将止损位设在该形态前一根K线的最高价上。一旦股价跌破该价位并将缺口完全弥补，投资者应迅速将手中的股票卖出。

（4）由于与乌云盖顶相似度极高，庄家往往也会用该形态清洗浮筹，强化对股票的控制权,所以投资者需要结合股价所处的位置以及缺口的大小进行综合研判。

2. 实战参考

如图4-25所示,中国重工的股价于2015年3月中旬出现震荡上涨行情,并在2015年3月26日、27日形成了升势鹤鸦缺口形态。

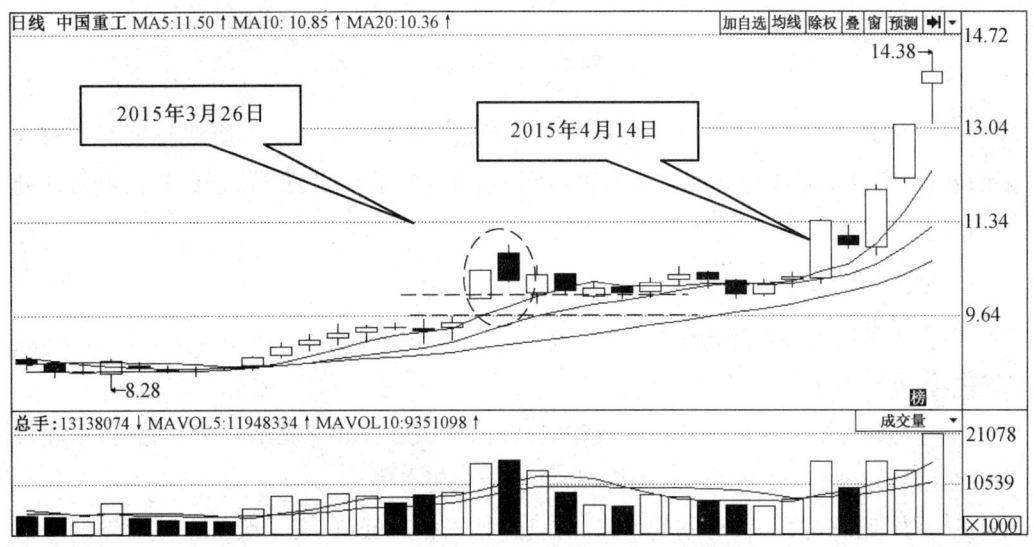

图4-25　中国重工(601989)日K线走势图

2015年3月26日,该股跳空高开并一路走高,收出一根光头光脚阳线。3月27日,该股又一次跳空高开,但趋势却与前一根K线方向相反,最后收出一根光脚阴线。后一根阴线的最低价高于前一根阳线的最低价,缺口没有被补回。两者形成了升势鹤鸦缺口形态。

看到这种情形,持股的投资者不要急于斩仓割肉;持币的投资者也不要急于买入,而要根据后市的走势再进行操作。

2015年3月30日(3月28日、29日周末休市),中国重工的股价K线回踩5日均线后重新上涨,但其后股价一路横盘震荡,表示多空双方处于胶着状态。4月14日,该股开盘后一路上扬,突破升势鹤鸦缺口形态的最高价,涨势确立,此时投资者应果断买入。买点位置就是升势鹤鸦缺口形态的最高点。

## 十三、平底线

平底线又称平头底、钳子底、镊底,通常出现在下跌行情中,由处于同一水平位置的两根或者两根以上的K线组成,而且这些K线的最低价相同或非常接近,如图4-26所示。

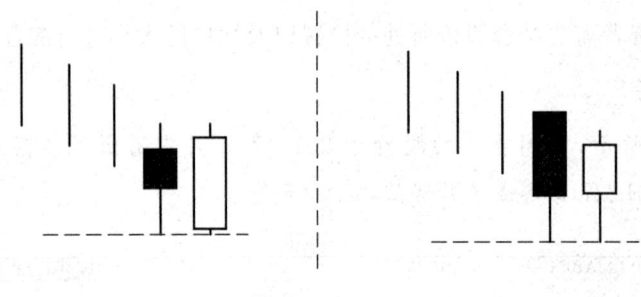

图4-26　平底线

由于对K线的数量(至少是两根即可)、颜色、实体大小和上下影线长度都没有太多的要求,所以平底线形态可以有多种不同的形态,但是它们的下影线的最低点必须处于同一水平位置上。

1. 操作策略

平底线可以出现在任何位置,当它处于低价位区域或波段中的低位时,才是可靠做多信号。

(1) 当平底线出现在下跌初期或相对高位时,该形态没有底部形态的意义,不能视为看涨信号。这时,投资者不宜操作,最好保持观望态度。

(2) 当股价经过一段时间的下跌,且已经处于相对低位,表示股价在该形态的最低价位置获得有效支撑,是见底或阶段性见底的信号。这时,投资者可以考虑适量买进。

(3) 如果在出现平底线的同时或者前后,也出现了其他的看涨信号,如锤头线、倒锤头等,会加大行情发生反转的可能性。

(4) 平底线形态中K线的数量越多,更能说明底部支撑位的有效性,因而后市上涨的可能性也越大。

(5) 平底线底部特征的有效性一旦被证明,就会是后面股价的一个强支撑位。参照平底线形态买入股票的投资者,应该将止损位设在该形态的最低价上。一旦股价跌破该位置,应该立即止损。

2. 实战参考

如图4-27所示,*ST酒鬼的日K线图中于2015年2月6日和9日这两个连续的交易日里形成了平底形态。

2015年2月6日,该股低开低走,收出一根最低价为14.20元的大阴线,跌幅仅为3.52%(ST类股票涨跌停限制为5%)。

2015年2月9日(7日、8日休市),该股低开高走收出一根带上影线的中阳线,这天的最低价同样也为14.20元。

这两个交易日所形成的K线组合便是平底形态。从历史走势来看,这两根K线所处的位置正是该股的低价位区域。这是较为可靠的见底信号,投资者可以考虑在次日

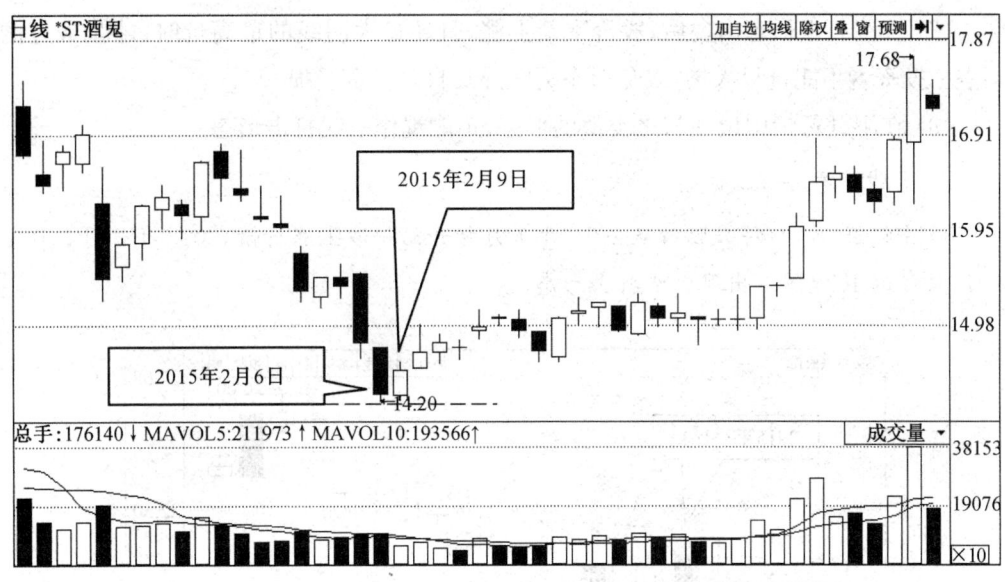

图 4-27　*ST 酒鬼(000799)日 K 线走势图

逢低买进该股。

2015 年 2 月 10 日,该股直接跳空高开,其后,又不断震荡上涨。投资者可在平底线形成的次日买入股票,并将止损位设置在平底线价位,即 14.20 元。

## 十四、三线打击

三线打击又称笨拙三战士,出现在上涨行情中,由三小一大四根 K 线组成。先是在前三天出现一个红三兵形态,即连续收出三根创新高的阳线;第四天又以接近或高于前一日收盘价开盘,但在收盘时股价却被拉至第一根 K 线的开盘价之下,如图 4-28 所示。

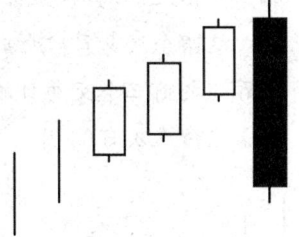

图 4-28　三线打击

三线打击形态中的前三根阳线表示当前上升趋势的延续,但在第四天,市场出现了套利行为,因而使股价下挫到第一日的开盘价之下,完全抵消了前三日的上涨成果。

### 1. 操作策略

三线打击一般出现在上涨初期或上涨途中。它的出现虽然打击了股价的上升势头,但却消除了市场上的短期回调情绪,对于市场而言有非常大的好处。

(1)三线打击形态,通过一个交易日的深度下跌来进行修整,不仅有扎实多方基础的作用,更避免了横盘调整的不确定性,是一种“不需要进一步证实”的中继形态,表明股价将继续上涨。

（2）三线打击形态出现后，股价重新上涨，且超过大阴线的最高价时，才是最好的买点。投资者不能过早入场，以免形态失败导致自己投资受损。

（3）在下跌行情中出现与之类似的形态，不能视作三线打击形态。

**2. 实战参考**

如图 4-29 所示，浔兴股份从 2015 年 1 月初开始一波上涨行情，2015 年 3 月 3 日至 6 日，该股的 K 线图上出现三线打击形态。

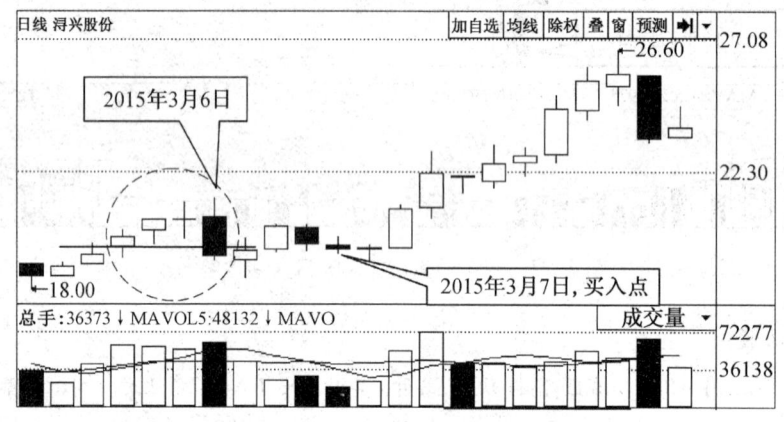

图 4-29　浔兴股份(002098)日 K 线走势图

2015 年 2 月 27 日至 3 月 5 日，浔兴股份接连收出创新高的小阳线。

2015 年 3 月 6 日，该股以前一交易日的收盘价开盘，稍有拉升后便转而向下，最终收出一根大阴线，收盘价低于 3 月 3 日的开盘价。

这四个交易日所形成的 K 线组合便是三线打击形态，而且最后一根阴线的实体足以吞噬之前三个交易日的涨幅，回调的力度很大，表明后面上涨的可能性也非常大。投资者应该在次日（3 月 7 日）逢低买入。

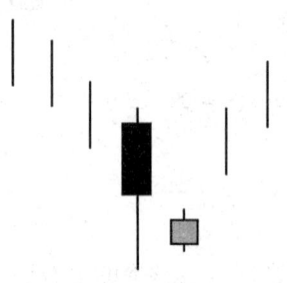

图 4-30　下跌尽头线

# 十五、下跌尽头线

下跌尽头线，顾名思义，是指下跌走势到达尽头，将产生反转走势。该形态表现为：先是出现一根带有很长下影线的大阴线或中阴线，接下来出现的第二根 K 线则可能为小阴线、小阳线或十字线，且完全被第一根 K 线的上影线所覆盖，如图 4-30 所示。

**1. 操作策略**

下跌尽头线通常表现为反转信号，一般出现在下跌行情的末端，表示下跌行情已经到尽头,后面将开启一轮上涨行情。下跌尽头线的第二根K线越小(如出现小十字线),则反转的含义越强。

(1)当下跌尽头线出现在持续下降趋势中,是见底信号,表示多方准备开始发动反攻,投资者可考虑买入。

(2)标准的尽头线在盘中出现的概率并不高,如果第二根K线的上下影线较长,但只要它的实体较短,且完全被第一根K线的影线完全所包容,也可以看作是"尽头线"。

(3)下跌尽头线由于称谓原因会让投资者感觉股价或有柳暗花明之欣然,但作为转势信号的判断依据,成功率并不能达成百分之百。很多时候投资者还需要根据它所处的具体位置或综合其他技术指标来进行研判。

2. 实战参考

如图4-31所示,2015年2月6日和9日(7日、8日休市),康尼机电的K线图上出现了下跌尽头线形态。

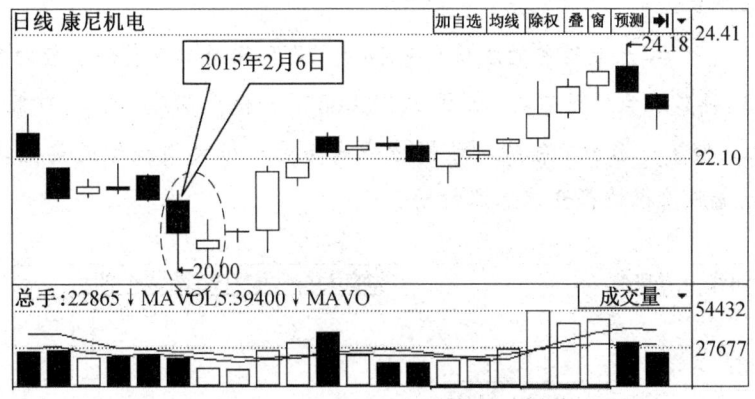

图4-31 康尼机电(603111)日K线走势图

2015年2月6日,处于下跌行情中的康尼机电收出一根带有长下影线的中阴线。之后的一个交易日,也就是2月9日,该股出现一根小阳十字线,这根小阳线几乎完全被前面那根中阴线的下影线覆盖。两根K线共同组成了下跌尽头线。这表示下跌态势已走到尽头,行情有向好的可能。

2015年2月10日,该股高开后经过反复震荡收出一根十字线,其后,2月11日,该股高开高走收出一根大阳线,下跌尽头线形态得到确认,投资者可以在11日当天或次日买进该股。

## 十六、阴孕十字线

阴孕十字线,属于孕线中比较特殊的一种形态,是典型的看涨信号。该形态是指股

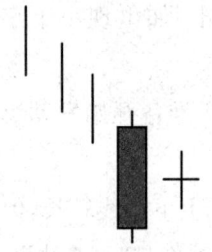

图4-32 阴孕十字线

价在连续下跌过程中,出现一根中阴线或大阴线,接着出现一根包含在前一根阴线实体之内的十字线,如图4-32所示。

阴孕十字线中的十字线虽小,但却十分关键。十字线的出现,表明空方实力渐弱,多方已经开始反攻,后市行情将会逆转。

1. 操作策略

阴孕十字线,往往出现在一段下跌行情的末端。投资者在操作这类股票时,需着重考虑以下几点。

(1)阴孕十字线出现后,投资者应保持谨慎乐观的态度,继续观察该股的后续走势,不能贸然采取提早进场的策略。

(2)阴孕十字线出现的次日,若股价继续上涨,并超越前一阴线的实体部分,则投资者可放心买入。

(3)阴孕十字线出现后,若股价继续下跌,且跌破阴线最低价,则说明此形态失败。

2. 实战参考

如图4-33所示,上柴股份的股价从2014年12月开始出现震荡下行的态势。2015年1月19日,该股跳空低开低走,在K线图上留下一根大阴线,次日,该股高开平走,在K线图上又留下一根阳十字线。这根十字线与前一根大阴线形成典型的阴孕十字线形态,预示着股价很快将开启上涨行情。

图4-33 上柴股份(600841)日K线走势图

投资者可将前一根大阴线的开盘价位置设定为买入价位,将大阴线最低价设定为止损位。一旦股价达到买入点位即执行买入操作。

1月21日,上柴股份的股价高开高走,以大阳线收盘,且该日收盘价位于之前大阴线开盘价的上方。次日,投资者可于股价上穿买点位或临近收盘时买入该股。

### 十七、低位跳空三连阴

低位跳空三连阴又称三空阴线、连续跳空三阴线,出现在下跌行情的尾端,由三根连续跳空下跌的阴线组成。这三根阴线可能有上下影线,也可能没有;但前后两根K线的实体之间必须有明显的跳空,如图4-34所示。

低位跳空三连阴虽然表现为空头强势,但可能是空方由强转弱的分界点。这时空方由于发力过猛已经后继乏力,无力抵抗多方的进攻。如果多方趁势而起,将会使股价反弹。

图4-34　低位跳空三连阴

1. 操作策略

低位跳空三连阴表面上虽然是空方力量凸显的强势形态,但却是看多信号,预示着空方可能失去主导地位。

(1)投资者应该保持对市场的敏感度,当发现在下跌途中出现跳空三连阴时,应该重点关注。如果后市股价企稳,则可考虑分批买入。

(2)如果股价很快就弥补了最后两根阴线之间的跳空区域,说明多方力量较强,后市上涨的力度可能会很大。

(3)在跳空三连阴形态出现之前,股价需要有一段明显的下跌行情,之前的股价跌幅越深,则见底的信号意义越显著。

(4)如果三根阴线的实体依次减小,表示下跌受阻,那么发生转向的可能性更大。如果第三根阴线带有很长的下影线,则说明下档接盘有力,看涨意义更为明显。

(5)如果在股价上涨初期出现与之类似的形态,则不能看作是跳空三连阴,只能看作是黑三兵来操作。

2. 实战参考

如图4-35所示,2014年12月19日至23日,四维图新的K线图上出现跳空三连阴形态。

2014年12月19日,四维图新打破了之前一直盘整的运行状态,收出一根上下影线很短的中阴线。

2014年12月22日(20日、21日休市),该股跳空低开,不久便封在跌停板上,出现一根光头光脚的阴线。

2014年12月23日,该股依然低开,很快就抵达快要跌停的位置,但却一直没有触及该价格,最终它在K线图上留下了一根长长的上影线,跌幅达5.48%。这说明庄家有意不让该股触底,股价可能阶段性见底。

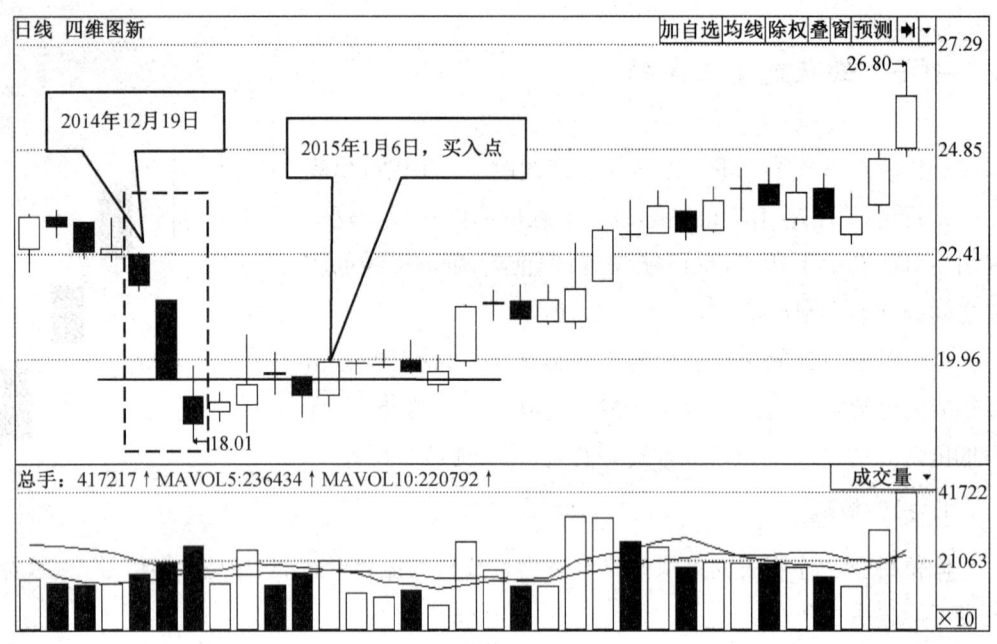

图 4-35　四维图新(002405)日 K 线走势图

这三日所形成的 K 线组合便是跳空三连阴形态,是一种短期看涨信号。激进的投资者可以选择在次日(12 月 24 日)适量买入,而稳健的投资者可以等到股价冲破第一个跳空缺口时(2015 年 1 月 6 日)再介入。

## 十八、低位五连阳

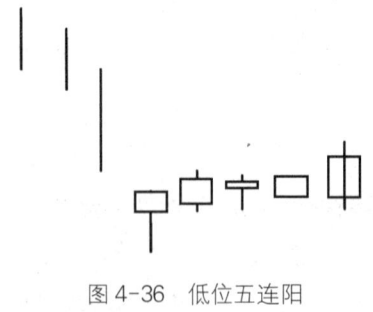

图 4-36　低位五连阳

低位五连阳又称低档五阳线,出现在下跌行情中,其形态表现为:在低价位区域连续出现五根(有时可能是六根或七根)阳线,其中多为小阳线。如图 4-36 所示。

低位五连阳形态尽管收出多根阳线,但股价整体涨幅并不大,属于横向整理。在深度下跌之后出现该形态,有可能是主力正在建仓吸筹。

### 1. 操作策略

低位五连阳,表示经过一段时间的下跌之后,空方力量已得到释放,而多方在此位置具有较强的承接能力,所以股价慢慢止跌企稳。

(1) 低位五连阳可能是股价拉升的前奏曲,说明股价已经到了底部或阶段性底部。该形态出现后,投资者可以适量买进,往往能够在中短线获得不错的收益。

(2) 按照低位五连阳买入股票的投资者,应该将止损位设在这些阳线的最低价上,一旦股价跌破该价位应该果断止损。

（3）在出现低位五连阳的同时，成交量温和放大，则看涨信号更为可靠。如果之后出现一根放量的大阳线，则上涨的可能性更大。

（4）在阳线中间可能夹杂着一两根十字线或小阴线，但这并不影响其作为低位五连阳来进行判断。

（5）低位连续出现阳线的数量越多，表明多方的力量蓄积得越充分，股价向上突破后上涨的空间就会越大。

（6）投资者需要查看该股的历史走势，一定要保证该形态处于低位或相对低位，否则不能按照低位五连阳进行操作。

2. 实战参考

如图4-37所示，2015年5月7日至13日，海康威视的股价走势在盘整过程中走出低位五连阳形态。

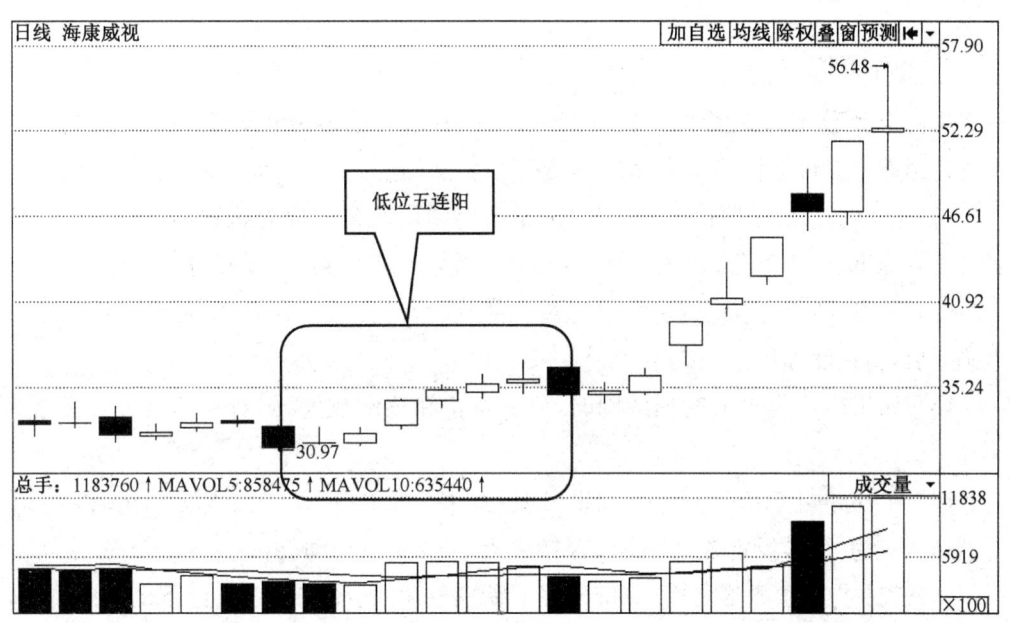

图 4-37　海康威视(002415)日K线走势图

2015年5月6日，该股收出十字线，表明多空双方在角力过程中，力量对比可能会发生变化。

2015年5月7日至13日，该股连续五个交易日收出小阳线，且总体涨幅并不是很大。这就形成了低位五连阳形态，表明多方在蓄积力量，股价将企稳回升。

投资者看到此形态后，应该在次日采取逢低吸纳的策略，不仅承担的风险较小，而且还能抓住短线获利的机会。

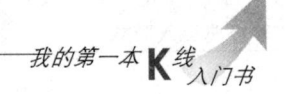

## 十九、冉冉上升形

冉冉上升形,通常出现在一段横盘整理的后期,由若干根小 K 线组成(一般不少于八根),其中以小阳线居多,也可夹着个别小阴线和十字线,整个 K 线组合的排列呈微微向上状。如图 4-38 所示。

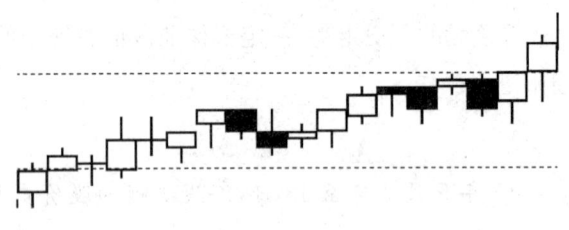

图 4-38　冉冉上升形

### 1. 操作策略

冉冉上升形,比喻股价像冉冉升起的旭日一样,表示多方正聚集力量,蓄势待发。尽管该形态中股价涨幅并不大,却可能是股价大涨的前兆。

(1) 冉冉上升形是股价上涨信号,在牛市启动初期多表现为这种形式,因此,投资者一看到此 K 线组合就要及时买入,这样往往能够获得较为丰厚的回报。

(2) 出现该形态后,投资者可以先买入部分股票,尝试半仓操作,待到上涨行情基本确立后,再追涨加码。

(3) 如果出现冉冉上升形的同时,成交量也在逐渐放大,则看涨的信号意义更为明显。

(4) 在"冉冉上升"的过程中,如果出现上影线较长的 K 线或实体较大的阴线,表示上档抛压较为沉重,投资者最好继续保持观望,不要贸然行动。

(5) 若在冉冉上升形之后,股价出现下跌迹象,并连续拉出三根向下的阴线,则表示该形态构筑失败,这时已买入股票的投资者应适时进行止损操作。

### 2. 实战参考

如图 4-39 所示,丰东股份从 2015 年 2 月进入横盘整理阶段。2015 年 2 月 17 日至 3 月 16 日,该股的日 K 线图上呈现出冉冉上升形形态。

在连续 1 个月内,该股如旭日一样冉冉升起,波澜不惊,没有夸张的涨跌幅。

这种冉冉上升形是股价将大幅上涨的信号。激进的投资者可以在该形态形成的过程中,适量买入部分股票、持股待涨。稳健的投资者则可以选择在 2015 年 3 月 16 日该股收出中阳线的时候再介入。3 月 16 日之后,丰东股份进入加速上涨期。

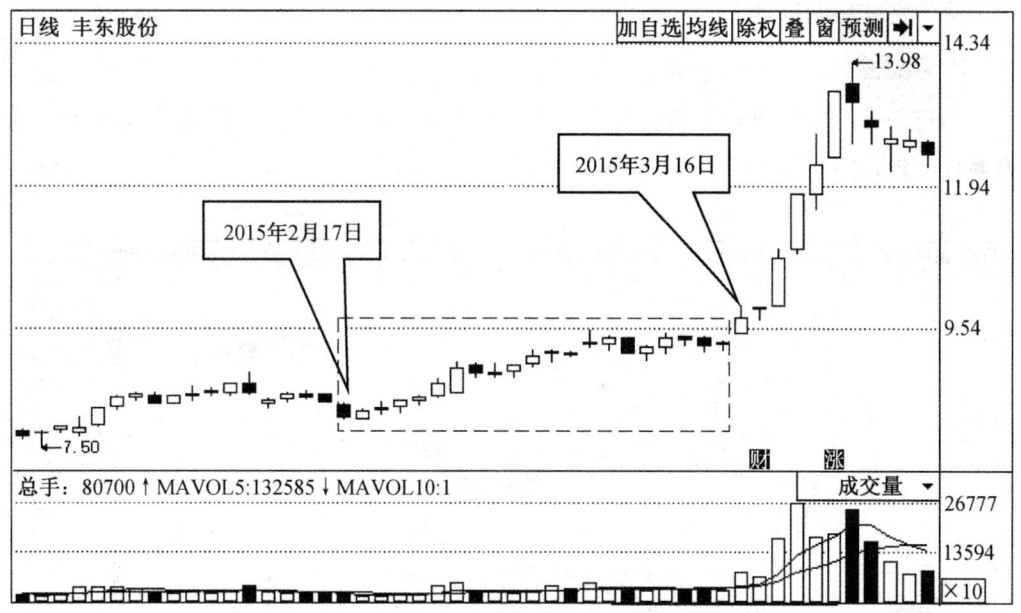

图 4-39　丰东股份(002530)日K线走势图

## 二十、徐徐上升形

徐徐上升形,由处于上涨行情的初始阶段的多根K线组成。其形态表现为:先是连续出现几根小阳线,最后出现一两根实体较大的中阳线或大阳线,如图4-40所示。

1. 操作策略

徐徐上升形的出现说明多方力量正逐渐强大起来,股价的整体上升趋势基本确定,后市将呈现一片向好的局面。

(1)徐徐上升形出现之后,后市可能会遇到一些波折,但并不会影响众人对股价将持续上升的基本看法。投资者看到此形态后,应该跟进做多。

(2)参照徐徐上升形买入股票的投资者,应该将止损位设在最后两根阳线的最低价上,如果股价跌破这一位置,则意味着形态失败,投资者应适时斩仓止损。

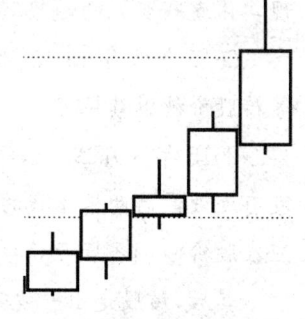

图 4-40　徐徐上升形

(3)在众多的阳线中可能夹杂着一两根小阴线或十字线,但这并不影响其作为徐徐上升形来进行研判。

(4)如果出现徐徐上升形的同时,成交量也在逐渐放大,则看涨信号更为明显。

(5)如果徐徐上升形中的最后两根阳线的实体越大,向上突破的力度越大,那么后

市上涨的空间可能也越大。

2. 实战参考

如图 4-41 所示，深圳能源的股价经过一波小幅下跌之后，于 2015 年 2 月底进入横盘整理阶段，这一整理行情一直持续到 2015 年 3 月初。

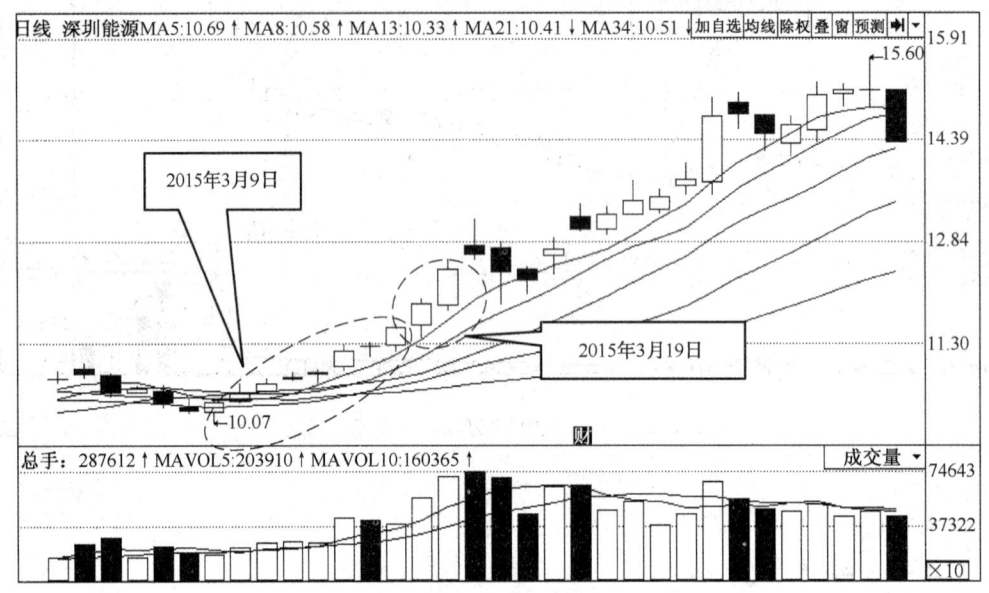

图 4-41　深圳能源(000027)日 K 线走势图

2015 年 3 月 9 日至 18 日，深圳能源的股价连续收阳和十字线，这几根 K 线基本呈现实体逐渐变大的趋势，形成徐徐上升形形态。

2015 年 3 月 19 日、20 日又连续收出两根中阳线，投资者应该在此期间果断买入，等待股价被继续拉升。

2015 年 3 月 23 日，深圳能源股价跳空高开后出现回调，但连续三个交易日回调都没有跌破最后两根阳线的最低价，这说明本次回调只是庄家拉升前的洗盘动作，投资者应在股价回调之后开始拉升时跟进买入。

其后，该股走出一波较为强劲的上涨行情。

## 二十一、加速上升形

加速上升形又称上涨加速线，通常出现在上涨行情的结尾。其形态表现为：先是股价缓慢爬升，然后上升的速度越来越快，涨幅也越来越大，接连收出中阳线或大阳线，如图 4-42 所示。

长跑运动员在最后 50 米或 100 米总会有一个加速的冲刺，股市中也有类似的情况。如果说股价的上升过程是一个长跑的话，那么顶峰便是终点。当股价快要抵达顶峰时，上涨的幅度就会越来越大，就像运动员在比赛的最后加快了步伐一样，所以，在股价走势图上就会出现加速上升形形态。

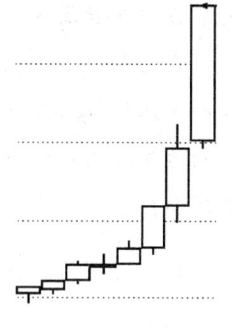

图 4-42　加速上升形

**1. 操作策略**

加速上升形，一般会出现在一个缓步上升走势之后，表示多方正在发力进行最后的冲刺，预示着股价将到达顶部或进入调整行情。

（1）加速上升形最后的几根中阳线或大阳线，会消耗掉多方很多能量，可能会引发股价急促地掉头下行。因此，投资者看到此形态后应该加倍小心，要把它作为转势信号来对待。持币的投资者这时不宜盲目追涨；而持股的投资者要注意察看后面的走势，一旦出现其他明显的反转信号，应该马上清仓出局。

（2）出现加速上涨之前，股价的上涨幅度越大，反转信号的可靠性越强。

（3）很多人希望抓住加速上升形的启动点，然后短线做多。当然，如果投资者真能够策无遗算，未尝不会在短期内取得不菲的收益。但是，作为中小投资者来说，当看到加速上升形的完成形态，往往是股价即将到达顶峰的时刻，这时候，投资者最好还是采取回避的态度。

**2. 实战参考**

如图 4-43 所示，金莱特于 2015 年 5 月 7 日出现了近阶段以来的最低价 33.39 元，

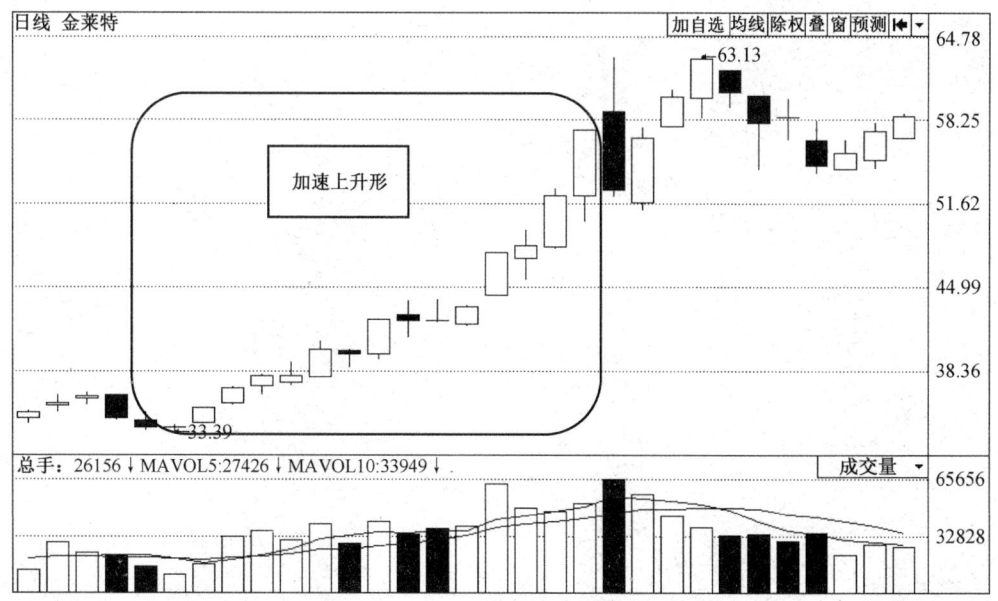

图 4-43　金莱特(002723)日 K 线走势图

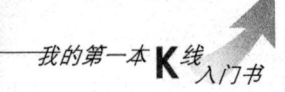
之后股价开始反弹回升。

在上涨的后半段，金莱特的股价先是缓慢爬升，然后越长越快，最后连续拉出有力度的中阳线或大阳线，形成了加速上升形形态。其中，在 2015 年 5 月 27 日，该股以涨停的方式收出一根光头大阳线。这就向投资者发出了一种警告，行情或将进入下跌或整理行情。

# 第五章 | K线，18种经典卖出形态

没有人能够保证卖出选择一定正确，而风险与收益的平衡，则是我们选择卖出时机最主要的参考因素。本章给出的18种经典卖出形态，属于被市场和投资者多次验证的、合理的卖出形态。投资者按照这些形态卖出股票，所承受的风险和损失相对要小。

## 一、黑三兵

黑三兵，既可出现在下跌行情中，也可出现在上涨行情中。由三根股价连续创新低的小阴线组成，这三根小阴线有无上下影线均可，如图5-1所示。在黑三兵形态中，后一根K线的收盘价均低于前一日的收盘价，形成稳步下降态势。

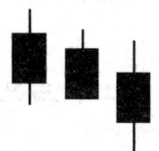

图5-1 黑三兵

### 1. 操作策略

黑三兵形态表现的是一种下跌的态势，但其在不同的位置所代表的含义也有所不同。投资者应根据其所处的具体位置，采取不同的策略。

（1）当黑三兵出现在高价位区域或一段大幅上升趋势后，暗示行情将有反转的可能，投资者应将手中的股票变现、出局观望。

（2）当黑三兵出现在低价位区域或大幅下跌或连续急跌之后，则表示行情将有可能探底，不多日或有止跌反弹的可能，投资者应多加关注，并在涨势确立后考虑做多。

（3）当黑三兵出现在下跌初期或途中，则是中继状态，后市依然看跌。这时仍然持股的投资者应果断卖出。

### 2. 实战参考

如图5-2所示，昌九生化的股价从2015年4月22日到达阶段高点后出现回落，之后逐步走低。

2015年4月22日至24日，该股在顶部区域连续收出创新低的小阴线，形成黑三兵形态，表示反弹终止，股价将出现反转。投资者看到此形态，就应该在次日，也就是4月27日（25日、26日周末休市），将手中股票卖出。

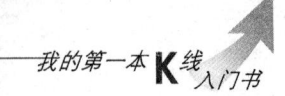

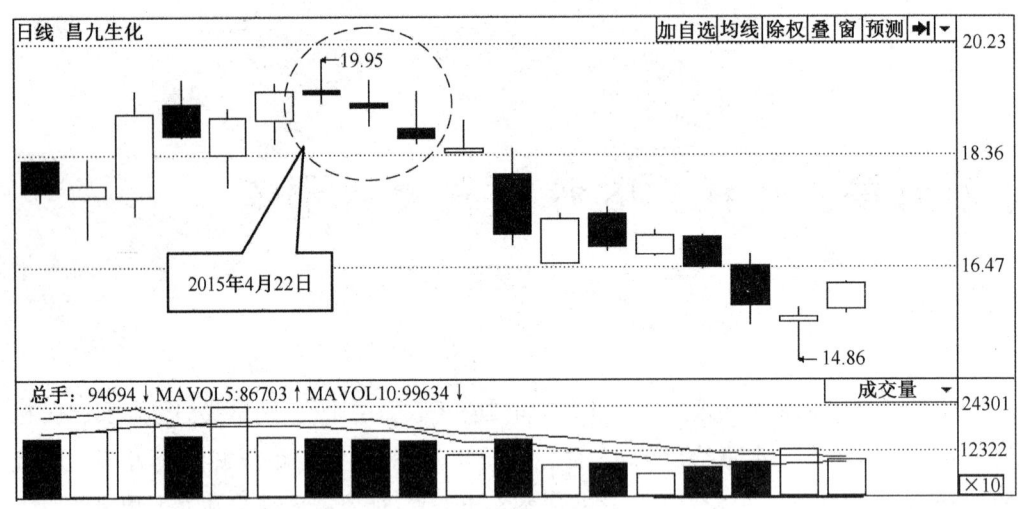

图5-2 昌九生化(600228)日K线走势图

其后,该股股价一路下跌,而且在下跌途中并未出现有力的反弹,投资者若不能在黑三兵形成后迅速卖出股票,则损失将会非常大。

## 二、三只乌鸦

图5-3 三只乌鸦

三只乌鸦又称暴跌三杰,一般出现在盘整行情或上涨末期。其特征是连续出现三根大阴线或中阴线,其中第二、第三根阴线的收盘价要低于前一天的收盘价,如图5-3所示。

三只乌鸦是黑三兵的一种特殊形态,表明多方每次跳空开盘,均被空方打压了下来,最终以下跌收盘。它的信号意义要强于普通的黑三兵。

### 1. 操作策略

三只乌鸦表示一种稳健下跌的态势,预示着一轮上涨或盘整行情的结束或下跌行情的继续。

(1)当三只乌鸦出现在上涨行情末期,我们可以把前面上涨趋势中的一系列K线组合看作是枝头,而把它称为"三只乌鸦站枝头",该形态说明上档抛盘严重,是暴跌的前兆。此时,投资者应该果断卖出。

(2)当三只乌鸦出现在下跌途中的盘整期,表示空方已经重新聚集力量,是看跌信号,持股的投资者应选择杀跌止损。

(3)如果三根阴线的实体依次变大,且成交量也逐渐放大,表示空方力量逐渐加强,后市加速下跌的可能性变大。

（4）三只乌鸦形态中三根阴线的下影线越短,即收盘价越接近于最低价,那么看跌意味越明显,后市下跌的力度也将越大。

2. 实战参考

如图 5-4 所示,大唐发电的股价从 2015 年 2 月开始一直处于上涨行情中。2015年 5 月 5 日至 7 日,该股的 K 线图上出现三个实体较大的阴线,这三根阴线组成了三只乌鸦形态。

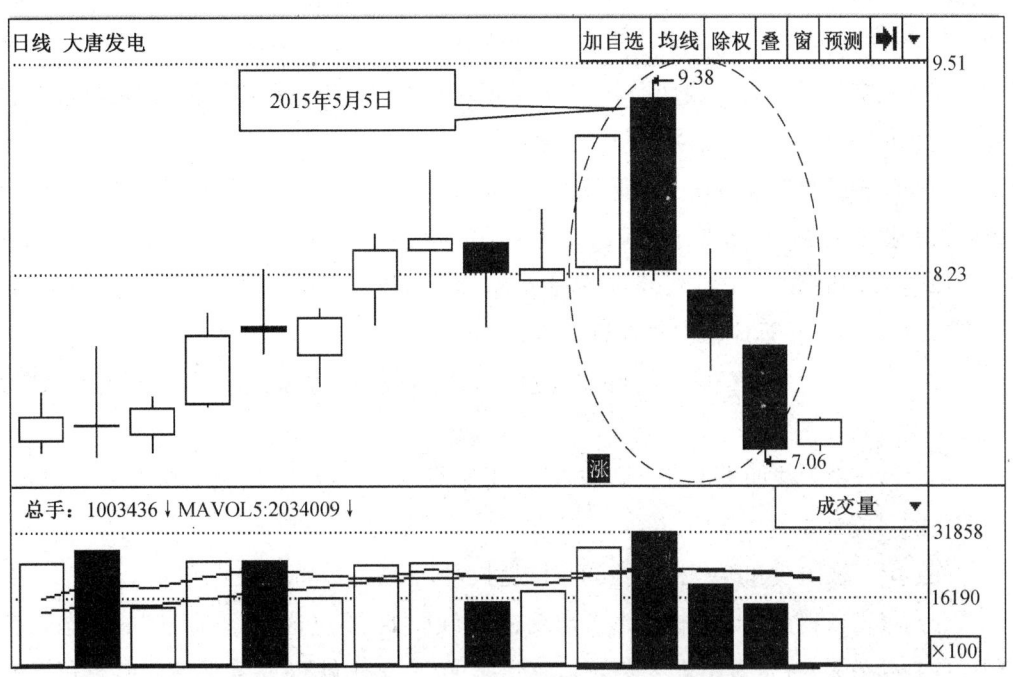

图5-4　大唐发电(601991)日K线走势图

2015 年 5 月 5 日,大唐发电的股价低开低走,收出一根大阴线。

2015 年 5 月 6 日,该股跳空低开,最后收出一根带长上下影线的中阴线。

2015 年 5 月 7 日,该股又以低于前一日收盘价的价格开盘,并一路向下,最后收出一根大阴线。

看到这种情形后,投资者应该在 5 月 7 日阴线还未形成之前逢高卖出;如果当日没有选择卖出,则应该在下一个交易日果断杀跌。

## 三、双飞乌鸦

双飞乌鸦又称树上二鸦,通常出现在上升行情的末尾,由一阳两阴三根 K 线组成。

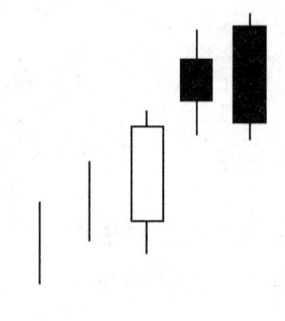

图 5-5  双飞乌鸦

其形成过程如下:先是收出一根大阳线,延续了之前的上升势头;第二天,股价高开低走,收出一根假阴线;第三天又收出一根阴线,且这根阴线完全将前一根阴线包住。如图 5-5 所示。

双飞乌鸦形态中高开的第二根阴线的收盘价要高于第一根阳线的收盘价,但不一定高于最高价;最后一根阴线的开盘价却高于前一日开盘价,但收盘价却比前一日收盘价要低。

### 1. 操作策略

双飞乌鸦表示多方力量衰竭,空方力量正在壮大。与三只乌鸦类似,挂在树梢上的双飞乌鸦也可能给市场带来厄运。

(1)双飞乌鸦出现的频率较低,却具有强烈的反转意义,表示股价将见顶回落,后市看淡。投资者看到该形态后,应迅速将手中的股票抛空。

(2)双飞乌鸦的可靠性较高,投资者应将卖出时机选在第三根阴线形成的当日;如没有来得及卖出,最迟应在次日择机卖出。

(3)双飞乌鸦出现之前,股价如经过大幅度的攀升,则该形态的反转信号更为强烈。

(4)第一根阳线如果带有上影线,那么上影线越长,说明上档抛盘压力越大,则反转向下的可能性也越大。

(5)第一根阳线和第三根阴线的实体越长,则下跌信号的可靠性越高。

(6)双飞乌鸦常常以非标准形态出现在 K 线图上,不过这些"不标准"的形态具有同样的判断效果,投资者不需要刻意追求形态的"完美无缺",只需要感觉形态相似就可以。

### 2. 实战参考

如图 5-6 所示,上汽集团经过一轮上涨之后,股价处于相对高位。2015 年 4 月 22 日和 23 日两天该股形成双飞乌鸦形态。

2015 年 4 月 21 日,上汽集团收出一根中阳线。

2015 年 4 月 22 日,该股跳空高开,并收出一根小阴线。这一天的收盘价高于前一日的收盘价。

2015 年 4 月 23 日,该股再一次收出阴线,且这根阴线的实体将前一根阴线的实体紧紧地包住。

这三日的 K 线组合就是双飞乌鸦形态。看到该形态后,持股的投资者应该在 4 月 24 日当天果断卖出该股。

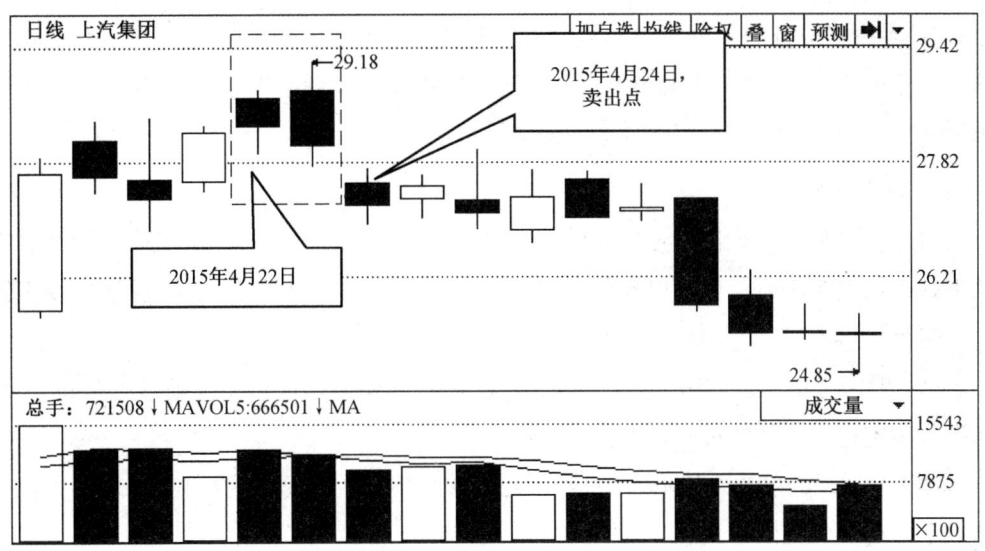

图 5-6　上汽集团(600104)日 K 线走势图

## 四、射击之星

射击之星又称流星线，它与倒锤头线的形态相同，只是所处的位置不同，如图 5-7 所示。

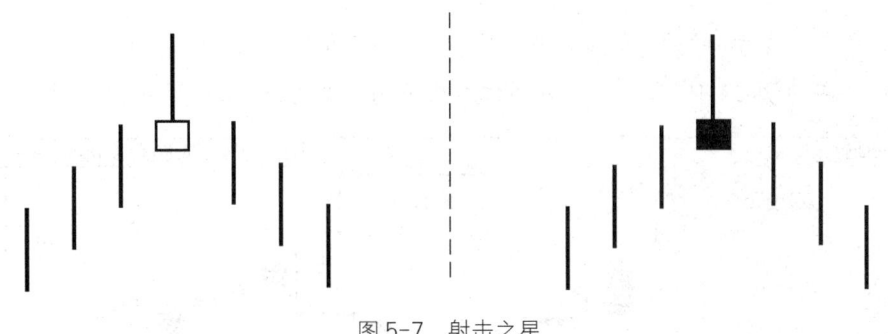

图 5-7　射击之星

射击之星具有以下形态特征：

第一，实体很短，且位于当日整个价格区间的下端；

第二，没有下影线，或者下影线非常短；

第三，上影线很长，其长度至少是实体长度的两倍；

第四，位于一段上涨趋势的顶部。

射击之星通常出现在上涨行情中，在当日开盘后，多方依旧保持了自己的优势，一开始便大幅抬升股价，当股价上升到一定幅度时，空方开始发力，他们通过大量抛盘进行反攻,最终在收盘时把股价打压到开盘价附近。射击之星的形态表明,空方在一定程度上已经进入市场,并开始显示力量。多空双方的力量正在发生变化,后市将出现下跌走势。

1. 操作策略

射击之星预示着行情将走向疲软。它可以是阳线,也可以是阴线。其中,阴线含有的下跌暗示更为明显。如果出现射击之星信号的当天成交量很大,那么后期出现下跌的可能性也将增大。

(1)射击之星的反转信号并不是很强,投资者需要根据该形态之前或之后的 K 线形态来确定这个信号的可靠程度。

(2)在理想的射击之星形态中,射击之星的实体与前一根 K 线的实体之间存在价格跳空。跳空的程度越大,反转的可能性也就越大。

(3)如果在出现射击之星后的第二天为强势的下跌行情,则表明空方已经开始占据主导地位。这时投资者应果断减仓。

(4)看到射击之星的信号之后,投资者可以卖出部分股票,并注意观察其走势。如果未来该股进入持续下跌轨道,则应该果断斩仓止损;如果股价在几天后又重新走高并突破射击之星的上影线顶端,说明多方重新聚集了力量,这时构成多方尖兵形态,后市看涨,投资者可进行补仓操作。

2. 实战参考

如图 5-8 所示,两面针的股价从 2015 年 3 月末开始出现一波上涨行情。

2015 年 4 月 14 日,该股上涨到高位后出现高开低走态势,在 K 线图上留下一根射

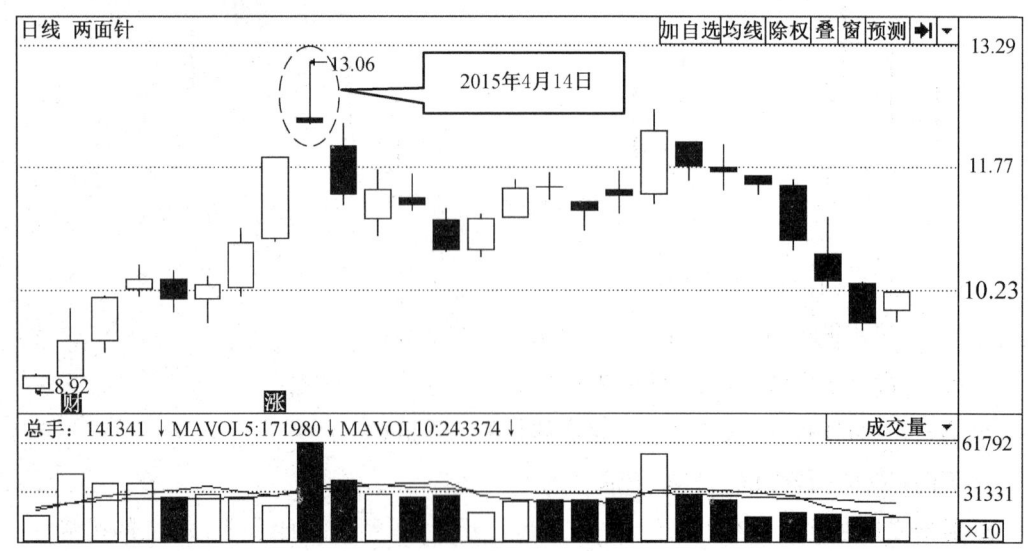

图 5-8　两面针(600249)日 K 线走势图

击之星。该形态的最高点创下了一段时间内的最高值，投资者可以判断出多空双方的力量对比发生了变化，行情极有可能变坏。

次日，即4月15日，该股低开低走，在K线图上留下一根大阴线，这说明该股走势已经反转，后市下跌的概率非常高，投资者应果断卖出该股。

## 五、上涨受阻线

上涨受阻又称上升受阻、升势受阻，常出现在上涨途中，由三根阳线组成，其形态表现为三根阳线的实体越来越小，而且最后一根阳线带有很长的上影线，如图5-9所示。如果前两根K线为大阳线或中阳线，那么该上涨受阻形态也是上涨停顿形态。

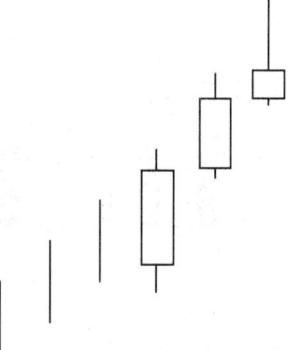

### 1. 操作策略

上涨受阻形态中越来越小的实体和最后一根K线的上影线都表明上档卖压沉重，多方推动股价继续上涨的力量减弱，后市具有一定的不确定性。

图5-9  上涨受阻

（1）上涨受阻是一种很明显的滞涨信号，该形态出现后，股价可能仍会小幅上升，也可能进入盘整状态或反转向下，投资者可以结合其出现的位置和其他技术指标进行研判。

（2）上涨停顿出现后，投资者应该保持警惕，切不可盲目追涨。

（3）当上涨受阻形态出现在高价位区域或股价已经有了一段涨幅之后，则预示着股价可能会见顶回落，行情看淡，这时持股的投资者应该将手中的筹码变现，以使前期获利落袋为安。

### 2. 实战参考

如图5-10所示，2015年4月中旬，兴发集团的股价出现一轮反弹向上的走势。2015年4月21日至23日，兴发集团的K线图上出现上涨受阻形态。

2015年4月21日，兴发集团收出一根中阳线。

2015年4月22日，该股又收出一根光脚中阳线。

2015年4月23日，该股出现一根上影线非常长的小阳线。

在三个交易日中出现的阳线呈现逐渐变小趋势，因此它们共同组成了上涨受阻形态。由于当时的股价已处于相对高位，所以持币的投资者不应盲目介入，而持股的投资者可以在第二天卖出部分股票，轻仓观望。

2015年4月24日，兴发集团低开，收出一根带长上下影线的小阴线，该信号都表明行情将会反转向下，投资者应该将手中的该股股票悉数卖出。

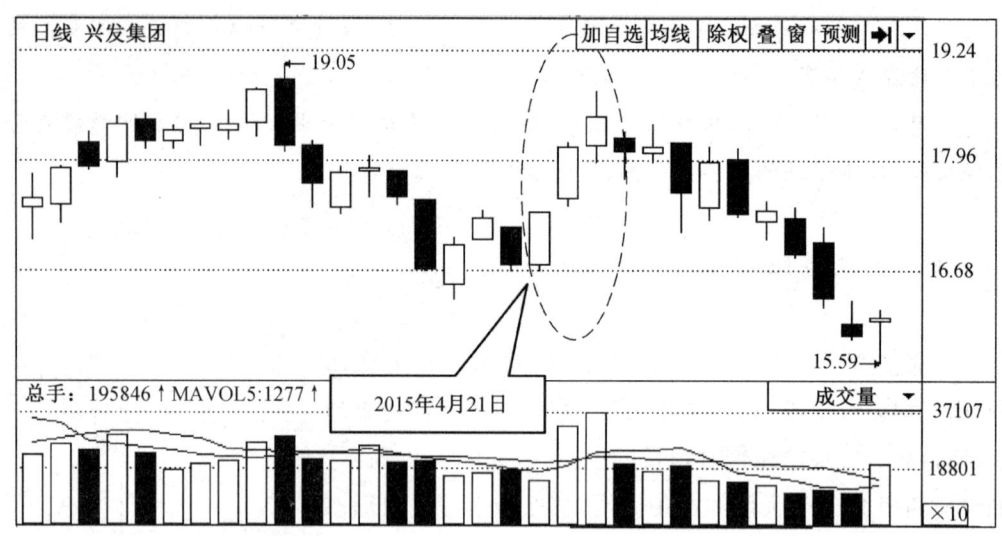

图 5-10　兴发集团(600141)日 K 线走势图

## 六、空方炮

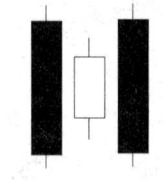

图 5-11　空方炮

空方炮又称两阴夹一阳、两黑夹一红,根据后面的两种称呼可以知道,这种形态由两根实体较大的阴线和一根实体较小的阳线组成,三者的中轴基本处于同一位置上,阳线被左右两根阴线紧紧地夹在中间,且其实体部分几乎被两根阴线的实体完全覆盖,如图 5-11 所示。

空方炮形态中,中间的阳线的开盘价一般高于其前后两根 K 线的收盘价,收盘价通常低于其前后两根 K 线的开盘价。该形态既可以出现在下跌行情中,也可以出现在上涨行情中。

### 1. 操作策略

空方炮形态并不表示空方占据优势,一直压制着多方,股价必然连连下跌。它的出现还需要根据具体的位置来进行研判,毕竟任何形态都不代表必然,空方炮也有哑火的时候。

(1) 空方炮常出现在庄家出货的过程中,因此,当这种形态出现时,只要不是在低价位区域或大幅度下跌之后,就有强烈的看跌意义,投资者应降低仓位或清空仓位,以免被套牢。

(2) 在上涨行情,尤其是大幅上涨之后出现空方炮形态,表示空方开始向多方开炮,走势应在多空双方的激战后发生变化,股价会停止上升的脚步或见顶回落。这时投资者应将手中的股票迅速卖出、坚决做空。

（3）在下跌初期或下跌途中出现空方炮形态，是中继信号，股价经过短暂休整后可能会继续下跌，这时持币的投资者最好不要介入，而持股的投资者应该果断杀跌。

（4）在低价位区域或股价已经大幅下跌之后出现空方炮形态，投资者不宜再割肉止损，因为这种空方炮有可能是庄家为了吸筹而设的空头陷阱，股价之后或将进入盘整或上涨行情。当反转信号出现，投资者可以买入股票，弥补之前的损失。

（5）当空方炮的三根K线呈现下跌趋势时，看跌信号更明显。阴线的开盘价越低，阳线的实体越小，空方炮看跌的可靠性越强。与多方炮不同的是，成交量对于空方炮的信号强度影响并不大。

（6）特殊的三阴夹两阳形态被称为叠叠空方炮，是两个存在交集的空方炮的组合，如图5-12所示。这种形态更具有"庄家陷阱"的意味，投资者更应该万分小心，以免被骗。该形态出现后，投资者可以采取与空方炮类似的操作策略去买卖股票。

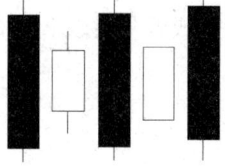

图5-12　叠叠空方炮

2. 实战参考

如图5-13所示，中煤能源的股价从2015年3月开始一波上涨行情，并于2015年4月28日达到阶段最高点。

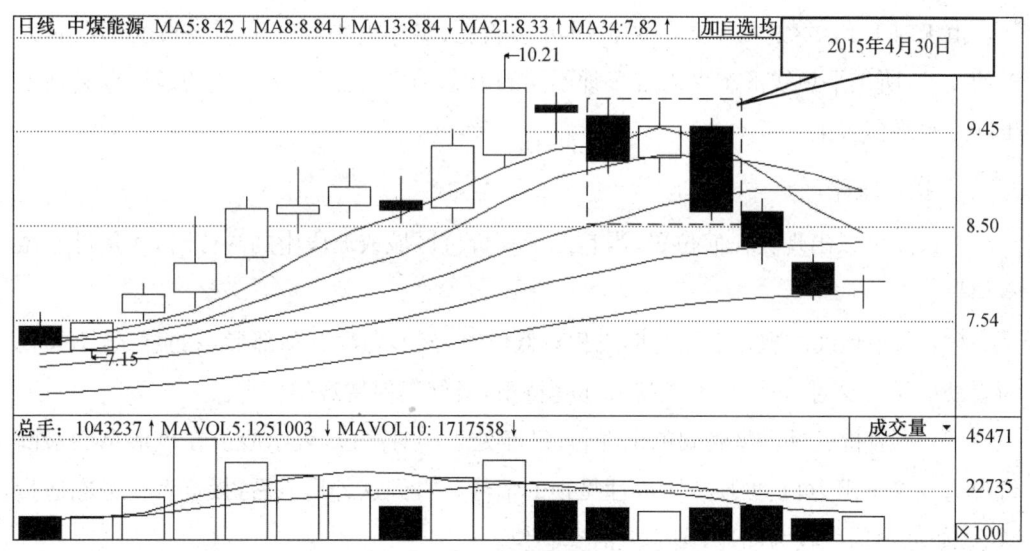

图5-13　中煤能源(601898)日K线走势图

2015年4月30日，中煤能源低开，股价略微上移之后便一路走低，收出一根大阴线。

2015年5月4日，该股在前日收盘价附近开盘，盘中也曾出现了一波上攻，最终收出一根中阳线。

2015年5月5日，该股以前日收盘价开盘，然后一路向下，收出一根只带了很小上下影线的大阴线，全天跌幅达到9.17%。

这三个交易日所形成的"两阴夹一阳"的形态便是空方炮。这种形态出现在股价的高位,属于强烈的看跌形态。因此,空仓的投资者应以持币观望为宜;持股的投资者可在第三根阴线形成的当日止损,也可在次日逢高卖出。

## 七、平顶线

平顶线又称平头顶、钳子顶、镊顶,通常出现在上涨行情中,由处于同一水平位置的两根或者两根以上的 K 线组成,而且这些 K 线的最高价相同或非常接近,如图 5-14 所示。

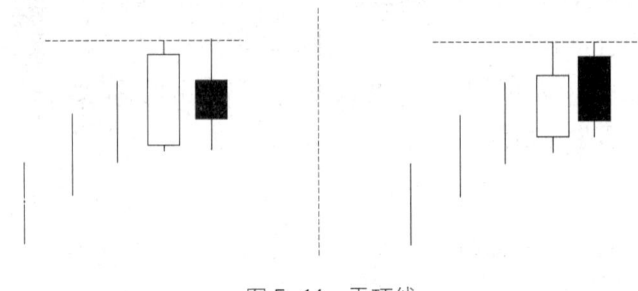

图 5-14 平顶线

由于对 K 线的数量(至少是两根即可)、颜色、实体大小和上下影线长度都没有太多的要求,所以平顶线形态可以有多种不同的形态,但是它们的上影线的最低点必须处于同一水平位置上。

1. 操作策略

平顶线可以出现在任何位置,当它处于高价位区域或波段中的高位时,才是可靠做空信号。

(1)当平顶线出现在上涨初期或相对低位时,该形态没有顶部形态的意义,不能视为看跌信号。这时,投资者无论持股还是持币,最好仍保持观望姿态。

(2)当股价经过一段时间的上涨,且已经处于相对高位,表示股价在该形态的最高价位遇到严重阻力,是见顶或阶段性见顶的信号。看到这种形态后,投资者应考虑适量减仓;如见顶信号较为明显,则应该清空仓位。

(3)平顶线形态出现后,第一次卖出的最佳卖点是形成平顶线的当日。

(4)如果在出现平顶线的同时或者前后,也出现了其他的看跌信号,如射击之星、吊颈线等,会加大行情发生反转的可能性。看到这种情形,投资者应将手中的股票抛空。

(5)平顶线形态中 K 线的数量越多,更能说明顶部阻力位的有效性,因而后市下跌的可能性也越大。

(6)平顶线可以连续出现,即第一组平顶线出现后,接着又出现另一组平顶线。第二组平顶线有时高于第一组,有时低于第一组,但无论何种形式,均是非常强烈的见顶信号。

（7）平顶线底部特征的有效性一旦被证明,以后一段时间内,股价都会在这一位置受到压力,因而它可以作为以后"相对高位"的一个判断点。

2. 实战参考

如图 5-15 所示,经过了一段时间的上涨之后,吉恩镍业的股价到达了相对高位,2015 年 4 月 28 日,该股低开高走,且在上涨过程中遇强阻力而回调,最终在 K 线图上留下一根带长上影线的阳线。

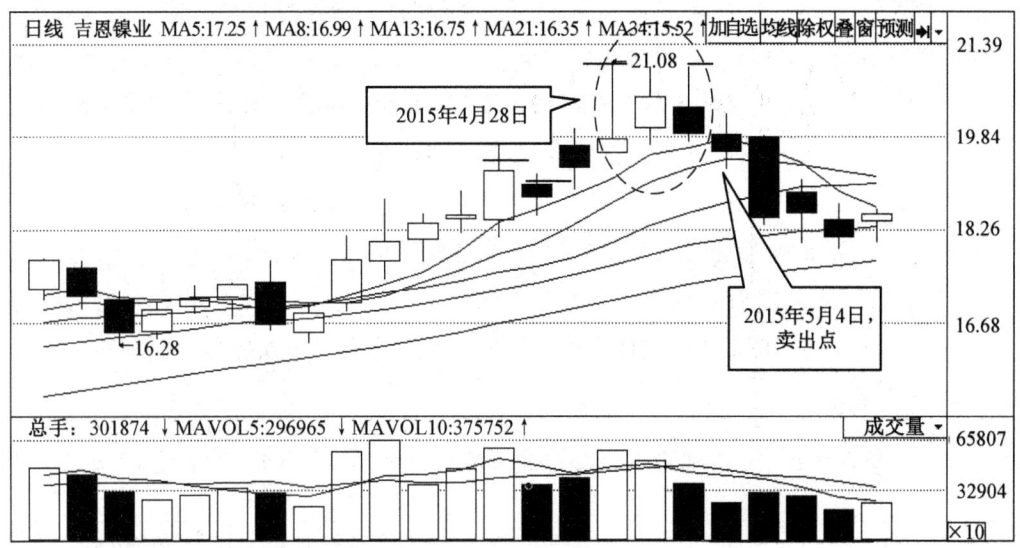

图 5-15　吉恩镍业(600432)日 K 线走势图

2015 年 4 月 29 日和 30 日,该股在两个交易日内都没有突破前期高点,并且在日 K 线图上出现了平顶线形态。

2015 年 5 月 4 日,吉恩镍业的股价低开低走,在 K 线图上留下一根小阴线,预示股价已经开启一波下跌行情,投资者应于次日卖出股票。

## 八、淡友反攻

淡友反攻,一般出现在上涨行情中,由一阳一阴两根 K 线组成;先是收出一根大阳线或中阳线,接着又收出一根跳空高开的大阴线或中阴线,且这两根 K 线的收盘价相同或接近,如图5-16所示。

淡友反攻的第一根阳线表示原来上升趋势的延续。第二根高开低走的阴线表示开盘初始时多方仍占据优势,开盘价与前一根阳线的收盘价之间有一定的跳空,但之后空

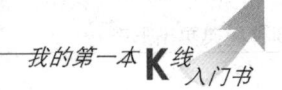
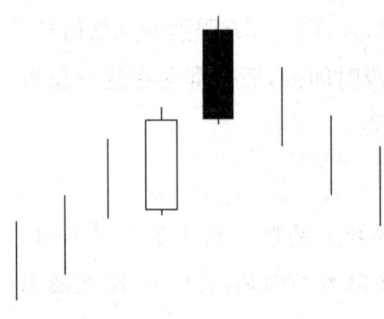

图 5-16　淡友反攻

方通过努力扭转了局面,补回了这一跳空缺口,并在收盘时将股价打压到前一日收盘价附近,从而使两条K线"面对面"。因而淡友反攻又被称为下跌遭遇线或下跌约会线。

### 1. 操作策略

淡友反攻表示股价大概已接近顶部,行情有反转的可能。

(1)淡友反攻具有一定的看跌意义,它提示投资者不要盲目追涨。遇到这种形态,持股的投资者最好卖出股票、轻仓观望。

(2)淡友反攻前后两根K线"遭遇"的位置,即两者的收盘价附近,是股价下跌的一个小的支撑位,一旦股价跌落到该位置以下,投资者应果断清仓出局。

(3)淡友反攻形态中两根K线的实体部分越大,后市下跌的可能性越大。如果在收出阴线这一天,同时伴随着成交量的放大,则看跌的信号意义更强。

(4)淡友反攻与之后要叙述的乌云盖顶的形态有些类似,但是它的后一根阴线的实体并没有深入前一根阳线的实体当中,只是形成了"遭遇",因而信号会弱一些。

### 2. 实战参考

如图 5-17 所示。永泰能源在经历一波上涨行情之后,于 2015 年 4 月 17 日、20 日

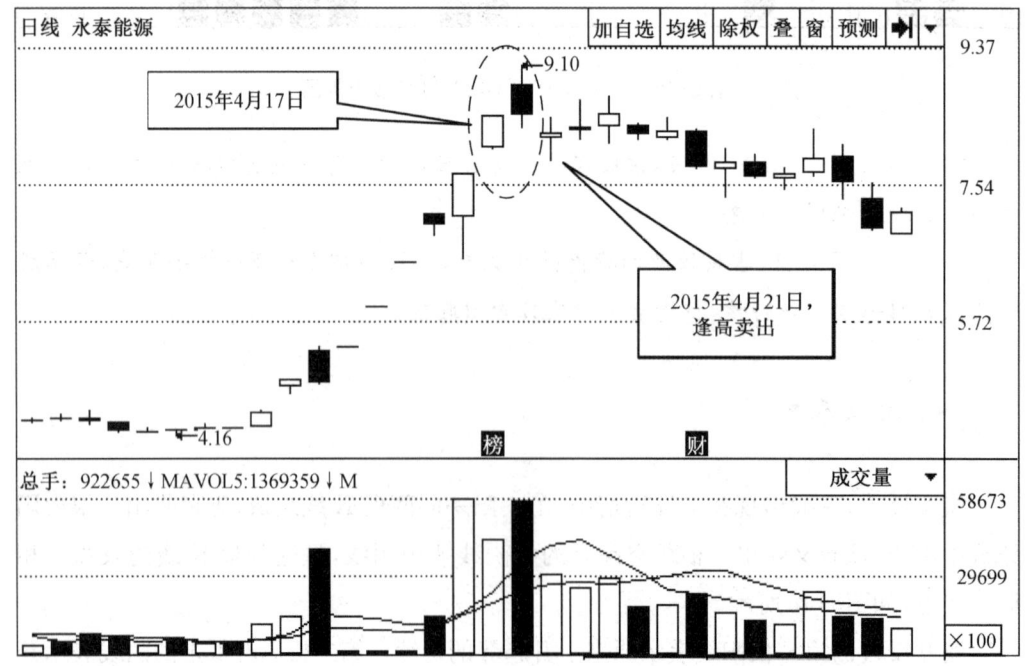

图 5-17　永泰能源(600157)日 K 线走势图

这两个连续的交易日形成淡友反攻形态。

2015年4月17日，永泰能源高开高走以涨停报收，收盘价为8.44元。4月20日（18日、19日休市），该股跳空高开，之后又补回了开始的缺口，最终在收盘时将价格同样定格在了8.44元。后面这根阴线与前一日的阳线共同形成了淡友反攻形态，这预示着行情有反转的迹象。

下一个交易日（2015年4月21日），该股以更大的缺口跳空高开，之后经过一番震荡，当天收出一根十字线。这表明行情已经到达阶段性顶部，后市看跌。此时，投资者应该卖出部分股票，轻仓观望。

### 九、倾盆大雨

倾盆大雨通常出现在一轮显著的上涨行情之后，由一阳一阴两根K线组成，先是收出一根大阳线或中阳线，接着又收出一根低开低走的大阴线或中阴线，且这根阴线的收盘价低于前一根阳线的开盘价，如图5-18所示。

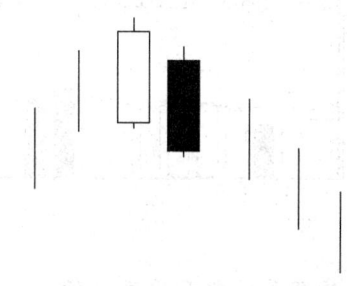

图5-18　倾盆大雨

倾盆大雨的第一根阳线表示原来上涨趋势的延续，这一天多方几乎将能量消耗殆尽。第二根低开低走的阴线表示一开盘空方就占据主动，而多方因无力抵抗节节败退，最终空方以绝对的优势取得胜利。

1. 操作策略

倾盆大雨表示市场受到暴风雨的袭击，行情急转直下，是较为强烈的看跌信号。

（1）当在连续上涨之后出现倾盆大雨形态时，投资者不宜继续看多，而应该提高警惕，适时逢高卖出。

（2）当该形态出现在上涨过程中，但并没有到达高位，则投资者可以通过减仓来规避风险；如果此后股价的重心仍在下移，则应该毫不犹豫地抛空股票。

（3）倾盆大雨形态中第二根阴线的实体部分越大，收盘价越低，则后市下跌的力度也越大。如果在收出阴线这一天，同时伴随着成交量的放大，则看跌信号更强烈。

2. 实战参考

如图5-19所示，经过一段时间的上涨之后，延长化建的日K线于2015年4月27日、28日这两天出现了倾盆大雨形态。

2015年4月27日，延长化建高开高走收出一根光脚大阳线，且这一天出现了近段时间内的最高价。4月28日，该股低开低走，当天收出一根光头大阴线。这

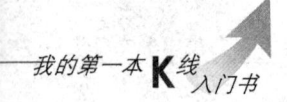

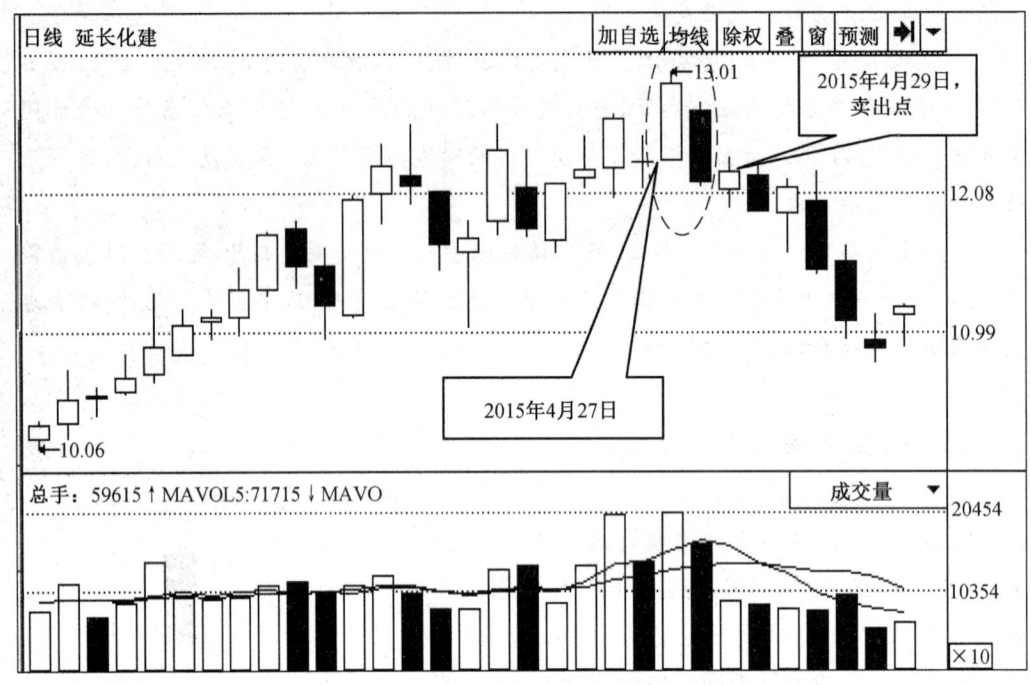

图 5-19　延长化建(600248)日 K 线走势图

根阴线的收盘价远远低于前日的开盘价,形成倾盆大雨形态。这预示着行情将反转向下。

警觉的投资者应在 28 日当天就作出减仓或清仓的决策。部分没有来得及卖出的投资者,则应在次日跳空低开后逢高抛空、出局观望。

## 十、下降三法

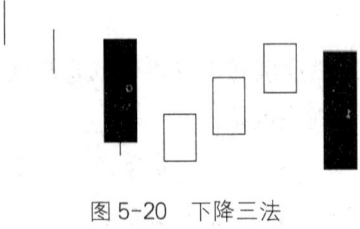

图 5-20　下降三法

下降三法又称三阳作客、下降三部曲,通常出现在下跌行情中,由两阴二阳五根 K 线组成,先是收出一根大阴线或中阴线,然后连续出现三根小阳线(其中可能有十字线),但这三根小阳线都没有跌破前面那根阴线的最低价,最后又拉出一根大阴线或中阴线,如图 5-20 所示。

下降三法形态中,三根小阳线的收盘价都在第一根阴线的开盘价之下,而最后一根阴线的收盘价应低于第一根阴线的收盘价,一举吞没三根小阳线的涨幅。

### 1. 操作策略

下降三法是股价下跌过程中的短暂休息,暗示行情在稍作调整后会继续下行,因而是一种持续形态。

（1）下降三法表示空方没有失去主导地位，依然保持着强势，是看跌信号。投资者看到这种形态后应保持持币观望状态，仍持有股票的投资者应果断割肉止损。

（2）当下跌过程中出现三根连续的小阳线（红三兵），极有可能是庄家使用的障眼法，投资者不要轻易认为行情将反转而买入股票，这样可能会被套在半空。相反，持股的投资者却可以趁机逆市卖出。

（3）最后一根阴线的实体越大，表明后市下跌的力度将越大。不过，下降三法与成交量之间没有太大的关系，只要该形态出现，不管是放量还是缩量，都是强烈的看跌信号。

（4）如果三根小阳线突破了第一根阴线的最高价，或者最后一根阴线不能击穿第一根阴线的收盘价，则下降三法形态不能成立。

2. 实战参考

如图5-21所示，三峡水利从2015年2月初启动一波上涨行情。2015年4月23日股价在创下近期新高的23.39元后开始震荡下跌。

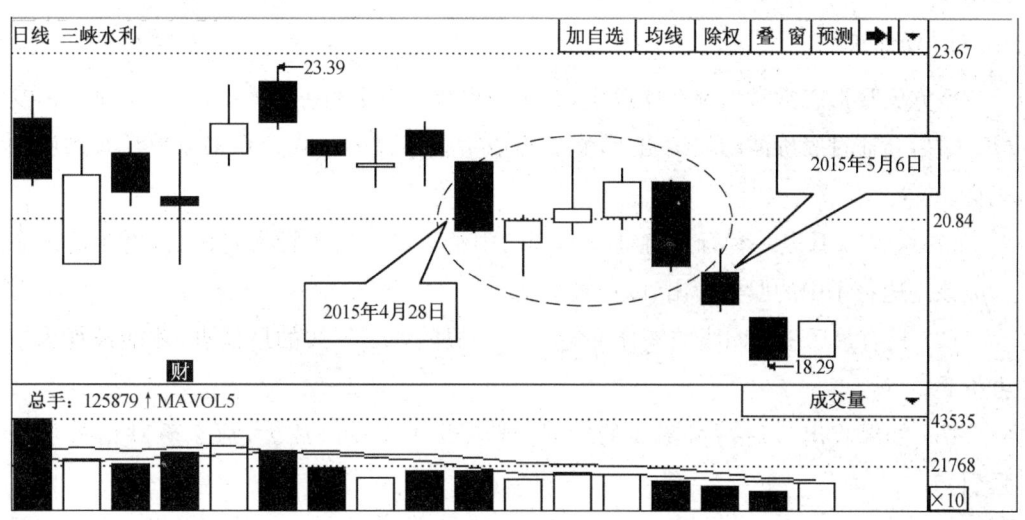

图5-21　三峡水利（600116）日K线走势图

2015年4月28日，三峡水利的股价低开低走，在K线图上留下一根大阴线。

2015年4月29日、30日、5月4日（5月1日、2日、3日休市），该股连续收出三根小阳线。它们的收盘价都要低于第一根阴线的开盘价。

2015年5月6日，该股又出现一根大阴线，且其收盘价低于第一根阴线的收盘价。

这五个交易日所形成的K线组合就是下降三法。该形态是明显的下跌中继信号，表示股价将继续下跌。看到这种形态后，持币的投资者应该继续观望，而持股的投资者应该果断斩仓。

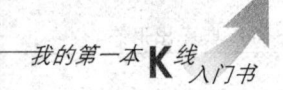
### 十一、空方尖兵

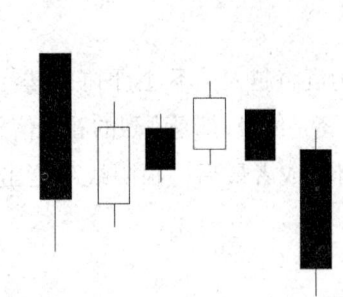

图 5-22　空方尖兵

空方尖兵，出现在下跌行情中，其形态表现为：股价在下跌时获得支撑，收出一根带有较长下影线的大阴线或中阴线；之后几个交易日股价有所回升，但不久之后，空方重新聚集力量发动进攻，又拉出一根大阴线或中阴线，使股价跌到下影线的最低点之下，如图 5-22 所示。

空方尖兵形态中的 K 线数量一般为四根至十五根。第一根阴线的下影线部分，是空方在试探下档的承接能力，被人们视为"与多方深入接触的尖兵"，这也是"空方尖兵"称呼的由来。随后的股价回升，将下档支撑力量全部暴露，当多方的力量消耗殆尽时，空方便开始发动全面进攻，从而形成最后那一根阴线。

#### 1. 操作策略

空方尖兵形态常常出现在庄股中，是主力出货的一个很重要的手段，主力试探出支撑力量后会通过股价波动陆续出货，然后再以大幅下跌的方式让众多散户没有逃脱的机会。

（1）空方尖兵是一种行情将继续向坏的中继形态。对于投资者而言，看到此形态后应该迅速将手中的股票卖出，以免被套。

（2）只有最后一根阴线的实体穿越了第一根阴线下影线的最低点，才能被视为空方尖兵。

（3）如果收出最后一根阴线的同时，伴随着成交量的放大，那么看跌信号更为强烈。

#### 2. 实战参考

如图 5-23 所示，2015 年 4 月 9 日至 15 日，姚记扑克的日 K 线图上出现空方尖兵形态。

2015 年 4 月 9 日，姚记扑克的股价低开，以一根带有较长下影线的大阴线结束上一轮的上涨行情。

2015 年 4 月 10 日，该股收出一根阳十字线。4 月 13 日（4 月 11 日、12 日休市），该股收阳，股价回升。尽管它和前两根 K 线组成的形态仿佛是早晨之星，但是它出现在这样的高位相当危险。

2015 年 4 月 14 日，该股收出小阴线，且这根小阴线并没有突破前一根阳线的最

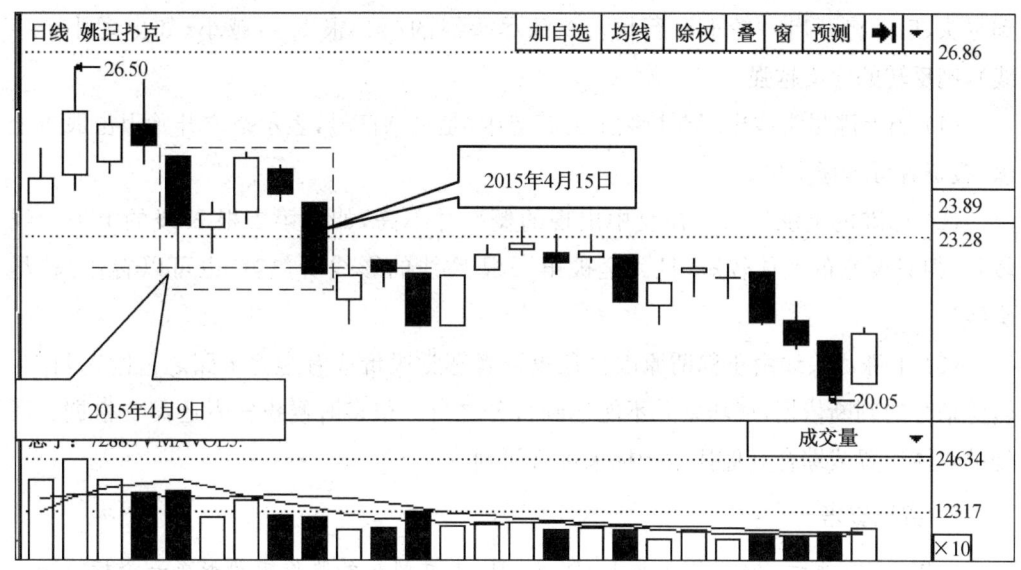

图5-23 姚记扑克(002605)日K线走势图

高价,这说明前一根阳线可能属于诱多,投资者须保持观望。4月15日,该股以一根大阴线打破之前的调整态势,且这天的收盘价低于4月9日的最低价,空方尖兵形态完成。

空方尖兵预示着后市看空,投资者看到这种形态后,应该在4月15日突破完成时实施减仓操作。之后该股虽然向上有所反弹,但力度并不大,却很有可能是庄家在趁势出货,仍然持股的投资者应小心警惕,一旦发现股价有大幅下跌迹象就应果断出局。

## 十二、上涨尽头线

上涨尽头线,顾名思义,是指上涨行情已经走到了尽头,将产生反转。上涨尽头线出现在上涨行情中,该形态表现为:先是出现一根带有很长上影线的大阳线或中阳线,接下来出现的第二根K线则可能为小阳线、小阴线或十字线,且完全被第一根K线的上影线所覆盖,如图5-24所示。

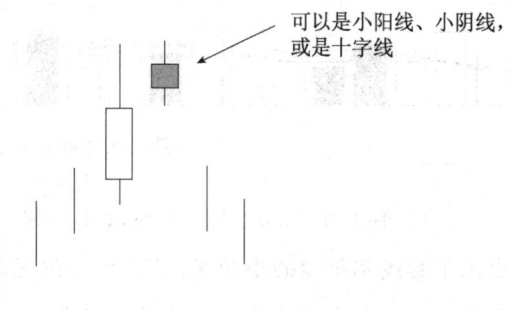

可以是小阳线、小阴线或是十字线

图5-24 上涨尽头线

### 1. 操作策略

上涨尽头线通常表现为反转信号,一般出现在上涨行情的末端,表示上涨行情已经

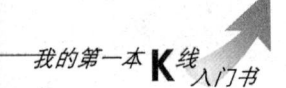

到尽头,后面将开启一轮下跌行情。上涨尽头线的第二根 K 线越小(如出现小十字线),则反转的含义越强。

(1)当上涨尽头线出现在持续上升趋势中,是见顶信号,表示空方开始阻击股价上涨,投资者可考虑卖出。

(2)标准的上涨尽头线在盘中出现的概率并不高,如果第二根 K 线的上下影线较长,但只要它的实体较短,且完全被第一根 K 线的影线所包容,也可以看作是"尽头线"。

(3)上涨尽头线由于称谓原因会让投资者感觉股价或有穷途末路之危险,但作为转势信号的判断依据,成功率并不能达到百分之百。很多时候投资者还需要根据它所处的具体位置或综合其他技术指标来进行研判。

2. 实战参考

如图 5-25 所示,2015 年 4 月 16 日、17 日,大立科技的股价走势形成一个标准的上涨尽头线形态。

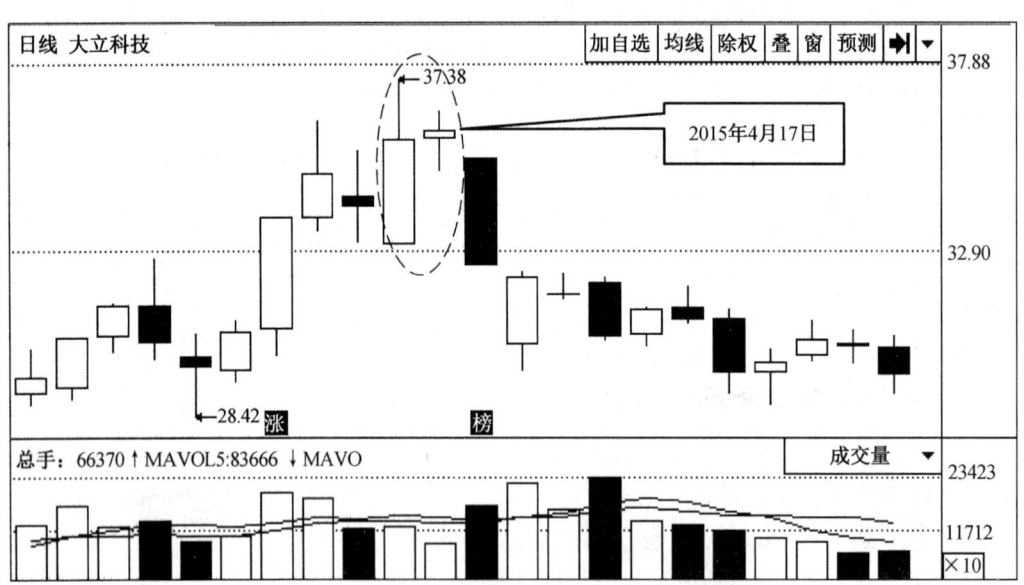

图 5-25　大立科技(002214)日 K 线走势图

2015 年 4 月 16 日,大立科技收出一根有较长上影线的大阳线。4 月 17 日,该股收出上下影线都很短的小阳星,且这根小阳星的实体全部被前一根阳线的上影线所覆盖。两者共同组成上涨尽头线。这是后市看跌的信号,投资者应保持警惕,稳健的投资者选择轻仓观望。

2015 年 4 月 20 日(18 日、19 日休市),该股低开低走收出一根大阴线,再一次表明多空双方的力量对比已经出现逆转,这时手中仍有股票的投资者,应该果断卖出。

### 十三、下跌分离

下跌分离又称下跌分手，一般出现在下跌行情中，由一阳一阴两根K线组成，先是收出一根阳线，接着又收出一根阴线，两根K线的开盘价相同或者接近，如图5-26所示。

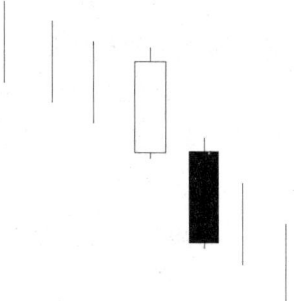

下跌分离的第一根阳线表现了与之前相反的趋势，多方发力将股价拉升；但第二天开盘时，股价又回到前一日开盘价附近的位置，投资者信心受挫，依然看淡后市，股价重新呈现下跌趋势。

**1. 操作策略**

下跌分离通常是一种中继信号，不过当它在低价位区域出现时，投资者应保持关注。

图5-26 下跌分离

（1）当下跌分离形态出现在高价位区域或下跌初期，表示空方重新夺回了主动权，股价将继续下行。这时空仓的投资者以持币观望为宜，持股的投资者应果断卖出。

（2）当下跌分离形态出现在低价位区域时，可能预示着底部即将出现，这时投资者可对该股多加关注，一旦后面的走势企稳回升，投资者可适时介入。

（3）下跌分离和好友反攻两种形态非常接近，只是前后K线的颜色不同，投资者要注意区分。

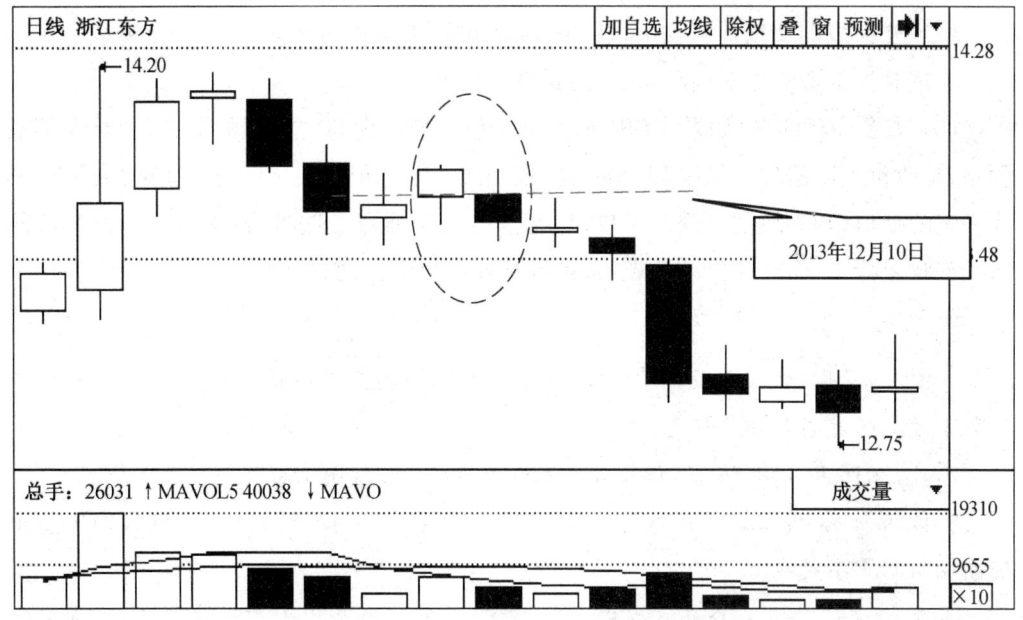

图5-27 浙江东方(600120)日K线走势图

127

2. 实战参考

如图 5-27 所示,浙江东方从 2013 年 11 月 14 日开始一轮上涨行情,并于 2013 年 12 月 2 日创下阶段高点后开始震荡下跌。

在下跌初期的 2013 年 12 月 10 日、11 日这两天的日 K 线图上出现下跌分离形态。

2013 年 12 月 10 日,浙江东方收出一根带下影线的阳线。12 月 11 日,该股又以与前一日相同的价格开盘,结果收出一根小阴线。两者共同形成下跌分离形态。这表明市场依然保持着弱势,下跌的趋势将继续。这时,持币的投资者最好保持空仓观望,持股的投资者应该果断卖出。

## 十四、下跌三颗星

下跌三颗星,出现在下跌趋势的初期或中期,它虽然名为三颗星,但实际上却是由

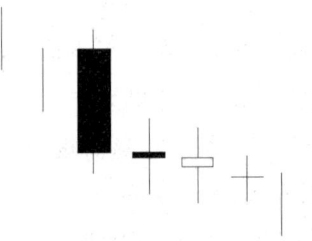

图 5-28 下跌三颗星

四根 K 线组成的,先是收出一根大阴线或中阴线,紧接着在这根阴线的下端出现三根实体非常小的 K 线,这三根小 K 线可以是小阳线或小阴线,也可以是十字线,如图 5-28 所示。

1. 操作策略

下跌三颗星往往在强势下跌的初始阶段或中途出现,是一种中继形态,不影响股价的下跌趋势。

(1)当 K 线图上出现下跌三颗星时,表明市场买卖意愿不强,股价仍有继续下探的空间。这时投资者应尽早抽身,让自己置身于局外。

(2)需要注意的是,如果在深跌后的低价位区域出现与之类似的形态,则是底部三颗星,是股价见底信号。如果其中的第一根阴线与第二根星线之间有大幅度的跳空,形成一定的缺口,则为跳空下跌三颗星,见底信号更为强烈。这时,投资者不能将其按照下跌三颗星操作,而应该再冷静观察,等待其他信号的出现,如图 5-29 所示。

2. 实战参考

如图 5-30 所示,宋都股份从 2015 年 2 月开启一轮上涨行情,并在 2015 年 4 月 27 日创下近期的最高点 10.10 元。

次日,2015 年 4 月 28 日,该股股价高开低走,在 K 线图上留下一根大阴线。

2015 年 4 月 29 日、30 日、5 月 4 日、5 日(5 月 1 日、2 日、3 日休市),连续四天拉出阴阳相间的十字星线。

至此,下跌三颗星形态正式形成,预示股价近期将会走出一波下跌行情,投资者宜迅速卖出股票。

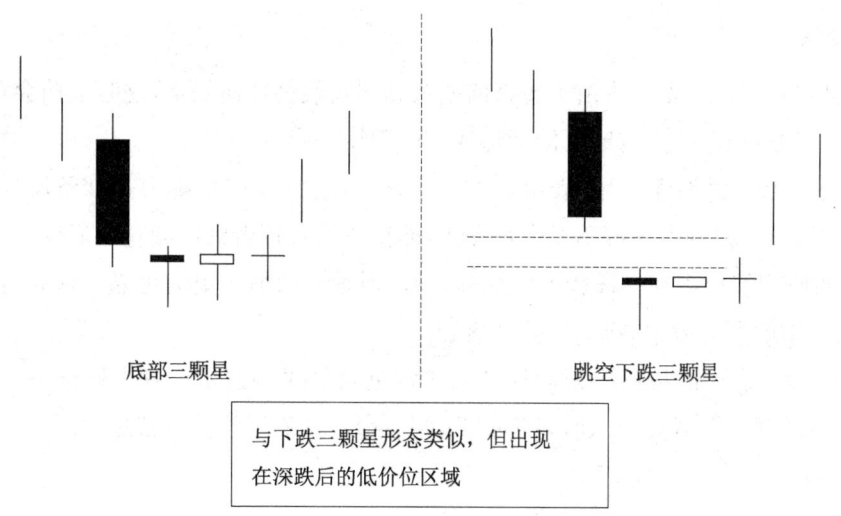

底部三颗星　　　　　　　　跳空下跌三颗星

与下跌三颗星形态类似，但出现
在深跌后的低价位区域

图 5-29　底部三颗星和跳空下跌三颗星

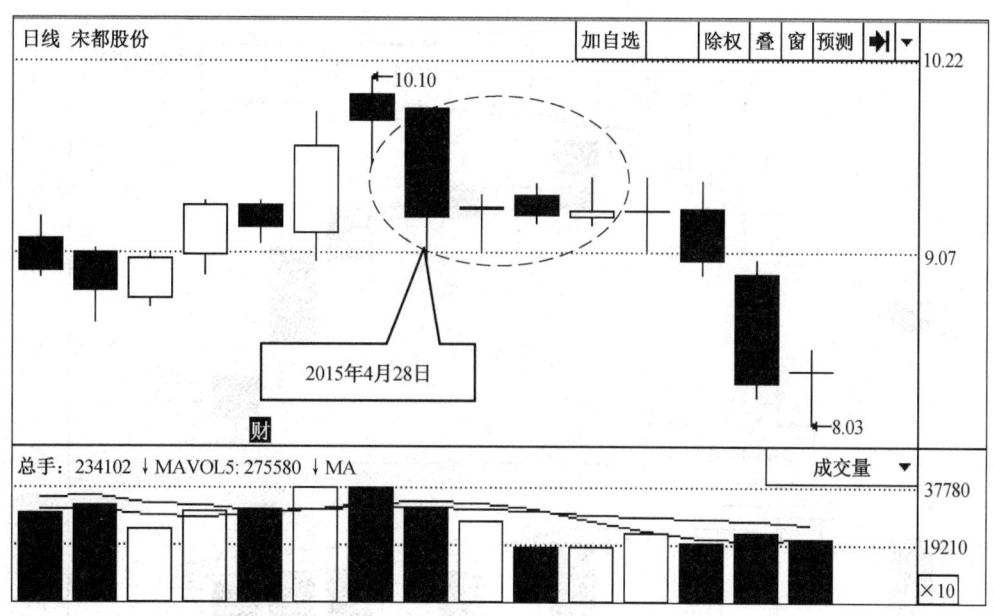

图 5-30　宋都股份(600077)日K线走势图

## 十五、跛脚阳线

　　跛脚阳线又称阳线跛脚形，一般出现在上涨行情中，由三根或三根以上的阳线组成。其中最后两根阳线都是低开，且最后一根阳线的收盘价也要低于前一日的收盘价，如图5-31所示。

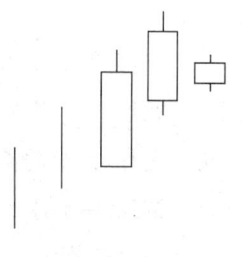

图 5-31　跛脚阳线

### 1. 操作策略

当连续收出阳线后,很多多头由于想将前期获利回吐就会转而做空,这时上档会存在明显的抛压,多方只有退守,这时可能会形成跛脚阳线。

(1)跛脚阳线是一种滞涨信号,表示多方上攻乏力,空方却在聚集力量准备反攻。出现此形态后,持币的投资者最好不要盲目介入,而持股的投资者则应减仓或清仓。

(2)如果跛脚阳线出现在一段较大的涨幅之后,则看空的信号更为可靠。这时,投资者应该卖出手中的所有股票,将前期获利落袋。

(3)跛脚阳线形态中的最后一根阳线具有非常重要的研判意义。其上影线越长,说明做空的力量越强;其实体越小、收盘价越低,则后市下跌的可能性也就越大。

### 2. 实战参考

如图5-32所示,神火股份在2015年4月下旬开始新一轮的上涨。2015年4月22日至24日,仍处在上升行情中的神火股份的日K线图上出现跛脚阳线形态。

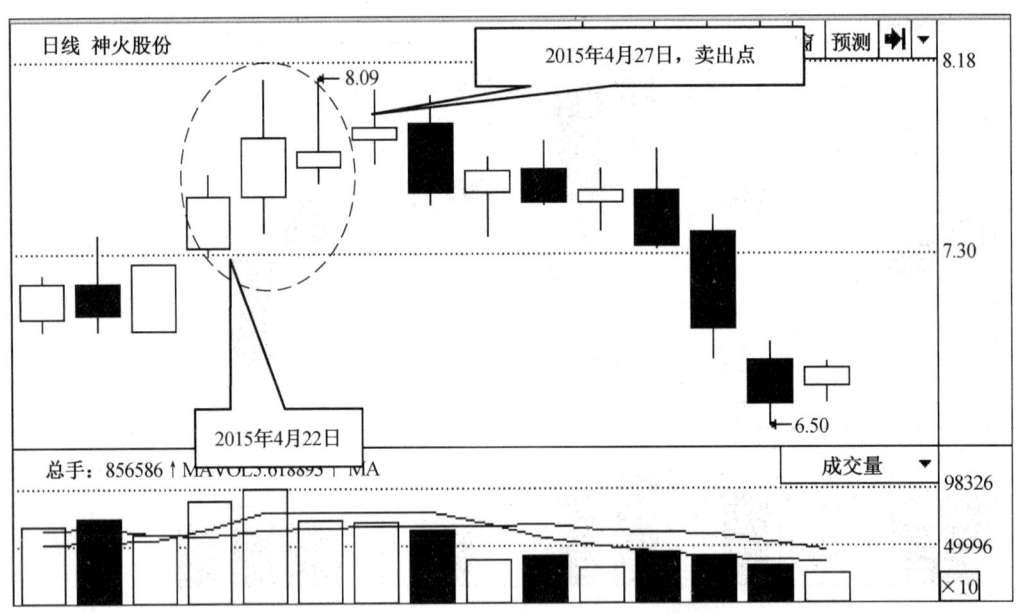

图5-32　神火股份(000933)日K线走势图

2015年4月22日,神火股份收出一根中阳线。

2015年4月23日,该股以比前日收盘价低的价格开盘,下探到前日开盘低价附近获得支撑,然后转而向上,最后收出一根中阳线。

2015年4月24日,该股再次低开,收出一根上影线很长的小阳线,收盘价低于前一日的收盘价。

这三日的K线形态组成跛脚阳线形态。该形态是滞涨信号,表示多方力量已经衰弱，空方却在聚集力量准备反攻。因此，投资者应当在该形态完成后的次日（4月27日）逢高卖出股票以规避风险。

## 十六、高位跳空三连阳

跳空三连阳又称三空阳线、连续跳空三阳线，出现在上涨行情的尾端，由三根连续跳空上涨的阳线组成。这三根阳线可能有上下影线，也可能没有；但前后两根K线的实体之间必须有明显的跳空，如图5-33所示。

高位跳空三连阳虽然表现为多头气盛，但可能是多方由盛转衰的分界点。俗话说："一鼓作气，再而衰，三而竭"，当多方使劲了全力的时候，也是空方趁机反攻的时候。空方力量一旦爆发，多方已无力应对，只能眼睁睁地看着股价回落。这恰恰印证了"股价跳三空，气数已尽"的说法。

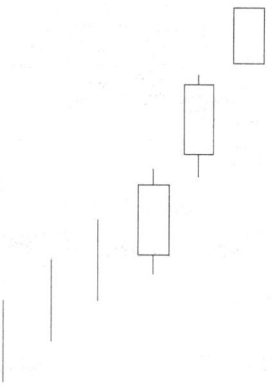

图 5-33  高位跳空三连阳

1. 操作策略

跳空三连阳表面上虽然是多方力量凸显的强势形态，但却是滞涨信号，预示着多空双方的力量对比将发生变化。

（1）在上涨途中出现跳空三连阳是非常危险的信号，预示着股价将见顶或阶段性见顶，投资者见到此形态后的次日应该密切关注股价走势。如果股价在后市出现掉头向下、连续下跌或上涨无力的走势，那么投资者应将手中的股票悉数变现。

（2）高位跳空三连阳形态要求股价在跳空三连阳形态出现之前，有一段明显的上涨行情。之前的股价涨幅越大，看跌信号的意义越显著。

（3）如果第三根阳线带有很长的上影线，说明上档抛盘严重，看跌意义更为明显；如果三根阳线的实体逐渐减小，即呈现上涨受阻形态，那么发生转向的可能性将增大。

（4）如果跳空三连阳出现在股价启动初期或低位，则不属于高位跳空三连阳，也就不能看作卖出信号。

2. 实战参考

如图5-34所示，博闻科技从2015年3月初开始一波的上涨行情。2015年1日至3日，该股的K线图上出现跳空三连阳形态。

2015年4月1日，博闻科技高开且收出光头阳线。

2015年4月2日，该股继续高开，收出一根光头光脚大阳线。

2015年4月3日，该股第三次跳空高开，收出一根光头光脚阳线。

这三日所形成的K线组合便是跳空三连阳形态，是股价见顶或阶段性见顶的信

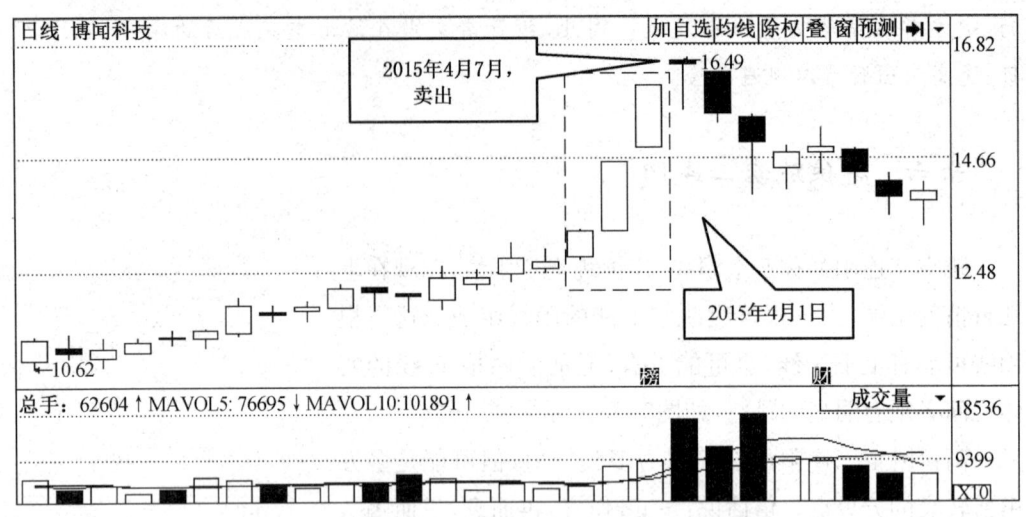

图 5-34　博闻科技(600883)日 K 线走势图

号,对投资者有一定的风险警示作用。

2015 年 4 月 7 日(4 日、5 日、6 日清明休市三天),该股高开之后便一路走低,最终开盘价也成为当天的最高价,后市看淡。投资者应该在当日卖出部分股票,选择轻仓观望。

2015 年 4 月 8 日,该股拉出一根大阴线,跌势确立,投资者应将手中的股票全部卖出。

## 十七、高位五连阴

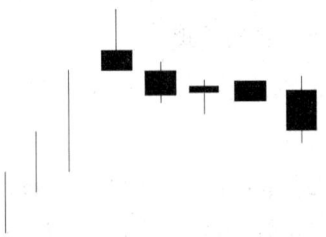

图 5-35　高位五连阴

高位五连阴又称高档五阴线,出现在上涨行情中。其形态表现为:在低价位区域连续出现五根(有时可能是六根或七根)阴线,其中多为小阴线,如图 5-35 所示。

高位五连阴,尽管收出多根阴线,但股价整体跌幅并不大,属于横向整理。在深度上涨之后出现该形态,有可能是主力正在高位出货。

### 1. 操作策略

高位五连阴,表示经过一段时间的上涨之后,多方力量已经削弱,而上档存在较大的抛压,所以股价开始反转向下。这时一些多头又倒向空头,空方优势凸显,下跌更为明显。

(1)高位五连阴可能为下跌行情拉开序幕,表示股价已经到了顶部或阶段性顶部,是强烈的卖出信号。该形态出现后,投资者应在次日逢高清空仓位,以规避股价跳水风险。

(2)在出现高位五连阴的同时,成交量逐渐萎缩,则表示多方上攻无力,看跌信号更为可靠。

（3）在阴线中间可能夹杂着一两根十字线或小阳星，但并不影响其作为高位五连阴来进行判断。

（4）高位连续出现阴线的数量越多，表明空方的力量蓄积得越充分，股价向下破位后下跌的空间就会越大。

（5）高位五连阴经常包含其他表示看跌信号的K线组合，不影响双方的可靠性。

（6）投资者需要查看该股的历史走势，一定要保证该形态处于高位或相对高位，否则不能按照高位五连阴进行操作。

2. 实战参考

如图5-36所示，中国中铁从2015年3月开始一直处于快速上升期，2015年4月29日至5月6日，该股出现高位五连阴形态。

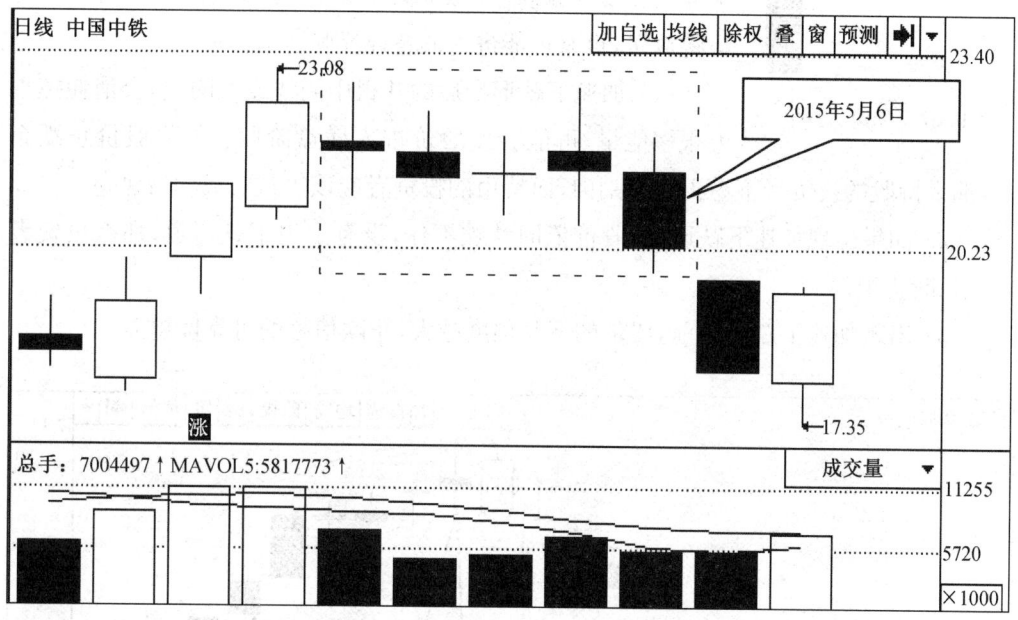

图5-36　中国中铁(601390)日K线走势图

从2015年4月28日开始，中国中铁延续前期的上升态势，一度达到阶段高点23.08元，其后，股价开始震荡回落。

4月29日、30日，该股连续收出小阴十字星。

5月4日（5月1日、2日、3日休市），该股又收出一根十字线，其后，又连续收出两根阴线。

这五个交易日所形成的K线组合就是高位五连阴，是强烈的看跌信号。看到这一信号，不论次日股价是出现反弹还是继续下跌，投资者都应该逢高卖出股票。

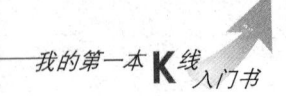

### 十八、加速下跌形

加速下跌形又称下跌加速线,通常出现在下跌行情中。其形态表现为:先是股价缓慢下跌,然后下跌的速度越来越快,跌幅也越来越大,接连收出中阴线或大阴线,如图5-37所示。

通过对股市历史走势的观察可以发现,加速上升形通常表现为反转信号;而加速下跌形却既有可能是转势信号,也有可能是表示下跌行情仍将继续的中继信号。

1. 操作策略

加速下跌形,通常会出现在一个缓慢下滑走势之后,表示空方正在发动猛攻、释放动能,该形态出现后,股价的下跌态势将放缓,也有可能进入调整或反弹行情。

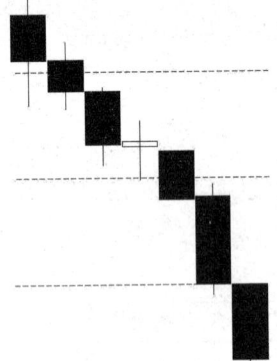

图5-37  加速下跌形

(1)加速下跌形最后的几根中阴线或大阴线,会消耗掉空方很多能量,可能会使股价进入横盘阶段。如果股价止跌企稳,那么持股的投资者不易再盲目割肉,而持币的投资者应该等筑底成功后建仓。

(2)如果出现加速下跌形后,股价依旧跌跌不休,没有走出下跌通道,那么投资者应该果断止损。

(3)出现加速下跌形之前,股价的下跌幅度越大,止跌信号的可靠性越强。

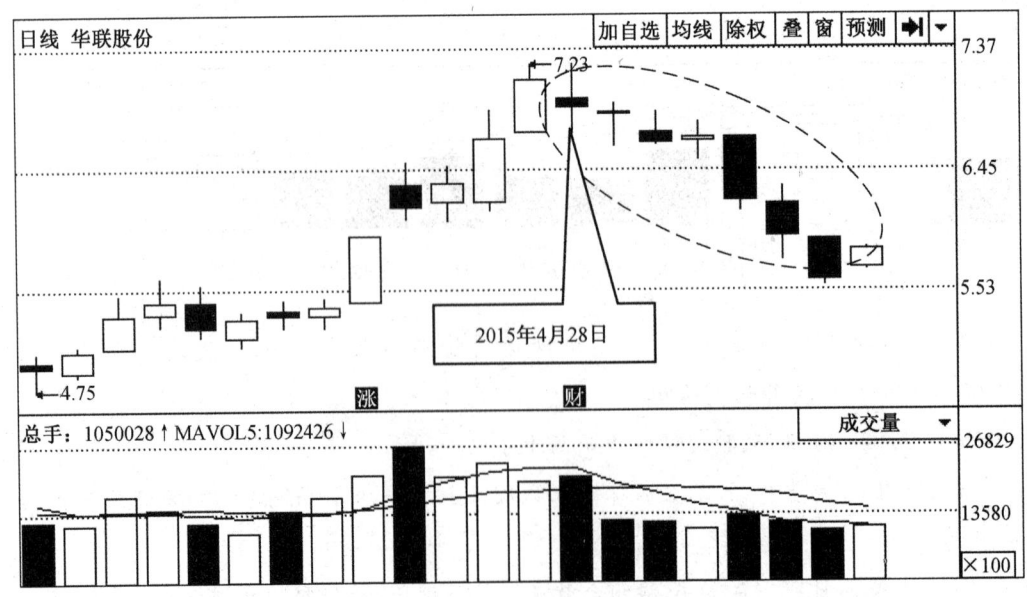

图5-38  华联股份(000882)日 K线走势图

### 2. 实战参考

如图 5-38 所示,华联股份于 2015 年 4 月末开启了新一轮的下跌行情,在 2015 年 4 月 28 日至 5 月 7 日,该股的日 K 线图上出现了加速下跌形形态。

华联股份从 2015 年 2 月 10 日启动了一波上涨行情。4 月 27 日,该股价达到了 7.23 元的阶段高点后回调。此后,该股从 4 月 28 日起出现连续的阴线(包含一根小十字线),且下跌速度呈现逐渐加快的趋势,因而形成加速下跌形形态。这种形态出现后,股价会有所反弹,但由于前期跌幅不深,股价仍有继续下跌的可能。因此,投资者此时不宜盲目割肉,更不宜实施补仓,而应该静观其变。

# |第六章| K线经典形态
## ——研判股价趋势的利器

K线经典形态,都是多空双方在长期争斗中形成的,其发出的买入或卖出信号的准确性要高于普通K线组合。

## 一、V形底

V形底又称尖底,出现在一段下跌行情的末尾。其形态表现为:股价先是经过一段快速下跌行情,下跌到一定幅度后掉头向上,又开始一段快速上涨行情,从而形成一个形状像英文字母V的底部走势。如图6-1所示。

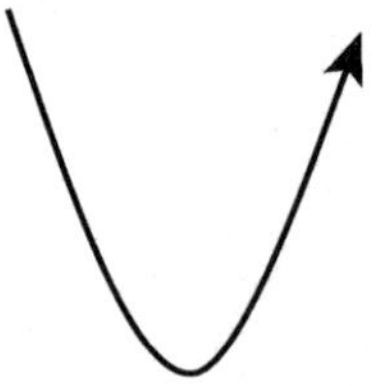

V形底可谓神出鬼没,虽然极为常见,却是最难判断的一种底部形态。该形态的形成经历了这样的过程:一开始空方力量很强,同时引发恐慌性抛盘,使股价连续下挫;当空方力量得以充分释放之后,盘面变得轻盈了许多,成交量也萎缩到了极点,这时多方开始发力,

图6-1 V形底

并完全控制了市场,从而使股价一路回升,迅速收复了失地。

### 1. 操作策略

V形底的出现往往源于突发性的利好消息,因而对其的判断也较为困难。但不可否认的是,它是一个较为强烈的底部信号。所以,投资者需要高度关注、有效把握。

(1)当股价已经下跌一段时间后,出现了V形底形态,则反转信号的可靠性较高,投资者可以在底部放量反弹时积极买进,但要控制好仓位。

(2)当股价上涨到V形底开始快速下跌的价位时,可能会遭受一定的阻力,从而出现横盘整理平台,形成V形底的扩展形态,如图6-2所示。这是因为部分投资者对股价的上涨仍缺乏信心。不过一旦突破这一阻力位,股价仍有很大的上涨空间,所以,投资者可以在向上突破平台后大胆买入。但需要说明的是,这一整理平台有时可能不会出现。

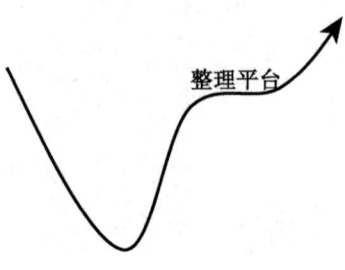

图6-2 V形底的扩展形态

（3）参照 V 形底形态买入股票的投资者应该将止损位设定在 V 形底的底端。一旦股价跌破这一位置,说明上涨趋势被破坏,投资者应该果断止损离场。

（4）在 V 形底形成的过程中,股价上涨的同时会伴随着成交量的明显放大。成交量越大,看涨的信号越强烈,之后上涨的空间也越大。

（5）基于 V 形底的特点,投资者在及时买进的同时,还应该认真分析股票的历史和行情的本质,注意 V 形底目前所处的位置。当 V 形底出现在高价位区域时,投资者需要保持警觉。

2. 实战参考

如图 6-3 所示,2015 年 3 月,中国银行的日 K 线图上出现 V 形底形态。

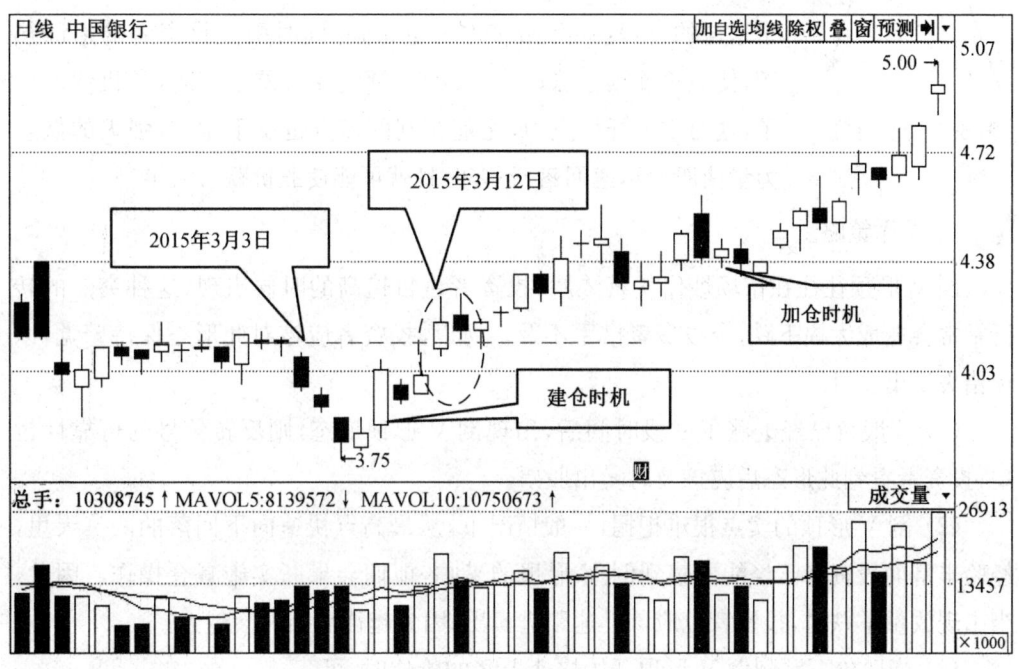

图 6-3　中国银行(601988)日 K 线走势图

中国银行的股价从 2015 年 2 月开始一直处于震荡盘整状态,这说明多空双方暂时处于力量平衡状态,2015 年 3 月 3 日,该股收出一根大阴线,多空双方的平衡被打破。股价开始快速下跌。

2015 年 3 月 5 日,该股收出一根下影线很长的中阴线,说明下方有强大的买盘支撑,预示着行情有可能反转。

2015 年 3 月 6 日,该股收出小阳线,说明多空双方的力量对比正发生变化,后市看涨。接着该股连续收出两根阳线,同时成交量逐步放大,反转趋势得到确认,投资者可以抓住机会建仓。

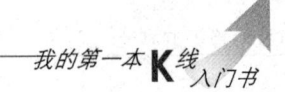

2015年3月12日，该股以放量跳空开盘，直接突破了前期下跌时的密集成交区。经过两日的回调，该股股价继续向上的趋势。看到这种情况，投资者可以加仓买入。

## 二、倒V形顶

倒V形顶又称尖顶，出现在一段上涨行情的末尾。其形态表现为：股价先是经过一段快速上涨行情，上涨到一定高度后掉头向下，又开始了一段快速下跌行情，从而形

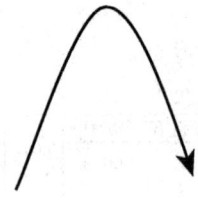

图6-4　倒V形顶

成了一个形状像倒置的英文字母V的顶部走势，如图6-4所示。

倒V形顶的顶部十分尖锐，常在几个交易日之内便构筑完成，而且转折点形成时通常都伴有很大的成交量。该形态的形成经历了这样的过程：一开始多方力量很强，同时引发投资者的追涨热潮，使股价连续上涨；当多方的力量消耗得差不多时，危机便产生了，这时空方开始发力，之前获利的多方也反手做空，强大的做空力量使股价迅速回落，不多时日就可能使股价跌去大半。

### 1. 操作策略

倒V形顶往往在市场炒作气氛浓厚，投资者盲目追高的时候出现，这种突然的转折常常会造成大幅下跌，令投资者措手不及。所以，投资者应该对此形态保持警觉，以免错失卖出良机。

（1）当股价已经上涨了一段时间后，出现倒V形顶形态，则反转信号的可靠性较高，投资者看到此形态后应该及时卖出股票。

（2）倒V形顶的卖点很难把握，一般情况下，从最高点快速向下回落的两三天里，经验丰富的投资者已经能预感到倒V形顶的来临，他们会果断实施减仓操作。因此，当出现放量下跌时，投资者也应该迅速跟进卖出，因为越往后损失会越大。

（3）当股价下跌到倒V形顶开始快速上涨的价位时，可能会遇到一定的支撑，从而出现横盘整理，形成倒V形顶的扩展形态，如图6-5所示。这是因为部分投资者不希望股价这样迅速跌落。一旦突破这一支撑位，股价仍有很大的下跌空间，所以，投资者可以把这一横盘整理平台也视为一个卖点。但需要说明的是，这一平台有时可能不会出现。

整理平台

图6-5　倒V形顶的
扩展形态

（4）在倒V形顶形成的过程中，股价从顶部开始下跌时会伴随着成交量的明显放大。成交量越大，看跌的信号越强烈，之后下跌的空间也越大。

（5）形成倒V形顶时，前期上涨的速度越快、幅度越大，那么后期的下跌就会越猛

烈,相应的跌幅也就会越大。

(6) 倒 V 形顶的顶部位置常常会出现射击之星、吊颈线、黄昏之星、乌云盖顶等 K 线或 K 线组合,投资者可以借助这些转势信号来识别倒 V 形顶。

(7) 基于倒 V 形顶的特点,投资者在及时卖出的同时,还应该认真分析股票的历史和行情的本质,注意倒 V 形项目前所处的位置。当倒 V 形顶出现在低价位区域时,投资者可采取攻守兼备的半仓策略,既能预防风险,又不会踏空之后可能出现的上涨行情。

2. 实战参考

如图 6-6 所示,2015 年 6 月,时代新材的日 K 线图上出现倒 V 形顶形态。

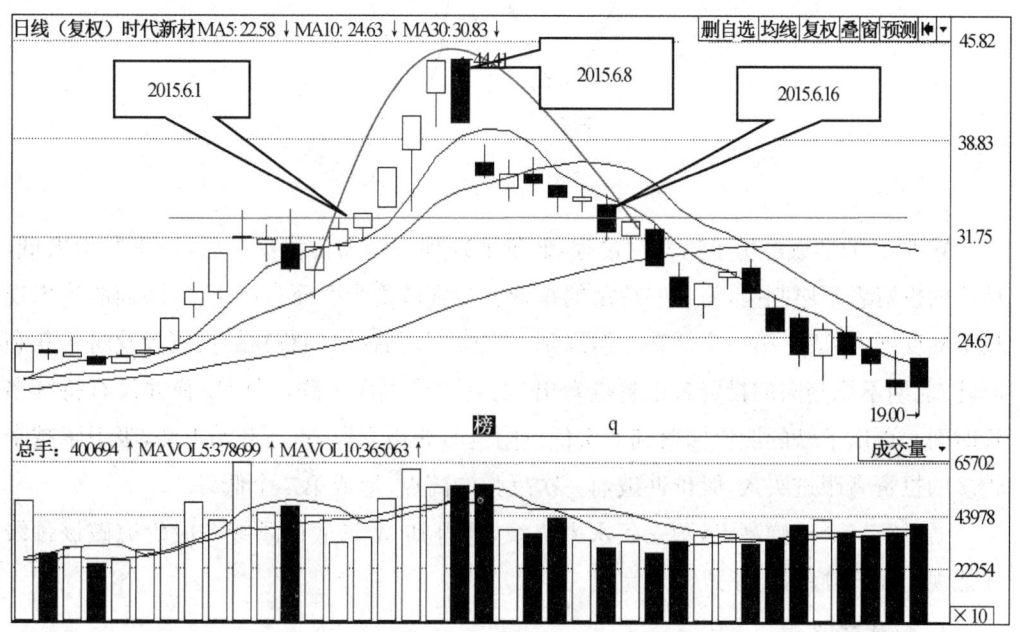

图 6-6　时代新材(600458)日 K 线走势图

时代新材在 2015 年 5 月初,结束短暂的整理走势,重新进入上升通道。

2015 年 6 月 1 日,时代新材以一根光头小阳线,吹响加速上升的号角,此后,该股连续拉出涨停板。

2015 年 6 月 8 日,时代新材高开低走,在 K 线图上留下一根大阴线。此后,该股连续下跌,给人一种涨势结束的感觉。

2015 年 6 月 16 日,该股低开并一路走低,收出一根大阴线,跌幅达 7.44%。同时,该 K 线跌破加速上涨的起始位,说明该股股价的走势反转形态正式确立,投资者宜卖出手中的股票。

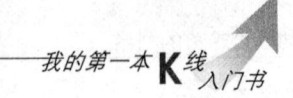

### 三、W形底

W形底又称双重底,出现在一段下跌行情的末尾。该形态有两个明显的价格低谷,且两个低谷的最低点大致处于同一价位上,形状就像是一个英文字母W,如图6-7所示。

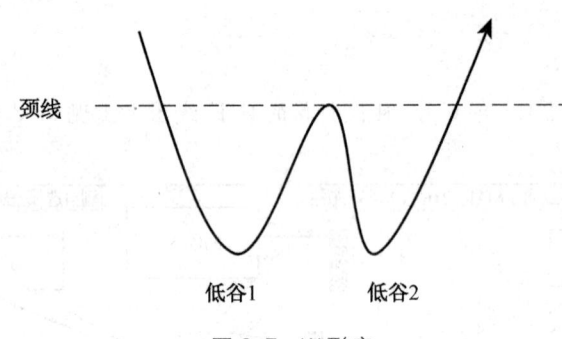

图6-7　W形底

W形底的形成经历了这样的过程:股价下跌到一定的价位水平后,由于股价太低,持股的投资者不愿割肉,而一些持币的投资者受到低价吸引而尝试买入,因而股价出现技术性反弹,形成了第一个低谷。但涨到一定幅度之后,短期获利的投资者及时将获利回吐,前期不愿割肉的投资者也趁机卖出,之后股价再次下跌,因而反弹并没有持续多长时间。再次下跌的股价回落到上次低点附近时获得支撑,重新开始上涨,吸引了越来越多的投资者跟进买入,股价冲破前一次反弹的高点,形成第二个低谷。

通过第一个反弹高点,画一条水平直线,就得到W形底的颈线。股价突破该颈线才能视为W形底形态正式构筑完成。

#### 1. 操作策略

W形底是一种转势形态,它的出现预示着跌势将告一段落,行情将走入上升通道。

(1)W形底形态是较为可靠的看涨信号,投资者看到此形态后应考虑买入股票。

(2)W形底形态尚未形成,一些经验丰富的投资者便从中找到了买入良机。当股价第二次探底,且所探得的低点高于前一个低谷的低点时,称为二次探底不破底价。激进的投资者可以把握时机,适量买入,并把前一个低谷的低点设为止损点。

(3)W形底第一个明确的买入时机出现在股价突破颈线位置时,这表明W形底基本形成,投资者可积极买入,同时将止损位设在颈线位置。

(4)股价在突破颈线同时,应该伴随着成交量的放大;如果成交量太小,则突破的效果会大打折扣,后市极有可能出现横盘震荡的走势。

(5)股价在突破颈线后,颈线从阻力位变成支撑位。之后股价可能会对颈线有一个回抽动作以测试突破的有效性，如图6-8所示。如果股价在此位置获得支撑，则W形底形态得到确认，这也是较为明确的买入信号，投资者可大胆买入；如果支撑失败，则W形底形态失效，投资者应选择出局观望。需要说明的是，并不是所有的股票在出现W形底后都会有回抽动作。

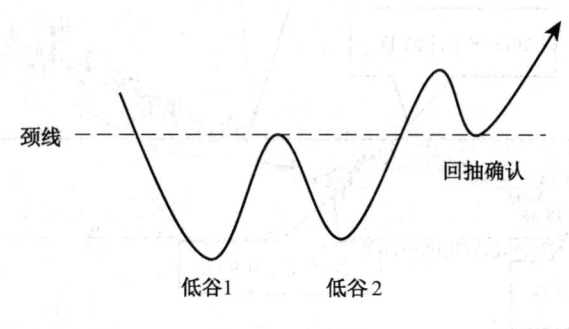

图6-8　W形底

（6）W形底两个低点的相隔周期越长，说明在底部的换手越充分，后市上涨的可能性也越大。

（7）在W形底形成的过程中，如果第二个低谷的成交量小于第一个低谷的成交量，第二个低点高于第一个低点，则看涨的信号更为强烈。

（8）W形底的最低点与颈线之间的垂直距离越大，通常表示未来股价上涨的幅度越大。

（9）如果在高价位区域出现与W形底类似的形态，那么极有可能是表示下跌中继的矩形整理形态，这时投资者切勿将其按照W形底形态进行操作。

2．实战参考

如图6-9所示，2014年12月下旬至2015年3月上旬，济川药业的日K线图上出现W形底形态。

2014年12月22日，处于下跌行情中的济川药业收出一根下影线很长的阴十字线，并创出近期最低价18.48元，然后股价开始回升，从而形成了第一个低谷。这一回升所持续的时间并不长。2015年1月27日，该股上升遇到阻力，重新开始下跌。

2015年2月9日，该股收出一根带下影线的中阴线，其后再次开始回升，形成了第二个低谷。这个低谷的低点要高于前一个低谷的低点，即二次探底不破低价。激进的投资者可以在反弹过程中抓住时机买进股票。

2015年3月9日，该股股价突破颈线位置，W形底构筑完成。这是一个明确的买入信号，稳健的投资者可以在当天放心买入。其后，该股出现了回调，但在颈线位置遇到支撑而再度上涨，此后，投资者可追踪买入。

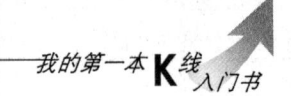

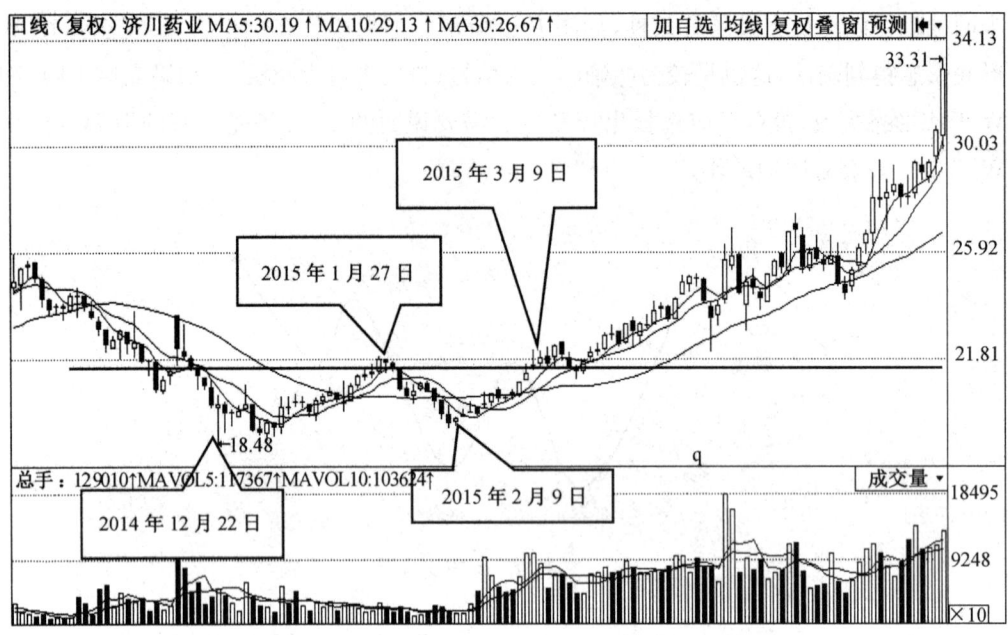

图 6-9　济川药业(600566)日 K 线走势图

### 四、M 形顶

M 形顶又称双重顶,出现在一段上涨行情的末尾,该形态有两个明显的价格高峰,且两个高峰的最高点大致处于同一价位上,形状就像是一个英文字母 M,如图 6-10 所示。

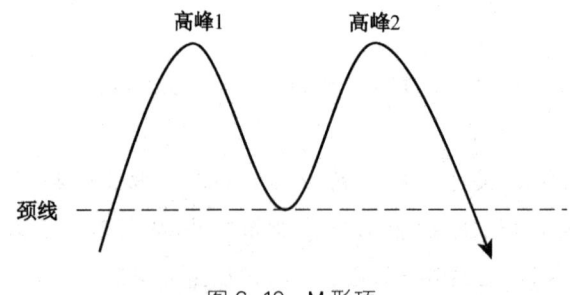

图 6-10　M 形顶

M 形顶的形成经历了这样的过程:股价上涨到一定的价位水平后,由于股价太高,持股的投资者纷纷将获利落袋,而很多持币的投资者也望而却步,股价出现技术性回调,形成第一个高峰。但下跌并没有持续多长时间,短线投资者在股价跌到一定程度时开始买入,造成了股价的反弹,股价再次回升到前期顶点附近。这时短期投资者将获利回吐,股价重新开始下跌,这次下跌引发大量的抛盘热潮,股价跌破了前一次回落的低点,形成第二个高峰。

通过第一个回落的低点,画一条水平直线,就得到 M 形顶的颈线。股价跌破该颈线才能视为 M 形顶形态正式构筑完成。

1. 操作策略

M 形顶是一种转势形态,这一形态的出现预示着涨势将告一段落,行情将走入下跌通道。

(1) M 形顶形态是较为可靠的看跌信号,投资者看到此形态后应考虑卖出股票。

(2) M 形顶形态尚未形成,一些经验老到的投资者便会提前嗅出危险,并将手中的股票沽出。因此,如果出现第一个高峰之后,股价出现较大幅度的下跌,其后股价再度上升到前期顶点附近,但又无法突破前期顶点,同时成交量较前期有明显的减少,则又形成 M 形顶的可能。这时投资者应先卖出部分股票、轻仓观望。

(3) M 形顶第一个明确的卖出信号出现在股价突破颈线位置时,这表明 M 形顶基本形成,投资者应把握时机,尽快卖出股票。

(4) 股价在跌破颈线后,颈线从支撑位变成了阻力位。之后股价可能会对颈线有一个回抽动作以测试突破的有效性,如图 6-11 所示。如果股价在此位置受阻回落,则 M 形顶形态得到确认,这是明确的卖出信号,仍持有股票的投资者应果断清仓。需要说明的是,并不是所有的股票在出现 M 形顶后都会有回抽动作。

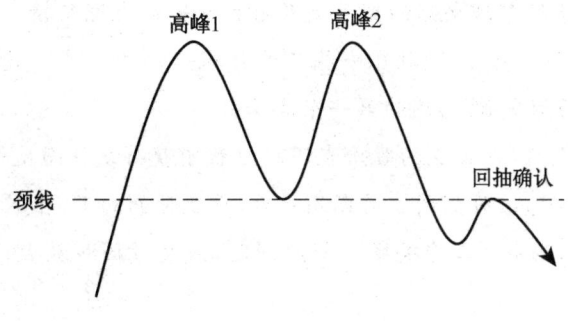

图 6-11　M 形顶

(5) M 形顶两个顶点的相隔周期越长,在顶部的成交量越大,后市下跌的可能性也越大。

(6) 在 M 形顶形成的过程中,如果第二个高峰的成交量小于第一个高峰的成交量,第二个顶点低于第一个顶点,则看跌的信号更为强烈。

(7) M 形顶的最高点与颈线之间的垂直距离越大,通常表示未来股价下跌的幅度越大。

(8) 如果在低价位区域出现与 M 形顶类似的形态,那么极有可能是表示下跌中继的矩形整理形态,这时投资者切勿将其按照 M 形顶形态进行操作。

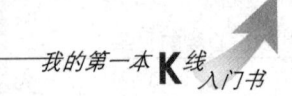

## 2. 实战参考

如图 6-12 所示,2015 年 5 月至 6 月,斯莱克的日 K 线图上出现 M 形顶形态。

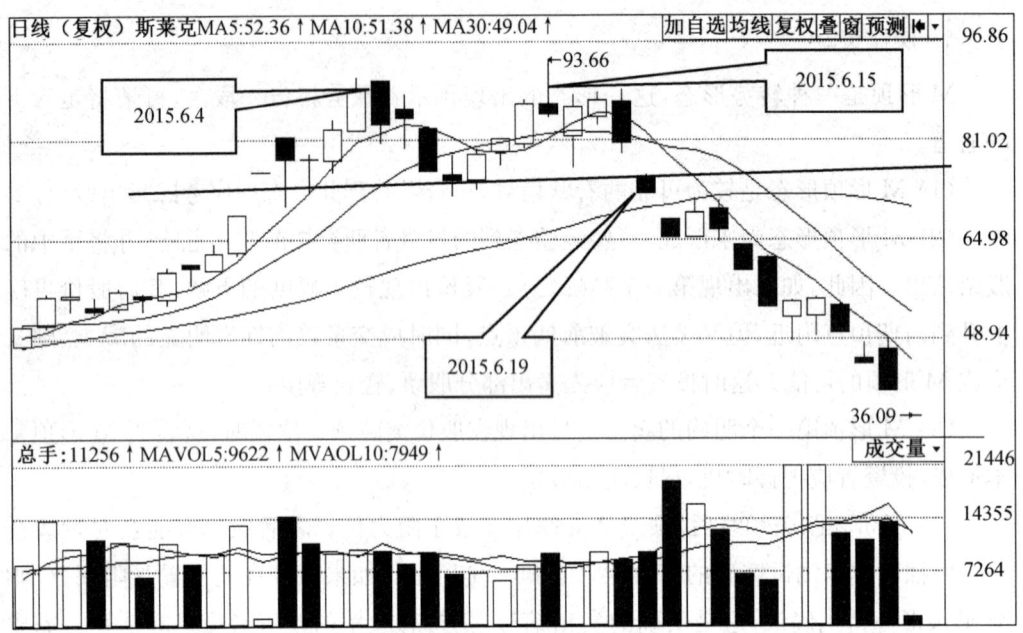

图 6-12 斯莱克(300382)日 K 线走势图

2015 年 5 月,震荡整理之后的斯莱克开启新一轮的上涨行情。经过一番持续快速上涨,该股于 2015 年 6 月 4 日,收出一根下影线很长的中阴线。股价也在创出近期新高后开始回落,从而形成 M 形顶的第一个高峰。

2015 年 6 月 10 日,斯莱克的股价在下跌过程中获得支撑而反弹,但这次反弹持续时间较短。6 月 15 日,该股刷新了前期高点后,重新开始向下,在 K 线图上留下一根上影线很长的小阴线,形成第二个高峰。与此同时,成交量同步放大,说明股价有下跌的风险。

2015 年 6 月 19 日,该股股价大幅跳空低开,并以跌停价报收,说明 M 顶形态正式确立,投资者宜迅速撤出该股。

## 五、头肩底

头肩底出现在下跌行情中,由三个低谷组成,左右两个低谷相对较浅,基本处在同一水平位置上,中间一个低谷的低点明显低于左右两个低谷的低点,其形态就像一个倒立的人的头部和两肩,如图 6-13 所示。

头肩底形态是这样形成的:股价下跌到一定深度后开始反弹,当达到一定高度后出

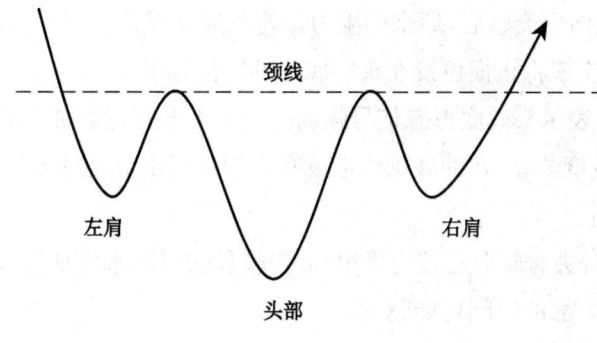

图 6-13　头肩底

现回调,形成"左肩";接着再度下跌创出新低后回升,构筑"头部";之后又上涨到前一次反弹的高度附近再次回调,这次回调的低点高于头部的低点,形成"右肩"。在两次反弹过程中,股价基本在同一价位受阻回落,这个价位上的直线就是颈线。

### 1. 操作策略

头肩底形态是一种较为强烈的反转形态,表示空方力量被不断消耗,多方重新焕发生机。

(1)头肩底形态是较为可靠的牛市信号,此形态出现之后常常会有一波较为可观的上涨行情。因此,投资者看到头肩底形态后,应果断买入股票、持股待涨。

(2)当股价冲破阻力线(颈线)位置,表示头肩底形态构筑完成,这是头肩底形态的第一个买入信号。此时,投资者可以果断买入。在突破颈线时,必须要有成交量剧增的配合,否则可能是一个错误的突破。但是如果在突破后成交量逐渐增加,形态也可确认。

(3)股价突破头肩底的阻力线(颈线)后,往往会在不久之后回抽到颈线附近,如图6-14所示。如果股价止跌回升,则向上突破的有效性便得到确认,这是第二个买入信号。但是这样的回抽有时不会出现,因此,投资者切不可把它作为自己唯一的买入点,以免踏空行情。

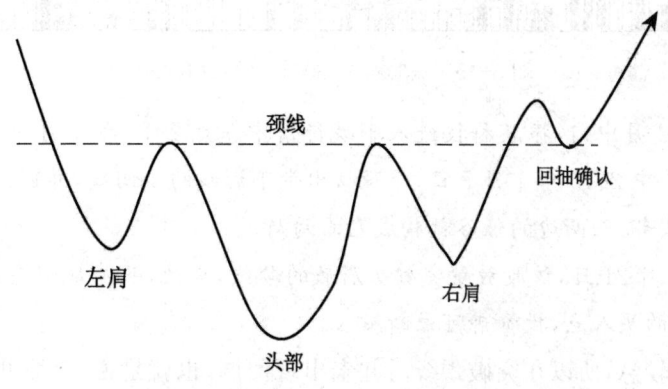

图 6-14　头肩底的扩展形态

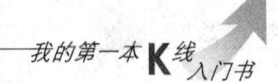

（4）股价完成向上突破后，原来的阻力位就变成支撑位。所以，参照头肩底形态买入股票的投资者，应该将止损位设在头肩底的颈线位置上。

（5）成交量是表示头肩底形态信号强弱的一个重要指标。如果在形成左肩和头部的过程中成交量极度萎缩，在冲破颈线形成右肩的过程中成交量却显著放大，说明看涨信号的可靠性更高。

（6）一般来说，头肩底形态较为平坦，需要较长的时间来完成。而形成头肩底所用的时间越长，后市上涨的空间可能越大。

（7）头肩底形态可能演变成多个头部或多个肩部形态，但是其基本的技术含义并没有改变，不影响作为头肩底形态来进行研判。

2．实战参考

如图 6-15 所示，2014 年 12 月至 2015 年 1 月，振芯科技的股价走势图上出现头肩底形态。

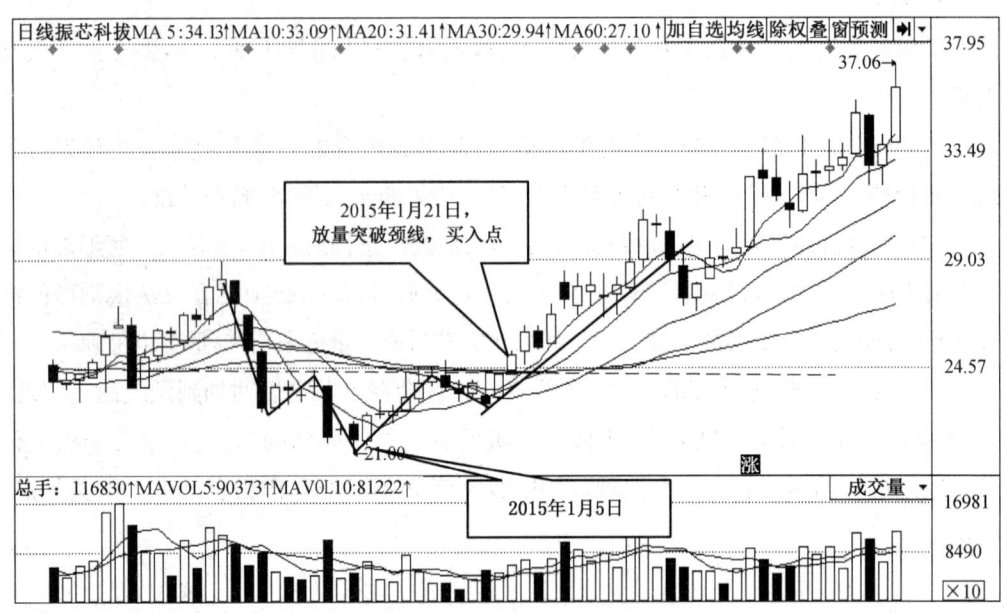

图 6-15　振芯科技(300101)的日 K 线图

2014 年 12 月中旬，振芯科技进入下跌行情中。至 2015 年 1 月中旬，该股连续形成三个波谷，其中 2015 年 1 月 5 日，该股收出带下影线的小阴线，并创出该段时间的最低价，所以是头部，而两边的低谷就构成左右两肩。

2015 年 1 月 21 日，该股放量突破头肩底的颈线，至此，头肩底形态正式构筑完成，这是一个明显的买入点，投资者可果断买入。

该股攻势较急，所以在突破颈线后并未出现回调，也就是说，该股并未给投资者以加仓的机会。

### 六、头肩顶

头肩顶出现在上涨行情中,由三个高峰组成,左右两个高峰相对较低,基本处在同一水平位置上,中间一个高峰的高点明显高于左右两个高峰的高点,其形态就像一个人的头部和两肩,如图 6-16 所示。

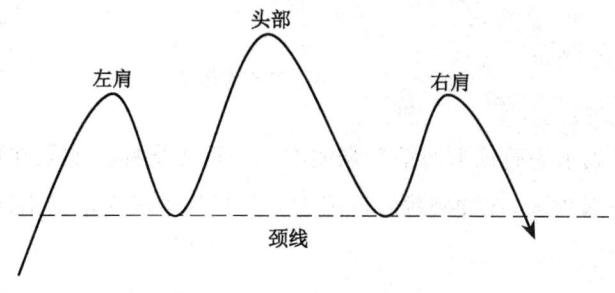

图 6-16 头肩顶

头肩顶形态是这样形成的:股价上涨到一定高度后开始回落,当下降到一定程度后又出现回调,形成"左肩";接着再度上冲创出新高后回落,构筑"头部";之后又下跌到前一次回调的位置附近再次向上,这次回升的高点低于头部的高点,形成"右肩"。在两次回调的过程中,股价基本在同一价位受到支撑,这个价位上的直线就是颈线。

1. 操作策略

头肩顶形态是一种较为强烈的反转形态,表示多方力量被不断消耗,空方逐渐占据主动。

(1)头肩顶形态是较为可靠的熊市信号,此形态出现之后常常会是一波较为显著的下跌行情,因此,投资者看到头肩顶形态后,应果断卖出股票,持币观望。

(2)如果第二个高点的成交量较第一个高点大幅缩减,就暗示了头肩顶出现的可能性,因此"先知先觉"的投资者可以在右肩形成的过程中卖出股票。

(3)当股价跌破了支撑线(颈线)位置,表示头肩顶形态构筑完成,这是头肩顶形态的第一个较为明确的卖出信号。如果颈线向下倾斜,表示后市下跌的可能性更大,投资者更应该选择离场。

(4)股价突破头肩顶的支撑线(颈线)后,往往会在不久之后回抽到颈线附近,如图 6-17 所示。如果股价上探回落,则向下突破的有效性便得到了确认,这是第二个明确的卖出信号。但是这样的回抽有时不会出现,因此,投资者切不可把它作为自己唯一的卖出点,以免被深度套牢。

(5)股价完成向下突破后,原来的支撑位就变成了阻力位。当股价上升到这一位置时,投资者应加倍小心。

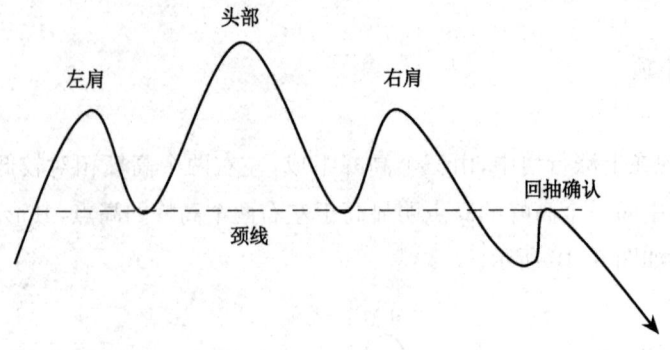

图 6-17　头肩顶的扩展形态

（6）成交量是表示头肩顶形态信号强弱的一个重要指标。如果在形成左肩和头部的过程中成交量显著放大，在冲破颈线形成右肩的过程中成交量却出现萎缩，说明看跌信号的可靠性更高。

（7）一般来说，头肩顶形态较为平坦，需要较长的时间来完成。而形成头肩顶所用的时间越长，后市下跌的空间可能越大。

（8）头肩顶形态可能演变成多个头部或多个肩部形态，但是其基本的技术含义并没有改变，不影响作为头肩顶形态来进行研判。

2. 实战参考

如图 6-18 所示，2014 年 9 月至 11 月，壹桥海参的股价走势图上出现头肩顶形态。

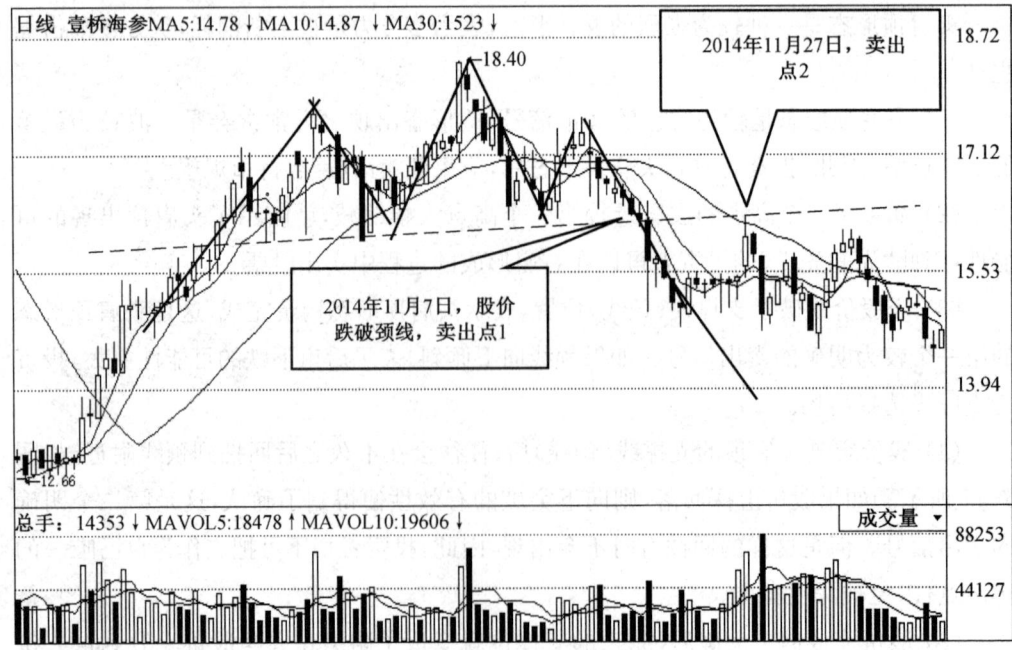

图 6-18　壹桥海参(002477)的日 K 线图

从成交量来看,在左肩和头部形成的过程中,成交量明显放大;而在右肩形成的过程中,成交量出现萎缩。这充分说明多方力量被逐渐消耗,后市严重看跌。

2014年11月7日,股价跌破颈线,至此,头肩顶形态构筑完成,第一个明确的卖点出现,投资者应该将所持的股票果断出手。

2014年11月27日,该股回抽到颈线附近遇阻回落,这是对头肩顶形态的确认。如果投资者还有剩余股票,就应该毫不犹豫地沽空离场。

## 七、三重底

三重底出现在一段下跌行情的末尾。其形态表现为:股价在低位波动中,经历三次下跌,但都在低点获得支撑并反弹,从而形成三个价格低谷,这三个价格低谷的低点大致处于同一价位上,如图6-19所示。

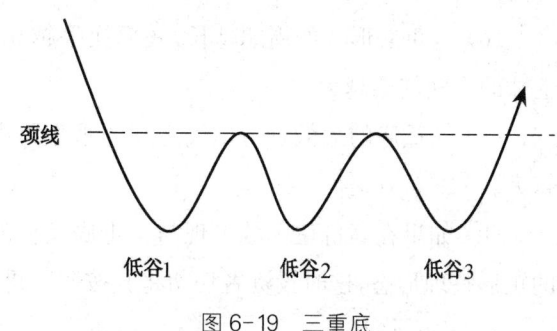

图6-19　三重底

三重底即可视为头肩底形态的变异,又可看作是W形底的扩展。相对于W形底和头肩底而言,三重底比较少见,却是一种非常坚实的底部形态,该形态形成后的上涨力度是三种形态中最强的。

将三重底两次反弹的高点相连,便是三重底的颈线。与头肩底和W形底一样,只有股价冲破了颈线后,三重底形态才能被确认为有效。

### 1. 操作策略

三重底是一种坚实的底部形态,在该形态的构筑过程中,空方力量不断衰竭,而多方力量开始凝聚,该形态的出现表示未来将会有一波可观的上涨行情。

(1)三重底形态是较为可靠的看涨信号,投资者看到此形态后应考虑买入股票。

(2)在三重底形态尚未构筑成功时,如果股价第三次向上反弹势头强劲且伴随着成交量的放大,则说明形成三重底的可能性很大。这时,激进的投资者可以适量买入,同时将止损位定为三个低谷中的最低点。

(3)当股价突破颈线位置时,表明三重底形态已经基本成熟,投资者应该有效把握这一时机积极买进,并把颈线位置设为自己的止损位。

(4)当股价突破颈线后,也可能在不久之后回抽到颈线附近予以确认,如图6-20所示。如果获得支撑,则证明形态有效,投资者可以放心买入。但是并不是所有的三重底形态被突破后都会回调,所以投资者不能把这种回抽当作唯一的买入点。

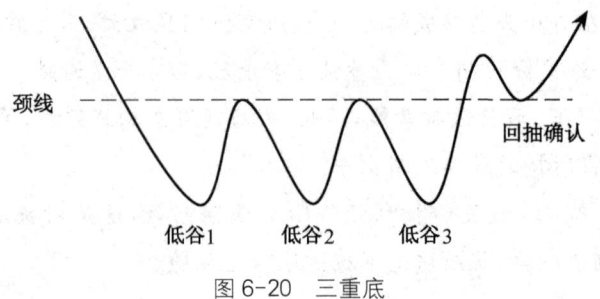

图 6-20　三重底

（5）三重底的三次上攻过程中，成交量如果呈现出逐次放大的势态，则后市上涨的可能性更大。而最后一次上攻时，应该是带量突破颈线，这样上涨信号才更有效。

（6）三重底形成的周期越长，底部换手越充分，说明底部基础构筑得越牢固，后市上涨的空间就会越大。

（7）三重底的最低点与颈线之间的垂直距离越大，通常表示未来股价上涨的幅度越大。

（8）如果在高价位区域出现与三重底类似的形态，那么极有可能是表示下跌中继的矩形整理形态，这时投资者切勿将其按照三重底形态进行操作。

2．实战参考

如图 6-21 所示，2012 年 3 月至 6 月，通策医疗的日 K 线图上出现三重底形态。

2012 年 3 月，通策医疗以一根大阴线结束了横盘整理，开始继续下跌。之后，该股

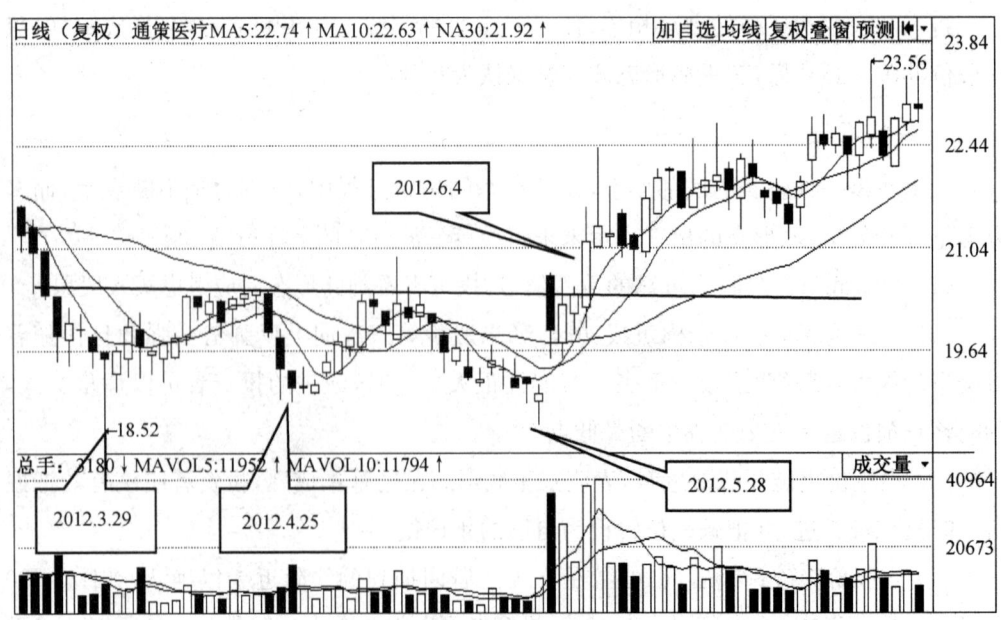

图 6-21　通策医疗日 K 线走势图

分别于 3 月 29 日、4 月 25 日,5 月 28 日三次探底反弹。

2012 年 6 月 4 日,该股股价一举突破颈线,同时成交量出现明显的放大状态,投资者可以在完成突破的当日买入该股。

完成突破后,通策医疗的股价出现小幅回抽。该股稍事调整后便开始向上运行,这充分证明了突破的有效性。此时,投资者如果仍有资金,可加仓买入。

## 八、三重顶

三重顶又称三尊头,出现在一段上涨行情的末尾。其形态表现为:股价在高位波动中,经历三次上升,但都在高点受到阻力而回落,从而形成三个价格高峰,这三个高峰的顶点大致处于同一价位上,如图 6-22 所示。

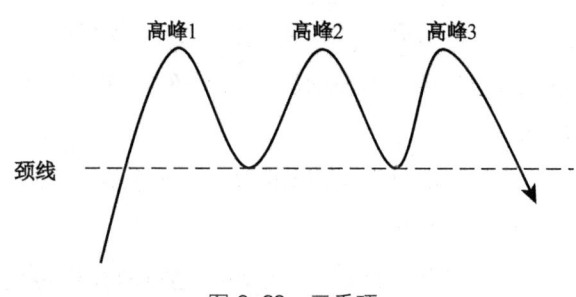

图 6-22 三重顶

三重顶即可视为头肩顶形态的变异,又可看作是 M 形顶的扩展。相对于头肩顶和 M 形顶而言,三重顶比较少见,但却是一种非常强势的反转形态,该形态形成后的下跌力度是三种形态中最强的。

将三重顶两次回落的低点相连,便是三重顶的颈线。与头肩顶和 W 形顶一样,只有股价跌破了颈线后,三重顶形态才能被确认为有效。

### 1. 操作策略

三重顶是一种强烈的转势形态,在该形态的构筑过程中,多方力量逐渐枯竭,而空方力量开始凝聚,该形态的出现表示未来将会有一波可怕的下跌行情。

(1)三重顶形态是较为可靠的看跌信号,投资者看到此形态后应考虑卖出股票。

(2)在三重顶形态尚未完成时,如果前两次上攻失败,第三次上攻出现成交量萎缩的状况,或是未能达成之前的高度,则说明多方缺乏上攻动能,形成三重顶形态的可能性极大。此时,投资者应该进行减磅操作。

(3)当股价跌破颈线位置时,表明三重顶形态已经构筑完成,投资者应该将手中的股票尽快卖出。

(4)当股价跌破颈线后,也可能在不久之后回抽到颈线附近予以确认,如图 6-23 所示。这时股价往往会受阻再度下跌,对于投资者来说,这仍是一次卖出的良机。这时,仍然持股的投资者应该将手中的股票全部沽空。但这一回抽动作并不一定会出现,所以,投资者千万不能有等到回抽之后再"孤注一掷"的想法。

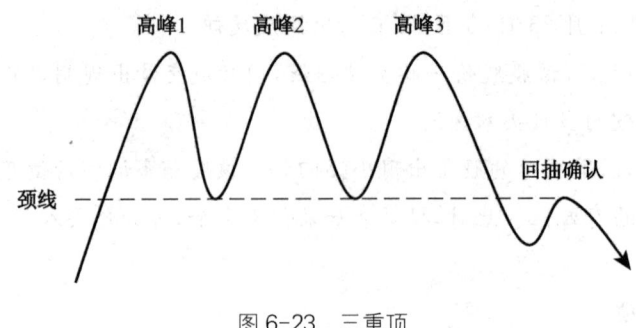

图 6-23　三重顶

（5）在三重顶的三次回落过程中,成交量要呈现出逐次减小的势态,否则极有可能造成形态失败。而在最后一次回落时,如果成交量非常小,则更能显示出下跌行情的征兆。

（6）三重顶形成的周期越长,顶部成交量越大,说明见顶的可能性越大,后市下跌的空间也会越大。

（7）三重顶的最高点与颈线之间的垂直距离越大,通常表示未来股价下跌的幅度越大。

（8）如果在低价位区域出现与三重顶类似的形态,那么极有可能是表示上涨中继的矩形整理形态,这时投资者切勿将其按照三重顶形态进行操作。

2. 实战参考

如图 6-24 所示,2015 年 5 月至 6 月,华建集团的日 K 线图上出现三重顶形态。

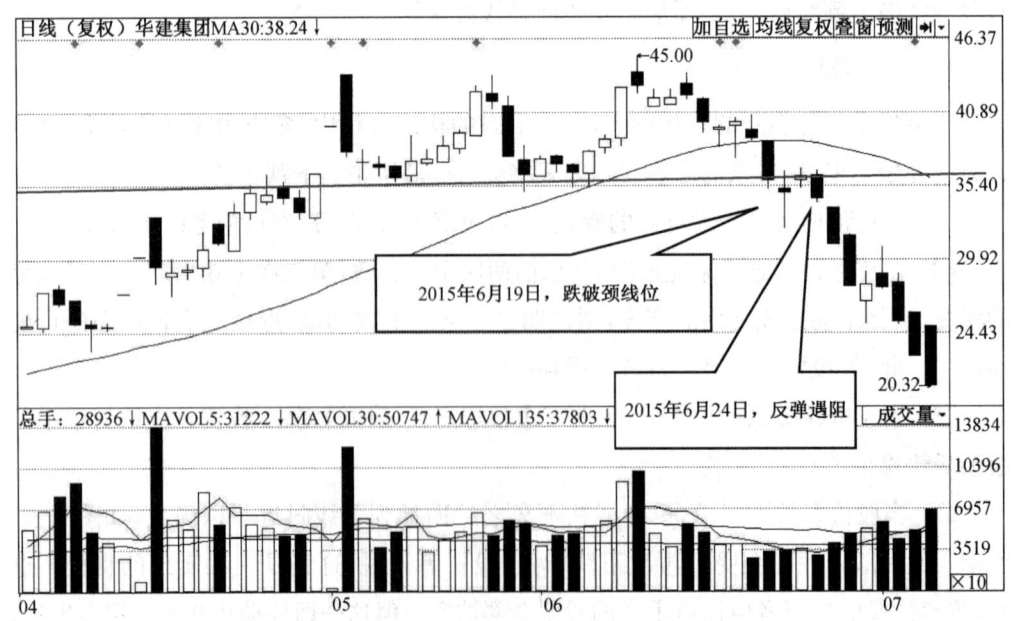

图 6-24　华建集团(600629)日 K 线走势图

2015 年 5 月,华建集团的股价已经到达 45 元的高位。在顶部区域的波动中,该股分别于 5 月 14 日、5 月 27 日、6 月 9 日三次触顶回落。

2015 年 6 月 19 日,自高位下跌的股价 K 线以一根大阴线跌穿三重顶的颈线位,这说明三重顶形态正式确立,且股价将出现一波下跌行情。

次日,该股股价出现反弹,但于 6 月 24 日遇到三重顶的颈线位后回落,此时,投资者宜出清手中的股票。

## 九、圆弧底

圆弧底又称圆形底、碟形底、碗形底,通常出现在股价的底部区域,也就是一波下跌行情结束时。其形态表现为:股价先是经过一段逐渐减慢速度的下跌,到达了底部;经过调整后,又开始一段逐渐加快速度的上涨,从而形成一个形状像圆弧的底部走势,如图 6-25 所示。

图 6-25　圆弧底

圆弧底的股价和成交量有时会呈现下凹圆弧状。这是由于经过一段时间的下跌之后很多套牢盘不愿割肉,所以成交量逐渐萎缩,下跌的速度也越来越慢,最终使得股价停留在底部进行盘整。在盘整的过程中,多方开始恢复元气并逐渐聚集力量,股价开始上涨,且速度越来越快,成交量也呈放大趋势。

1. 操作策略

圆弧底形态表示市场正在由空方主导的下跌行情逐渐转向多方主导的上涨行情,由于走势行进缓慢,所以也有人把圆弧底形态称为"股价休眠期"。

(1)圆弧底形成的时间较长,使得换手极为充分,底部构筑极为坚实,因此,股价看似波澜不惊,但是一旦形成向上突破,往往会酝酿出汹涌澎湃的大浪,形成一轮非常可观的升势。因此,投资者发现这种形态后应该果断买入、持股待涨。

(2)圆弧底并没有一个明确的买入点。不过,其持续的时间较长,给投资者留出了足够的时间来采取行动。通常,投资者有两个非常好的买进机会:①下跌走势结束,股价和成交量从最低点开始逐渐上升时;②圆弧底构筑完成,股价加速上升,并形成有效突破时。

(3)如果在股价减速下跌的过程中,成交量随之减小;而在股价加速上涨的过程中,成交量随之放大,即成交量也呈现明显的圆弧状,则见底信号的可靠性更高。

(4)圆弧底形成的时间越长,说明多空力量转换越彻底,股价后期上涨的可能性就越大。

(5)投资者按照圆弧顶形态买入股票后,如果股价的后续走势跌破圆弧底的最低

点,则说明该形态失效,投资者应果断止损。

### 2. 实战参考

如图 6-26 所示,海通证券的股价走势于 2015 年 2 月至 3 月形成圆弧底形态。

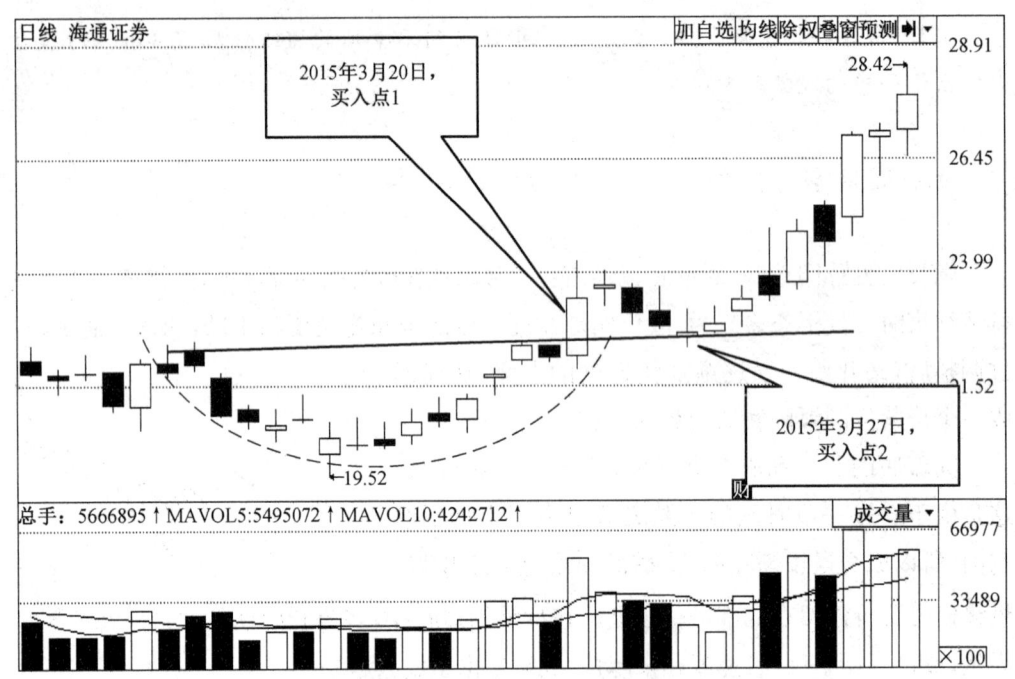

图 6-26　海通证券(600837)日 K 线走势图

2015 年 2 月,海通证券的股价还在 22 元左右震荡盘整。2015 年 3 月 3 日,该股以低开低走收出一根大阴线,随后,挂机开始震荡下跌。

2015 年 3 月 9 日,该股股价一度下跌至 19.52 元,随后,该股震荡走高。从 9 日探底开始,股价一步一步震荡上扬,股价 K 线以小阳线和小阴线为主,形成一个类似圆弧形的底部。此时,投资者应该密切关注股价的运行动态,股价一旦突破底部区域则可买入。

2015 年 3 月 20 日,该股放量收出一根涨幅达 5.94% 的大阳线,表明股价开始加速上升。这是稳健的投资者介入的良机,投资者可以把握时机建仓;而前期已购买股票的投资者也可以利用这一时机进行加仓操作。

2015 年 3 月 27 日,海通证券的股价回调至圆弧底上沿支撑位区域,受强支撑而再次上涨,投资者可在此时加仓。

### 十、圆弧顶

圆弧顶又称圆形顶、碟形顶、锅盖顶,通常出现在股价的顶部区域,也就是一波上涨行情结束时。其形态表现为:股价经过一番上涨之后,升势减弱,并开始在高位反复震荡,但是,把它的短期高点连接起来,就形成了一个向上凸起的圆弧状的顶,如图 6-27 所示。

图 6-27　圆弧顶

圆弧顶的股价和成交量有时也会呈现上凸圆弧状。这是由于经过一段时间的上涨之后,股价进入高位进行整理,此时多方开始转向做空,将获利回吐,于是在这一位置形成了密集成交区。接着,空方力量越来越强,最后超过了多方力量,股价开始缓慢下滑,成交量也逐渐减少。后期,空方完全控制了市场,下跌幅度也越来越大。

1. 操作策略

圆弧顶形态表示正在由多方主导的上涨行情逐渐转向空方主导的下跌行情。圆弧顶形态在股价走势中并不常见,但是它一旦出现,就会有很大的杀伤力。

(1)圆弧顶形态并不会像头肩顶、M 形顶和倒 V 形顶等较为强烈的顶部形态那样出现急剧的下跌走势,而是属于渐进渐变的形态。不过,圆弧顶比后三种形态更可怕,其后市往往会有巨大的跌幅,投资者如不卖出股票,将会有被深度套牢的危险。因此,看到此形态出现,投资者应该将手中的股票抛空。

(2)圆弧底并没有一个明确的卖出点。不过,其形态形成耗时较长,投资者有足够的时间采取行动。通常,投资者有两个较为有利的卖出机会:①上涨走势结束,股价和成交量从最高点开始逐渐下降时;②圆弧顶构筑完成,股价加速下跌,并形成有效突破时。

(3)如果在股价上涨的过程中,成交量随之放大;而在股价下跌的过程中,成交量又能随之缩小,即成交量也呈现明显的圆弧状,则见顶信号的可靠性更高。

(4)圆弧顶形成的时间越长,说明多空力量转换越彻底,股价后期下跌的可能性也越大。

(5)投资者按照圆弧顶形态卖出股票后,如果股价的后续走势突破圆弧顶的最高点,则说明该形态失效,投资者可继续买入股票。

2. 实战参考

如图 6-28 所示,华光股份的股价走势于 2015 年 5 月至 6 月形成圆弧顶形态。

2015 年 3 月中旬,华光股份的股价随着大盘的上涨而快速上涨。该股股价上涨趋势进入尾声时,涨幅逐渐缩小,在 K 线图上留下近似圆弧形的形态。

2015 年 6 月 12 日,该股收出一根上影线很长的十字线,这表明多空双方争斗得非常激烈,未来趋势并不明朗。

之后,华光股份的股价呈圆弧形下跌走势。2015 年 6 月 26 日,该股低开低走,收

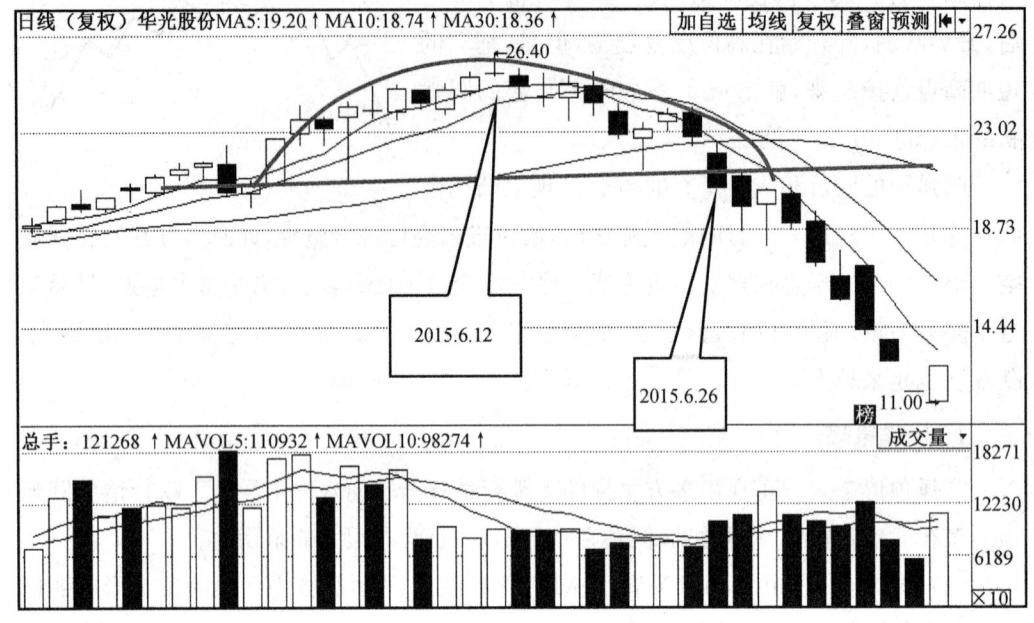

图6-28　华光股份(600475)日K线走势图

出一根大阴线。一举击穿了之前缺口下沿所形成的支撑位,表明圆弧顶形态确立。这时,投资者应该将手中剩余的股票悉数售出。

## 十一、上升三角形

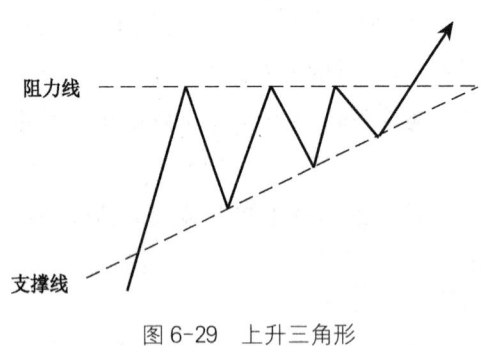

图6-29　上升三角形

上升三角形,通常出现在上涨途中或下跌末期。该形态具有这样的特征:股价在反复震荡过程中,每次上涨的高点基本处于同一水平位置,而每次回落的低点却不断上移。随着形态发展,股价波动的幅度越来越小,即高点和低点逐渐靠拢。如果将这些高点和低点分别用直线连接,就形成一个向上倾斜的三角形,如图6-29所示。

上升三角形的形成一般经历的过程为:股价每次上升到某一价位后,便会因上方抛压沉重而出现回落,从而在上方形成了一根阻力线。但由于市场看好该股,所以股价每次都会在低点反弹,且这些低点的位置越来越高,这一态势瓦解了空方的斗志。最终,股价在多方的强力推动下实现对阻力线的突破,上升三角形形态正式形成。

**1. 操作策略**

上升三角形是一种常见的整理形态,该形态的出现说明买方力量在不断加强,而卖方力量却在逐渐衰弱,预示着市场有可能进入多头行情。

(1) 上升三角形在上涨行情中出现,通常表现为中继信号;而在下跌行情中出现,则具有一定的转势意味。因此,一旦股价放量突破上升三角形的上边线,投资者就应该果断买入。

(2) 上升三角形的上边线一开始是阻力线,被突破后就变成对股价的支撑线。因此,参照形态买入股票的投资者,应该将止损位定在上升三角形上边线上。

(3) 有时候,股价向上突破上升三角形后会有一次回抽,以确认突破是否有效,如图 6-30 所示。如果股价在三角形的上边线止跌回升证明突破有效,投资者可在股价回升时迅速介入;如果股价又重新回到三角形之内,则表示形态失败,投资者应及时止损。不过,这种回抽动作有时并不会出现。

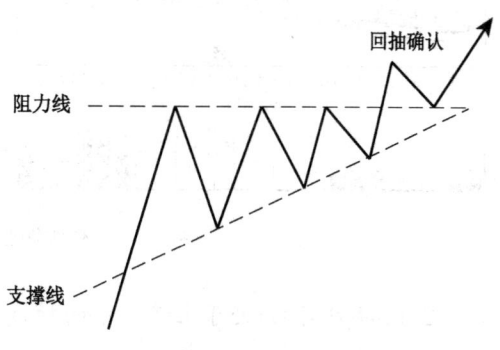

图 6-30　上升三角形的扩展形态

(4) 通常在上升三角形形成的过程中,成交量会不断萎缩;但在向上突破时,成交量却会明显放大。如果在突破时,没有成交量的配合,那么看涨信号的可靠性将减弱,投资者最好仍保持观望为主。

(5) 上升三角形形态常被庄家用来故意打压股价,目的是在震荡走势中更多地吸收浮筹。

(6) 一般情况下,上升三角形高点与低点之间的最大垂直距离越大,后市上涨的空间相应地也会越大。

(7) 上升三角形完成时间不应过长,也不应在股价达到三角形上边线时才发生突破,否则,股价突破后上升空间会十分有限,甚至可能演化成横盘整理走势。

(8) 上升三角形在绝大多数情况下是向上突破的,但少数情况下也可能会跌破支撑位。一旦形成向下破位,持币的投资者不宜介入,而持股的投资者可暂时离场。

(9) 当在高价位区域出现上升三角形,但股价却迟迟不能突破上边线,走势极有可能演变成 M 形顶或三重顶等类型的顶部三角形形态,这时投资者应实施减仓操作以规避风险。

**2. 实战参考**

如图 6-31 所示,2014 年 9 月至 10 月,精诚铜业的日 K 线图上出现了上升三角形形态。

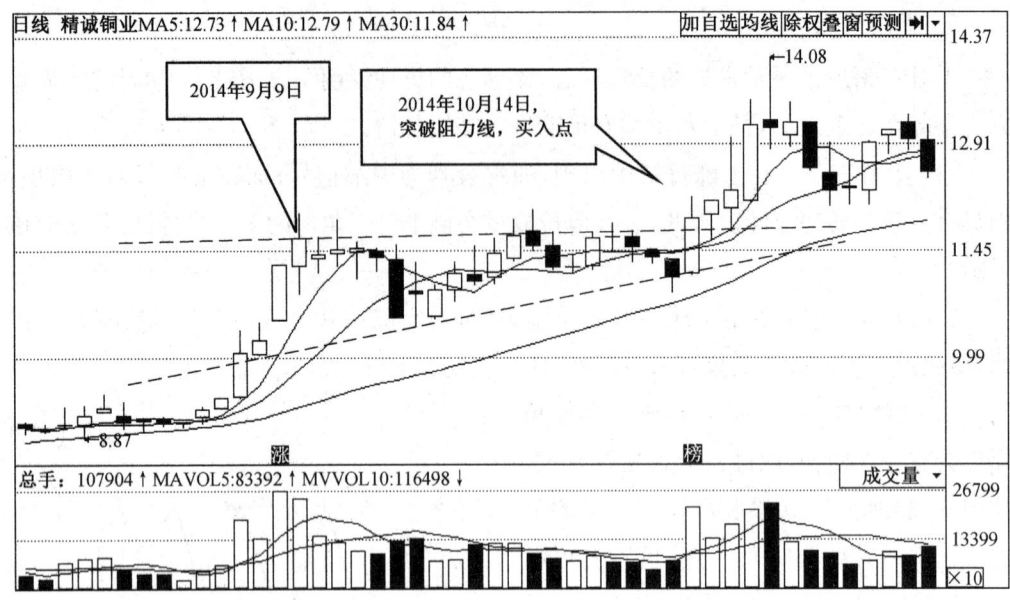

图 6-31　精诚铜业(002171)的日 K 线图

2014 年 9 月初,处于上涨途中的精诚铜业进入了横盘整理行情。在此阶段,股价上涨到某一位置附近时会遇到强大的阻力,因而上方形成了一条水平的阻力线;而股价回落所接触的低点却呈现逐渐升高趋势,将它们连起来近似一条向上的斜线。从形态上看,股价具有形成上升三角形的潜质。

2014 年 10 月 14 日,该股在开盘后不久被放量拉升,当股价突破三角形上边线时,投资者应该果断买入。次日,该股在前一日大阳线基础上跳空高开,盘中虽偶有回调,但很快重归上涨通道,此时投资者可以加仓买入。

## 十二、下降三角形

下降三角形,通常出现在下跌途中或上涨末期。该形态具有这样的特征:股价在反复震荡过程中,每次下跌的低点基本处于同一水平位置,而每次反弹的高点却不断下移。随着形态发展,股价波动的幅度越来越小,即高点和低点逐渐靠拢。如果将这些高点和低点分别用直线连接,就形成一个向下倾斜的三角形,如图 6-32 所示。

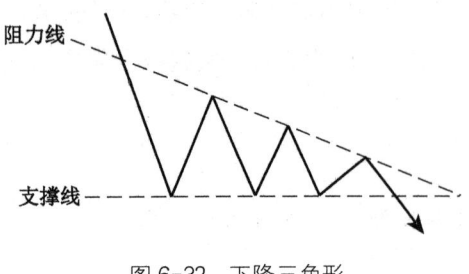

图 6-32　下降三角形

下降三角形的形成一般经历的过程:股价每次下跌到某一价位后,便会因获得支撑而出现回升,从而在下方形成一根支撑线。但由于市场看淡该股,所以股价每次都会在高点回落,且这些高点的位置越来越低,这一态势严重打击了多方的意志。最终,股价在空方的强力打压之下跌破支撑线,下降三角形形态正式形成。

**1. 操作策略**

下降三角形是一种常见的整理形态,该形态的出现说明卖方力量在不断加强,而买方力量却在逐渐衰弱,预示着市场有可能进入空头行情。

(1)下降三角形在下跌行情中出现,通常表现为中继信号;而在上涨行情中出现,则具有一定的转势意味。因此,一旦股价跌破下降三角形的下边线,投资者就应该坚决卖出离场。

(2)下降三角形的下边线一开始是支撑线,被突破后就变成对股价的阻力线。之后,股价一旦上升到该线附近,便有可能遇阻回落。

(3)有时候,股价向下突破下降三角形后会有一次回抽,以确认突破是否有效,如图 6-33 所示。如果股价在三角形的上边线受阻回落就证明突破有效,这时仍持有股票的投资者应该选择清空仓位;如果股价又重新回到三角形之内,则表示形态失

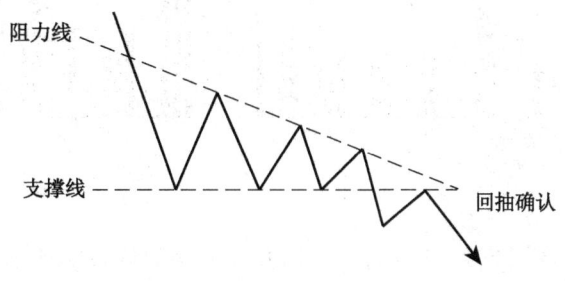

图 6-33　下降三角形的扩展形态

败,这时投资者最好保持观望姿态,不要贸然介入。不过,这种回抽动作有时并不会出现。

(4)通常在下降三角形形成的过程中,成交量不会出现极度萎缩情况,有时候甚至会出现量价背离。在向下突破时,成交量也不会有太大的变化。

(5)一般情况下,下降三角形高点与低点之间的最大垂直距离越大,后市下跌的空间相应地也越大。

(6)下降三角形在绝大多数情况下是向下突破的,但也有例外。一旦股价形成向上突破,持股的投资者不宜再卖出,而持币的投资者仍应以观望为佳。

(7)下降三角形完成时间一般不会太长,如果股价持续整理,迟迟没有实现向下突破,那么走势极有可能演变成 W 形底或三重底等底部三角形形态。这时,投资者最好不要轻易卖出股票。

**2. 实战参考**

如图 6-34 所示,自 2015 年年中开始,日发精机的股价就进入一个下行通道,出现下降三角形形态。在这段时间内,处于下跌途中的日发精机进入震荡下跌行情。在反复震荡的过程中,股价几乎在同一趋势线上获得支撑,而反弹所形成的高点却越来越低,说明多方已经有些力不从心。

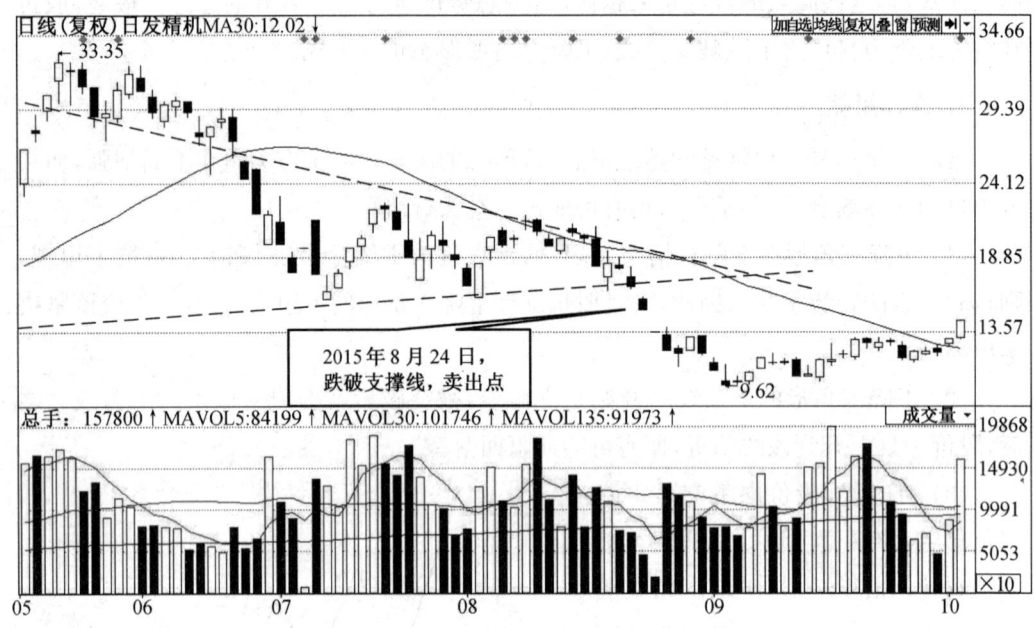

图6-34 日发精机(002520)的日K线图

2015年8月24日,日发精机的股价跌破下降三角形的下边线(支撑线),这预示着股价将走向下跌之路,投资者应及时卖出股票。

其后,日发精机股价虽出现两次反弹,但每次反弹的高点在触及三角形下边线后迅速下跌,而这两次反弹的高点就是投资者最后出货的机会。

## 十三、收敛三角形

收敛三角形又叫作对称三角形,可以出现在任何行情中。其形态表现为:股价在一段时间内出现反复震荡整理局面,每次上升的高点都低于前一个高点,而每次下降的低点都高于前一个低点,于是股价波动幅度越来越小。如果将这些高点和低点分别用直线连接,就形成一个逐渐收敛的三角形,如图6-35所示。

收敛三角形有可能出现在大幅上涨后的顶部区域,亦有可能出现在深度下跌后的底部区域。但更多的时候,它会出现在上涨或下跌的途中,是对前一段行情的一种阶段性整理。

一个收敛三角形至少应该有两个明显的高点和两个明显的低点。不断下降的高点和不断上升的低点说明在多空双方的对峙中,多方对前景并没有太大的信心,只是不希望股价掉下去;而空方不愿低价贱卖或对后市仍保留着一丝希望,所以上方压力不大。由于很难看清后市走向,所以越来越多的投资者选择观望,成交量也因此持续萎缩。此

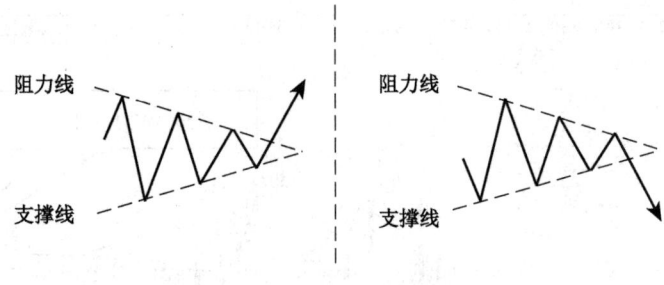

图 6-35　收敛三角形

时,只要有一方力量增强,就有可能打破这种势均力敌的平衡状态,进入上涨或下跌行情中。

### 1. 操作策略

收敛三角形是一种整理形态,表示多空双方陷入僵持局面,后市具有不确定性——既有可能上行,也有可能向下。

(1) 收敛三角形是一种观望信号,在该形态的形成过程中,无论是持股的投资者,还是持币的投资者都应该采取冷静观望的态度,不宜盲目操作。

(2) 当在上涨行情中出现收敛三角形形态,股价如突破该形态的上边线就可以考虑买入,如果跌破该形态的下边线就应该尽快卖出。

(3) 当在下跌行情中出现收敛三角形形态,股价如果跌破该形态的下边线就应该果断卖出,而如果冲破该形态的上边线则不能急于买入,应该等涨势确立后再买进。

(4) 收敛三角形如果在上涨行情中出现,那么最终选择向上突破的可能性较大;如果在下跌行情中出现,那么最终选择向下突破的可能性较大。

(5) 一般来说,收敛三角形完成后,如果股价选择向上突破,则必须伴随着成交量的放大,否则有可能造成假突破。如果股价选择向下突破,成交量可能略微放大,但如果放出巨量,则极有可能是主力为了骗钱的洗盘动作,投资者应多加小心,谨防上当。

(6) 收敛三角形向上突破后,股价上升到第一个高点的价位附近才会遇到阻力。因此,投资者通过这一高点画一条水平直线,并以此来度量突破后的最小涨幅。如果股价向下突破,那么也可以基于同样的方法来预测最小跌幅。

### 2. 实战参考

如图 6-36 所示,2014 年 12 月至 2015 年 3 月,中央商场的日 K 线图上出现收敛三角形形态。

2014 年 12 月中旬,处于上涨途中的中央商场开始进行横向震荡。在波动中,上涨的高点逐渐降低,下降的低点逐渐升高,呈现收敛的三角形形状,且成交量呈现减少趋

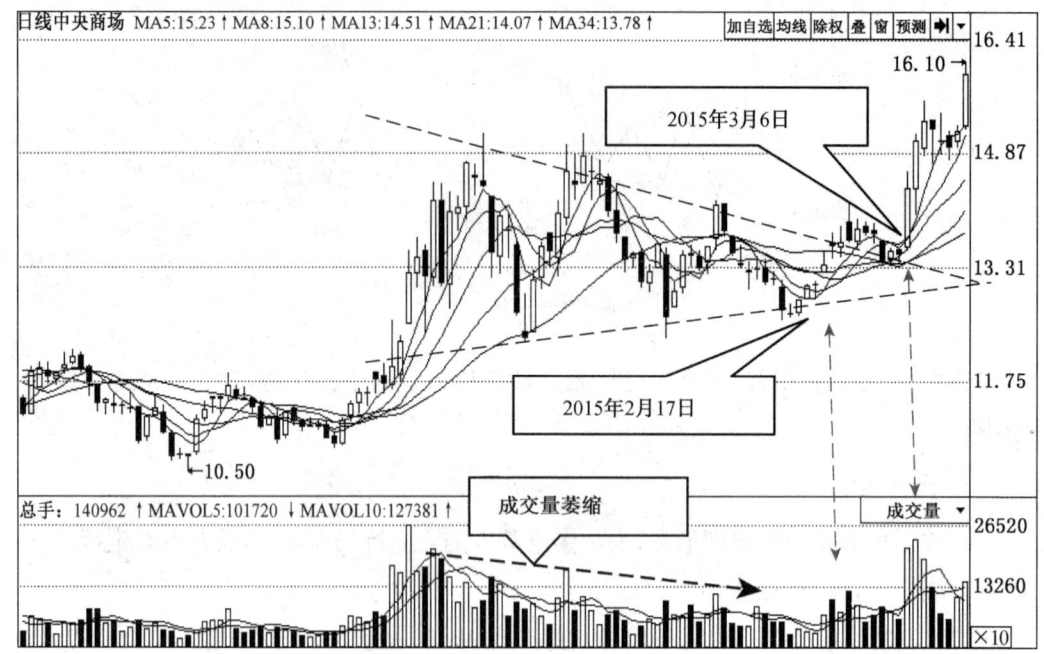

图 6-36　中央商场(600280)日 K 线走势图

势,这说明多空双方势均力敌,但力量均消耗严重,后市具有不确定性。

这一整理走势持续两个多月,2015 年 2 月 17 日,该股以一根向上跳空十字阴线突破收敛三角形的上边线,预示着股价将继续上涨。看到这一信号,持有股票的投资者应该保持观察,以待更明确的买入信号。

2015 年 3 月 6 日,中央商场的股价在回调至收敛三角形上边线位置时,遇支撑而大幅上涨,且成交量放大明显,这说明股价马上将快速上涨,投资者宜迅速跟进。

## 十四、扩散三角形

扩散三角形又叫作反三角形、喇叭形,通常出现在上涨行情的末期。其形态表现为:股价进入横向整理,上升的高点越来越高,而下降的低点越来越低,波动幅度越来越大。如果将这些高点和低点分别用直线连接,就形成了一个像喇叭一样的形状,如图 6-37 所示。

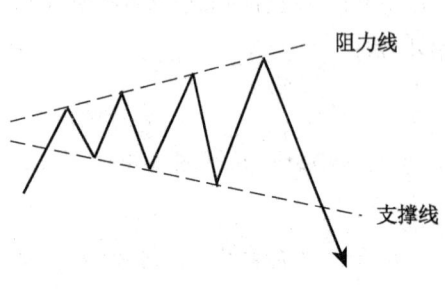

图 6-37　扩散三角形

扩散三角形形态体现出市场中投机氛围严重,甚至已经处于一种"极端疯狂"的状态。投资者们也将"理性投资"的信条置之度外,开始打起了游击,他们时而追涨,时而杀跌,通过快进快出获取短线收益,从而造成"高点渐高、低点渐低"的大起大落局面。但这一局面无疑是非常危险的,当投资者冲动购买的情绪达到极致,就会将股价推到一个很高的价位,这时多方力量会出现枯竭,由于无力续涨,股价会大幅下挫。

1. 操作策略

扩散三角形在形成过程中保持着成交量大而不规则的成交态势,因而这种形态最有可能出现在买卖气氛高涨的上涨行情中,而不太可能出现在投资意愿不强的下跌行情中。该形态出现后,投资者需要保持理智,注意控制风险。

(1) 在扩散三角形形成的过程中,会出现一些短线操作的机会,经验丰富的投资者可以尝试参与,但如果你还是投资新手的话,最好不要介入。

(2) 一个标准的扩散三角形至少应该有三个高点、两个低点。如果波动的幅度越来越大,那么放量上涨便可能是庄家的诱多陷阱,投资者可以在股价从第三个高点跌落时进行减仓操作。

(3) 当股价跌破扩散三角形的下边线,是较为明显的卖出信号,持股的投资者应该立即离场。

(4) 扩散三角形被突破后,可能会出现一次明显的回抽动作,这对于投资者来说仍是一次较好的卖出机会,如图 6-38 所示。但有的时候回抽是不会出现的,如果投资者还继续等待这种卖出机会则可能会被深度套牢。

(5) 扩散三角形形成的速度越快,则后市下跌的可能性越大;如果还伴随着成交量的显著放大,则看跌信号更强烈。

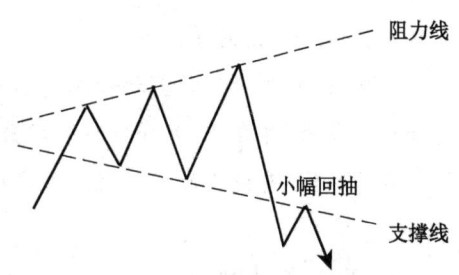

图 6-38 扩散三角形的扩展形态

(6) 由于市场面变化或利好增多,扩散三角形也有向上突破的可能。如果股价带量突破了三角形的上边线,则会演化成变异的上升三角形形态,看到这种情形,投资者应及时调整投资策略,由做空改为做多。

2. 实战参考

如图 6-39 所示,2014 年 10 月至 12 月,山东章鼓的日 K 线图上出现扩散三角形形态。

2014 年 10 月中旬,处于上涨行情中的山东章鼓开始震荡整理。在整理过程中,上涨的高点逐渐升高,回落的低点逐渐降低,呈现出一种喇叭的形状。值得注意的是,伴随着扩散三角形的生成,成交量保持着一种同步而规则的成交态势,只是在每次创新高时,买卖都异常活跃。

2014 年 11 月 3 日,该股收出一根大阴线,成交量同步异常放大。看到这种情况,

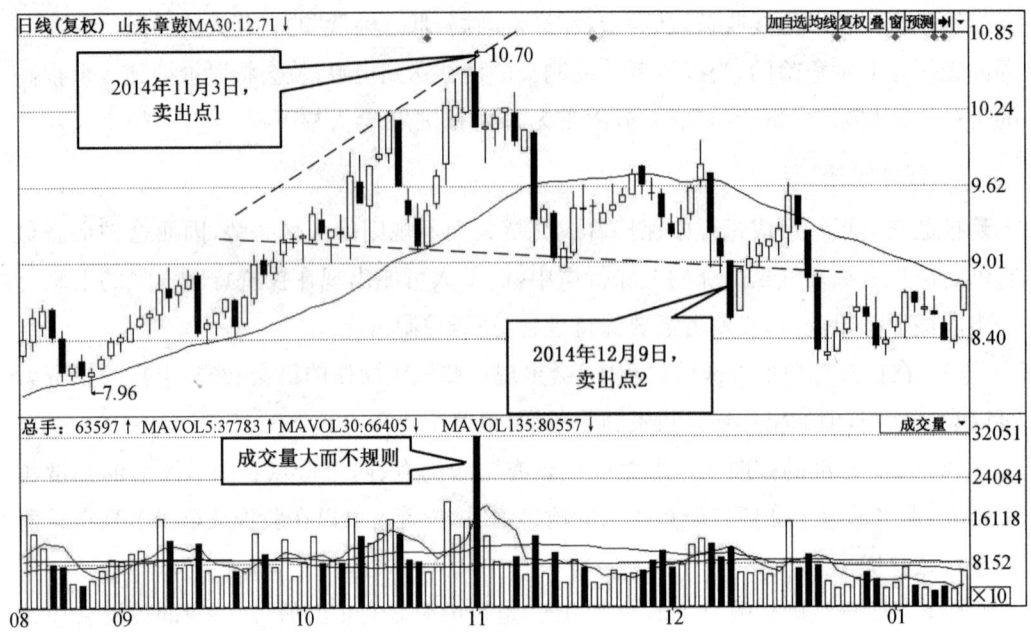

图6-39 山东章鼓(002598)日K线走势图

投资者应该在当天果断卖出。

此后,该股股价下跌至扩散三角形的下边线位置,因下边线的支撑再度反弹,不过,反弹很快结束,并在12月9日跌破扩散三角形的下边线,宣告扩散三角形形态基本完成。这时,仍持有该股的投资者应该实施平仓操作。

## 十五、上升楔形

上升楔形又称上倾楔形,通常出现在下跌行情中。该形态表现为:在股价下跌过程中出现了一小段向上的震荡整理行情,将反弹的高点和回落的低点分别用直线相连,两条直线方向相同且呈收敛状,形成一个向上倾斜的楔子形态,如图6-40所示。

与三角形形态一样,楔形形态的股价走势同样是逐渐收敛的,所不同的是,楔形的上下两条边界线的方向相同,而三角形的上下两条边界线的方向并不一致。

上升楔形虽然是向上倾斜的,似乎是说明上方抛压并不严重,但新的反弹较前面的反弹波幅呈缩小的态势,表示买盘力量正在被消化,同时成交量的逐渐萎缩也有效证明多方上攻意愿不强。因此,可以认为这种形态只是下跌途中的一种技术性反弹,并没有强力的多头

图6-40 上升楔形

想要抬升股价。

有时候，上升楔形会成为庄家制造诱多陷阱的一种手段。庄家会利用这一形态故意拉高股价诱骗散户投资者买入，以达到出货的目的。

1. 操作策略

在下跌行情中出现上升楔形，一般只是投资者低位补仓或短线操作所致，不会影响下跌趋势的发展。因此，该形态通常表现为下跌中继信号。

（1）在上升楔形形成的前半阶段，投资者可以按照楔形的上下边线进行高抛低吸操作，即在股价跌到下边线时买入，而等到股价涨到上边线时再卖出。但是到了后半阶段，波动幅度已经很小，这时投资者最好不要进行波段操作。

（2）当股价逐渐接近顶点，成交量也越来越少，这种价升量减的背离现象说明上涨势头不会持久，看到这种情形，持股的投资者可以考虑逢高卖出股票。

（3）当股价跌破上升楔形的下边线时，表明上升楔形正式完成，投资者应该尽快将手中的股票抛空。

（4）上升楔形完成向下突破后，股价往往会急速下跌，但有时也会出现向上的回抽动作，如图 6-41 所示。出现回抽时，空仓的投资者不宜介入，仍然持股的投资者则应该抓住这一机会将剩余的股票全部卖出。

（5）上升楔形在形成过程中，成交量一般

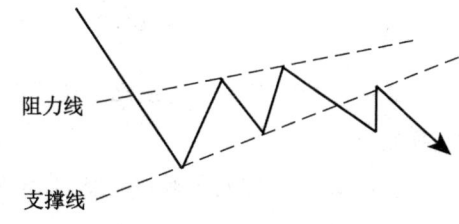

图 6-41　上升楔形的扩展形态

会呈持续萎缩状态。在向下突破时可能会有成交量的配合，也可能不会。如果股价在上升的过程中，成交量持续放大，则不能看作是上升楔形，而应该视为反转形态。

（6）上升楔形形成的时间较长，一般至少需要三周（15 个交易日），有时甚至会持续3～6 个月。持续的时间越长，下跌信号的可靠性越高，之后股价下跌的力度也会越强。

（7）在实际操作中，使用 RSI 指标的顶部背离信号判断上升楔形比较有效。当股价在不断创新高的同时，RSI 指标的高点没有同步创出新高，这时基本可以认为多方上攻无力，投资者应该卖出股票。

2. 实战参考

如图 6-42 所示，2013 年 11 月至 12 月，沪电股份的日 K 线图上出现了上升楔形形态。

2013 年 10 月 8 日，沪电股份开启一波下跌行情。11 月 8 日，该股收出一根带长下影线的中阴线，然后股价进入了整理行情。在波动中，该股反弹的高点和回落的低点都有逐渐上升的趋势，且高点的连线和低点的连线呈收敛状，形成了一个上升楔形形态。

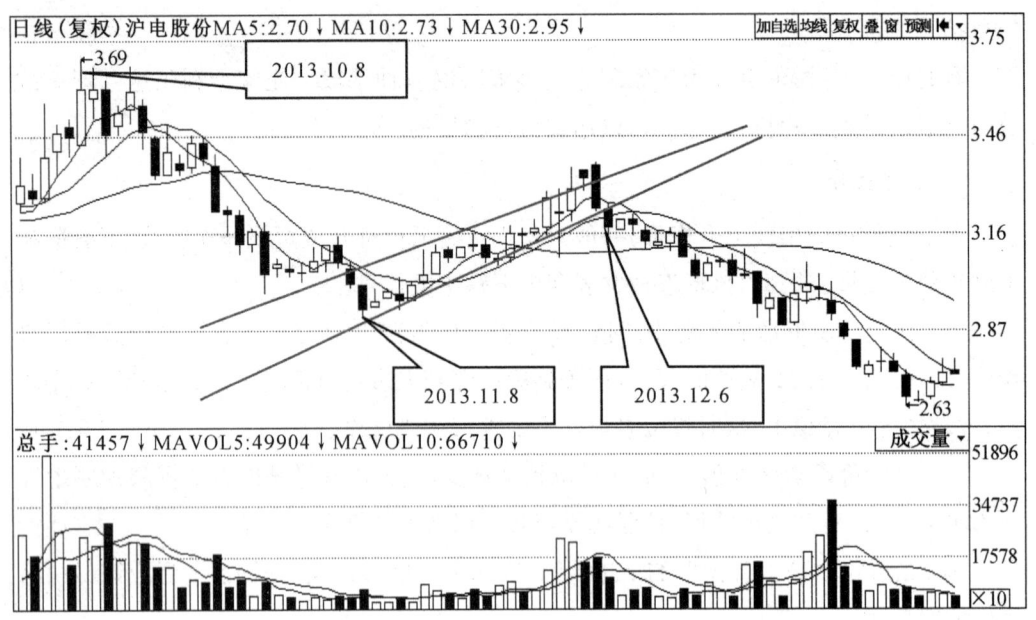

图 6-42　沪电股份(002463)日 K 线走势图

这一上升楔形的上边线比下边线更趋于水平,且形态形成过程中成交量一直维持在较低的水平。

2013 年 12 月初,该股股价连续向上拉升,成交量随之放大,给人一种即将大涨的感觉。但当股价向上触及上升楔形的上轨后,立即反转向下,并于 12 月 6 日跌破上升楔形的下轨,这说明之前的上攻纯属主力的诱多行为,此时,投资者宜卖出手中的股票。

## 十六、下降楔形

下降楔形又称下倾楔形,通常出现在上涨行情中。该形态表现为:在股价上升过程中出现了一小段向下的震荡整理行情,将反弹的高点和回落的低点分别用直线相连,两条直线方向相同且呈收敛状,从而形成一个向下倾斜的楔子形态,如图 6-43 所示。

下降楔形虽然是向下倾斜的,似乎是说明市场的承接力不强,但新的回落较前面的回落波幅呈缩小的态势,说明卖盘力量正在被消化,同时成交量的逐渐萎缩也有效证明了上方抛压在减弱。因此,可以认为这种形态只是上涨行情中的获利回吐,并没有强力的空头想要打压股价。

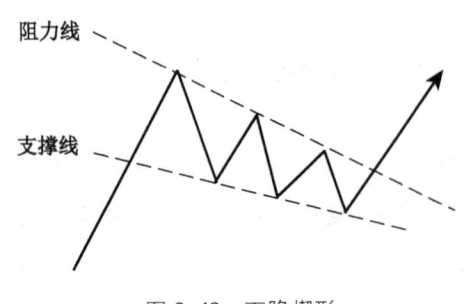

图 6-43　下降楔形

有时候,下降楔形会成为庄家制造诱空陷阱的一种手段。庄家会利用这一形态清洗掉市场中的浮筹,将大部分股票集中在自己手中,达到为股价的大幅上扬夯实基础的目的。

### 1. 操作策略

在上涨行情中出现下降楔形,一般只是前期获利的投资者的卖出行为所致,一般不会影响上升趋势的发展。因此,该形态通常表现为上涨中继信号。

(1) 在下降楔形形成的前半阶段,投资者可以按照楔形的上下边线进行高抛低吸操作,即在股价涨到上边线时卖出,而等到股价跌到下边线时再买入。但是到了后半阶段,波动幅度已经很小,投资者就必须捂牢股票了。

(2) 在下降楔形的后半阶段,也就是形态快要完成之前,投资者无论是持股还是持币,都应该保持观望的态度,最好不要轻举妄动。日后,一旦发现股价突破下降楔形的上边线,投资者便可以积极买入。

(3) 下降楔形完成向上突破后,可能会出现一次向下回抽,如图 6-44 所示。如果股价在楔形的上边线获得支撑,则证明突破有效,投资者可再度买入股票。如果股价跌破这一位置,投资者则需要考虑斩仓止损。

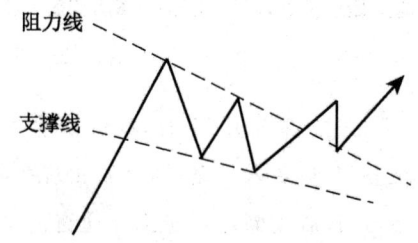

图 6-44　下降楔形的扩展形态

(4) 参照下降楔形买入股票的投资者,应该将止损位定在楔形的上边线上。

(5) 下降楔形在形成过程中,成交量一般会呈持续萎缩状态,但是在突破上涨时,却应该有成交量的放量配合,否则会影响到看涨信号的可靠性。

(6) 下降楔形的形成时间较上升楔形稍短一些,但是也至少需要两周(10 个交易日)时间。

### 2. 实战参考

如图 6-45 所示,2015 年 4 月至 5 月,天齐锂业的日 K 线图上出现下降楔形形态。

2015 年 4 月 13 日,处于上涨行情中的天齐锂业在前一交易日涨停的前提下高开高走,但盘中遭到空头的打压,在 K 线图上留下一根带长上影线的小阳线,这说明多方力量有所不足。

此后,该股股价进入了整理走势。在波动中,该股反弹的高点和回落的低点都有逐渐下降的趋势,且高点的连线和低点的连线呈收敛状,形成了一个下降楔形形态。

下降楔形的下边线比上边线更趋于水平,且在形态形成的过程中成交量逐渐萎缩,可以认为下方存在较强的支撑力,股价很可能在调整结束后重回上升轨道。这时,持股的投资者不宜将股票卖出,而持币的投资者应该对其保持关注。

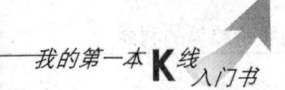

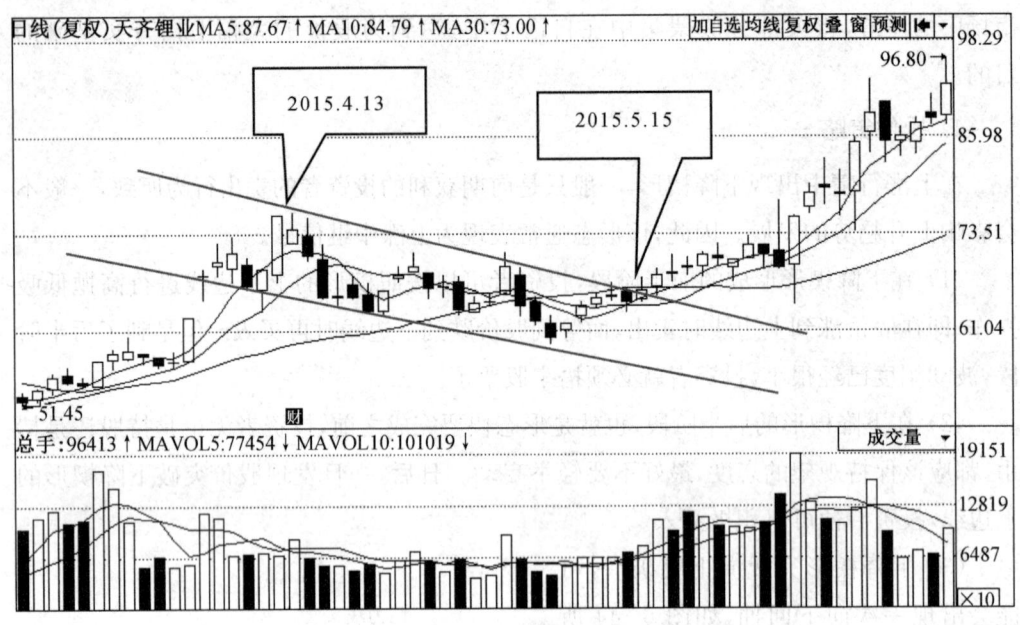

图 6-45  天齐锂业(002466)日 K 线走势图

2015 年 5 月 15 日,股价放量突破下降楔形的上边线,买点出现。投资者应该把握机会、积极买入。之后,该股出现短期的横向移动,而没有出现回抽现象。经过短暂调整后,该股重新进入了上升通道。

## 十七、矩形整理形态

矩形整理又称箱型整理,是股市中最典型的整理形态,可以出现在任何行情中。该

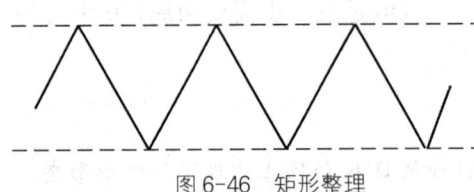

图 6-46  矩形整理

形态表现为:股价在一定的价位区间内上下波动,将上涨的高点和下跌的低点分别相连,就形成两条平行的水平直线,如图 6-46 所示。

矩形整理的形成经历的过程:股价在上涨或下跌一段时间之后出现横向移动。当股价上涨到某一高点时遇到阻力而回落,但下跌到某一低点时又获得支撑而回升,然后每次回升到前一个高点附近都会受阻回落,而每次回落到前一个低点附近时又止跌反弹,如此反复,便形成一条水平的整理通道。

矩形是一种冲突均衡整理形态,显示多空双方虽然互不相让、你争我夺,但由于双方实力相当,所以基本在这一范围内达到均衡状态。当然,出现这种形态有时也可能是庄家为了吸筹或出货在有意控制波动幅度。

矩形的上边线是股价的阻力线,而下边线是股价的支撑线,一旦股价有效突破了其

中的任何一条线,都标志着矩形形态的构筑完成。

### 1. 操作策略

矩形整理的出现,表示多空双方在战斗中互有胜负,保持着势均力敌的僵持局面。如果某一方力量削弱,而另一方力量加强,这种僵局便会被打破。

(1)绝大多数情况下,矩形表现为一种中继形态,表示股价经过整理后仍然会按照原来的趋势运行。但是矩形整理出现后,投资者仍需要根据股价的历史走势和其他技术指标来判断其是否有演变成反转形态的可能。

(2)矩形整理常常是在庄家强行洗盘下形成的,上边的阻力线是庄家预定的洗盘位置,下方的支撑线是护盘底线。因而,该形态出现在上涨途中的概率较高,也是最具有价值的。

(3)当矩形整理形态出现在深跌之后的低价位区域,通常表现为反转形态,是潜伏底的变形。

(4)在矩形整理没有形成有效突破之前,如果矩形的上下边线距离较远,那么投资者可以在前期采取高抛低吸的短线策略;但如果矩形的波动幅度较小,那么投资者最好保持观望姿态。

(5)经过一段时间的横向整理后,当股价向上有效突破矩形的上边线时,表示多方开始占据优势,投资者可以考虑买入股票,并将止损位设在矩形的上边线上;当股价向下有效突破矩形的下边线时,表示空方开始占据优势,投资者应该考虑卖出股票。

(6)股价形成有效突破的标准是,股价突破边界线后的涨幅或跌幅不小于3%,或者股价连续三天没有重新回到矩形区域之内。

(7)在矩形整理形成的过程中,成交量应该不断减少。特别是从高点回落时,成交量必须呈现逐渐萎缩的态势。

(8)股价向上突破矩形的上边线时,必须伴随着成交量的放大才有意义;而向下突破时,则不必有成交量的配合。

(9)矩形作为中继形态出现,股价在突破后可能会有一个回抽动作,如果在回抽过程中,股价没有回到原来的矩形整理区间,则是投资者第二个买入或卖出的机会,如图6-47所示。不过,这一回抽动作有时候并不会出现,所以投资者不能把它作为唯一的买卖点。

(10)在矩形形成的过程中,成交量一直持续在较高的水平,则有可能是庄家托盘出货,即使之后向上突破也可能是一个诱多陷阱,投资者对此要多加提防。

(11)根据经典理论,矩形整理完成之后,股价上升或下跌的空间至少应该等于矩形的高度,但在实战操作中会有一定的出入。不过,可以确信的是,这一高度越高,后面上涨或下跌的空间越大。

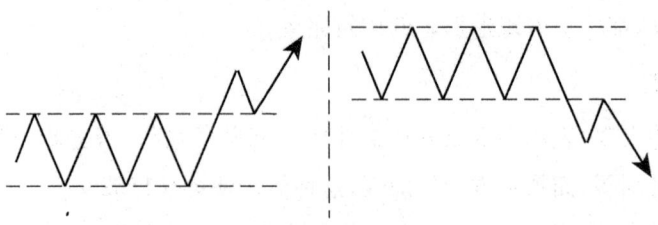

图 6-47　矩形整理

（12）矩形整理的形成时间要比三角形、旗形等整理形态都长，通常会超过 4 周（20个交易日）。矩形整理的周期越长，完成突破后上涨或下跌的幅度相应也会越大。

2．实战参考

如图 6-48 所示，2014 年 12 月至 2015 年 3 月，云天化的日 K 线图上出现矩形整理形态。

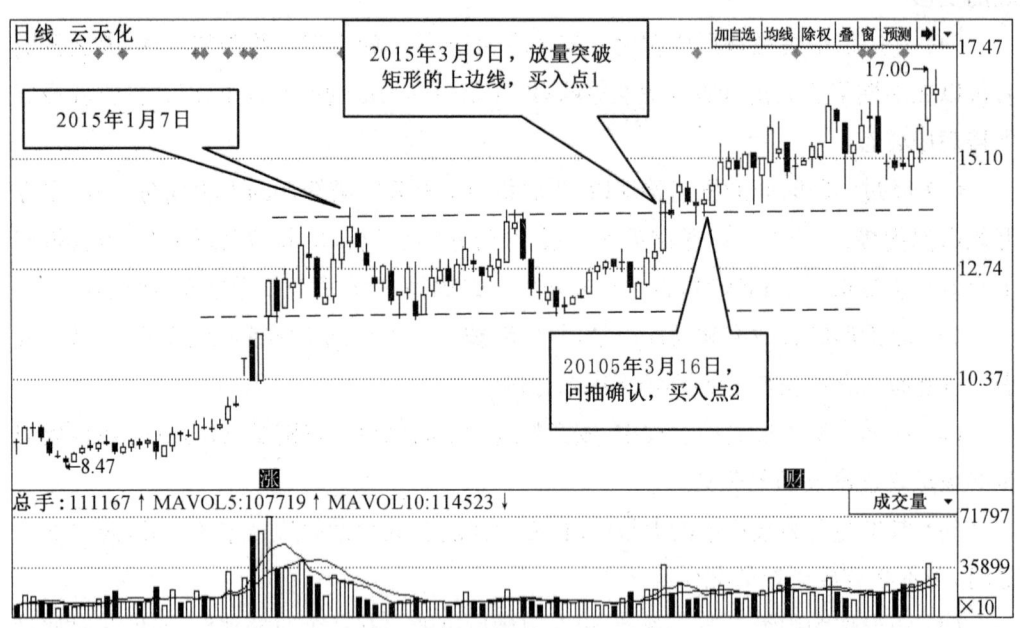

图 6-48　云天化(600096)的日 K 线图

2015 年 1 月 7 日，云天化收出一根带上影线的阳线，这天的最高价也成为短期内的一个高点。之后该股开始回落并在前期的密集成交区域受到支撑反弹，从而形成一个低点。然后，股价便一直在高点和低点之间的水平通道中运行，形成矩形整理走势。

2015 年 3 月 9 日，该股出现放量突破矩形的上边线。此时，投资者可以买入股票、持股待涨。3 月 16 日，该股回抽到矩形的上边线附近获得支撑，再次上涨，此时投资者可加仓买入。

### 十八、菱形整理形态

菱形整理又称钻石形态,是股市中一种较为特殊且罕见的形态,它通常出现在上涨行情的末尾。菱形其实是由两种不同类型的三角形形态组合而成的,前半部分是扩散三角形,后半部分是收敛三角形。也有人将菱形整理看作是头肩顶的延伸形态,而它的颈线则呈现 V 字状,如图 6-49 所示。

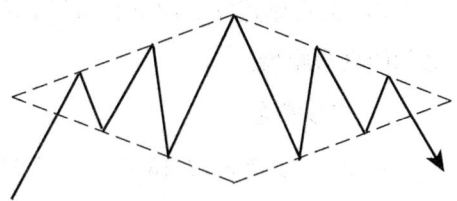

图 6-49　菱形整理

菱形整理形态的形成经历了这样一个过程:当市场上价格越升越高时,投资者显得冲动。买方力量强力释放,股价的波动幅度随之增大;不久之后,投资者的情绪逐渐冷静,成交量减少,股价的波幅收窄,市场从高涨的交易转为观望。这种菱形整理常常预示着行情将发生反转。

在实际操作中,菱形整理可能会以不标准的形态出现,但不会影响其形态的效果。一般情况下,只要股价的波动幅度先由小变大、再由大变小,便可以看作是菱形整理。所以,投资者可能会看到以下几种菱形整理的变形,如图 6-50 所示。

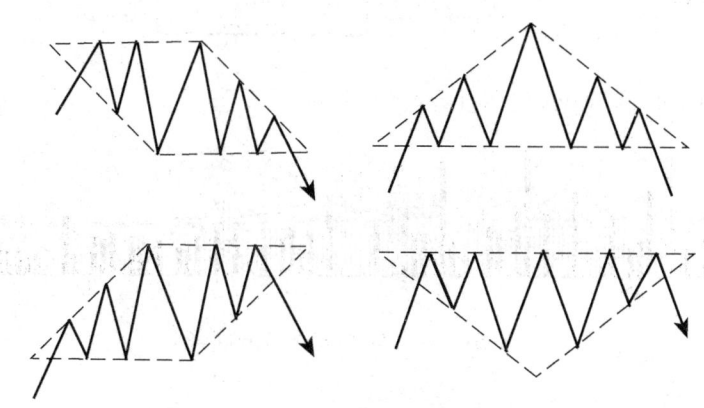

图 6-50　菱形整理的各种变形

#### 1. 操作策略

菱形整理形态表示市场交易由活跃趋于清淡。通常情况下,参与者的减少,会使得股价在盘整后会向下突破,因而,它是看空信号。

(1)菱形整理通常以顶部反转形态的模式出现在上涨行情中。在盘整过程中,稳健的投资者应该以静制动,保持观望;激进的投资者则可先人一步,在形成扩散三角形的时候实施逐步减仓操作。

(2)当股价向下突破菱形右侧的支撑线,便宣告菱形整理形态正式完成,此时,投

资者应该果断清空仓位、出局观望。

（3）在菱形整理形成的过程中，理想的成交量变化应该是：在前期的扩散三角形阶段，成交量逐步放大；在后期的收敛三角形阶段，成交量逐步缩小。

（4）当菱形最终形成向下突破时，常常会伴有成交量的放大，但这并不是有效突破的必要条件。

（5）菱形整理完成向下突破后，下跌的最小幅度理论上是菱形内最高点和最低点之间的垂直距离。

2. 实战参考

如图6-51所示，2016年9月至11月，喜临门的日K线图上出现菱形整理形态。

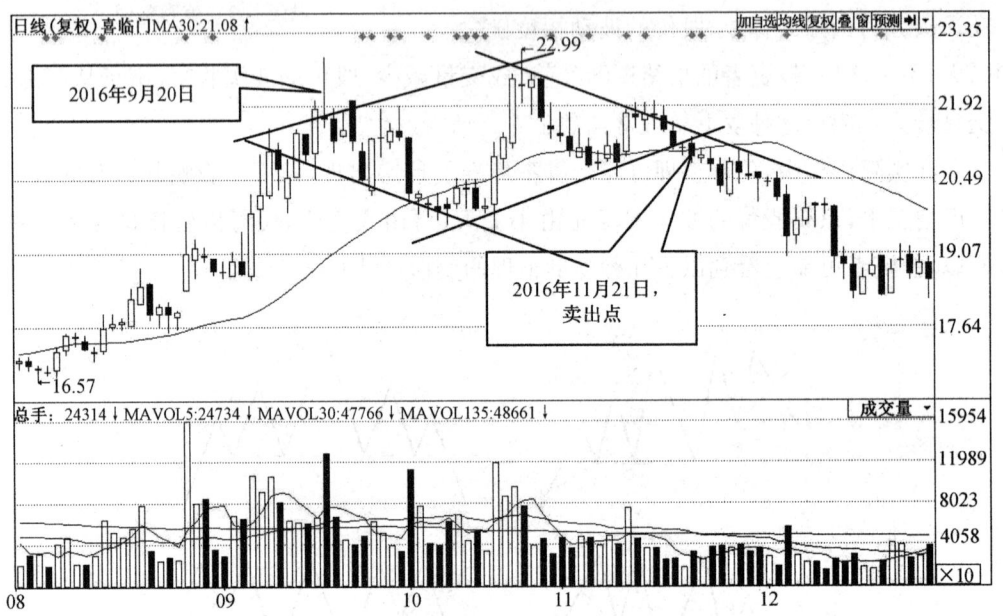

图6-51　菱形整理：喜临门(603008)

2016年9月20日，处于上涨行情中的喜临门开始横向整理。开始时，股价坡度幅度由小到大呈现扩张趋势，之后股价又出现收敛状况。其中，2016年10月26日，该股股价一度上涨至22.99元，然后股价见顶下跌，这一价格也成为了当时的最高点。

2016年11月21日，该股股价跌破菱形整理形态的右侧下边线。看到这种情形，投资者应该将手中的股票彻底抛空。

### 十九、潜伏底形态

潜伏底，一般出现在一轮较大的跌势之后。其形态表现为：股价长期在一个极狭窄的范围内横向移动,每日股价的高低波动幅度极小,且成交量十分稀疏,呈现出一种横带形状的底部形态。经过一段时间的盘整之后,股价开始大幅上涨,成交量同时显著放大,最终进入上升通道,如图 6-52 所示。

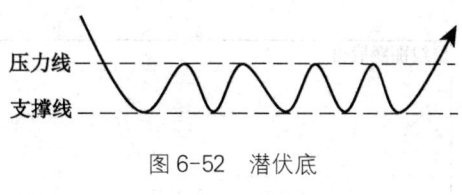

图 6-52　潜伏底

潜伏底在一开始表现为多空双方处于低位对峙的状态,空方已经无力打压股价,而多方亦没有能力抬升股价,因而成交量很小。经过长时间的横盘整理,空方力量逐渐耗尽,多方却积累了足够的力量,并最终打破沉寂,成功放量冲破上方压力位,启动了一轮崭新的上涨行情。

### 1. 操作策略

潜伏底多出现在市场极其冷清之时或冷门股票的走势中,由于买卖盘都很少,所以供求十分平衡,筹码分布形成低位密集。潜伏底的形成需要经历较长的时间,一般少则 1 个月,多则要两三年。

(1)潜伏底是一个非常重要的看涨信号,股价一旦放量冲破上方压力线,便会有一个非常给力的上涨行情。所以,看到此情形后,投资者应该抓住机会、大胆买入。

(2)潜伏底爆发之后,上涨势头会很猛,经常是股价已经被拉升到一定幅度,投资者才觉察到。但是由于其上涨空间较大,所以只要股价上涨幅度不超过原来价位的 50%,且成交量依旧温和放大,投资者仍可以适度追涨。

(3)在低价位区域出现窄幅的横盘整理形态,极有可能形成潜伏底形态,投资者可以在此期间不断收集筹码。但因潜伏底持续的时间较长,可能会对投资者的现金流造成一定的压力。

(4)参照潜伏底形态买入股票的投资者,应该把止损位定在潜伏底下端的支撑线上。在股价跌破潜伏底的压力位时,投资者应该提前加以关注,并做好止损准备。

(5)潜伏底形态一旦形成,股价往往会一路高歌猛进,很少出现回抽现象。这是因为横盘时间较久,底部换手非常充分,多方已经完全占据市场主导地位。

(6)在股市中有“横有多长,竖有多高”的说法,这一说法用在潜伏底形态上更加合适,股价在底部横盘的时间越久,后市上涨的幅度越大。

(7)在股价向上突破压力位时,需要伴随着成交量的放大。如果是缩量上涨,那么突破的有效性便会大打折扣,后市的上涨空间也会十分有限。

### 2. 实战参考

如图 6-53 所示,2015 年 2 月至 3 月,丽鹏股份的日 K 线图上出现潜伏底形态。

2015 年 1 月 30 日,丽鹏股份拉出一根大阴线后开始横盘整理,这一整理态势一直持续到 2015 年 3 月 6 日,在 K 线图上形成一条横带状的潜伏底形态走势。

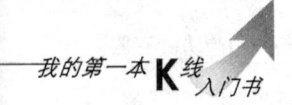

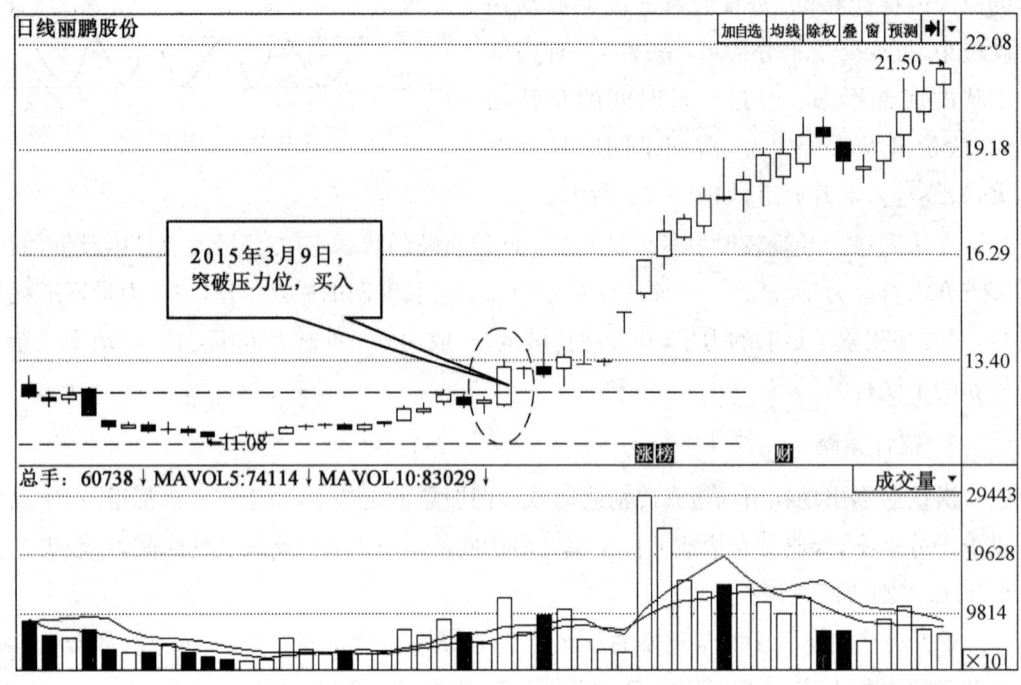

图 6-53　丽鹏股份(002374)日 K 线走势图

2015 年 3 月 9 日,该股以放量涨停的方式收出一根大阳线,突破潜伏底形态的压力线。这预示着后市将有一波可观的上涨行情,投资者应果断买入。之后该股开始上升,成交量也逐步放大。

## 二十、潜伏顶形态

潜伏顶,一般出现在一轮较大的跌势之后。其形态表现为:股价长期在一个极狭窄的范围内横向移动,每日股价的高低波动幅度极小,且成交量十分稀疏,呈现出一种横带形状的顶部形态;经过一段时间的盘整之后,股价开始大幅下跌,并最终进入下跌通道,如图 6-54 所示。

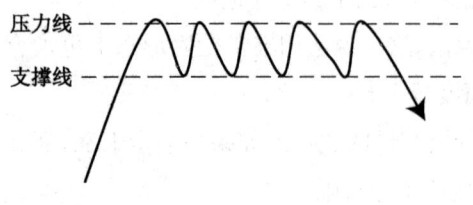

图 6-54　潜伏顶

潜伏顶在一开始表现为多空双方处于高位对峙状态,多方已经无力抬升股价,空方暂时没有能力打压股价,因而成交量很小。经过长时间的横盘整理,多方力量逐渐耗尽,空方却积累了足够的力量,并将股价重挫到支撑线以下,这时空方认为时机成熟,加快抛售股票的步伐,从而开启下跌行情。

### 1. 操作策略

潜伏顶多出现在冷门股票的走势中,由于买卖盘都很少,所以供求十分平衡,筹码分布形成高位密集。它的形成需要经历较长的时间,一般少则1个月,多则要数年。

(1)潜伏顶是一个非常重要的看跌信号,股价一旦跌破下方支撑线,便会有一个非常可怕的下跌行情。所以,看到此情形后,投资者应该抓住机会果断卖出。

(2)潜伏顶形态一旦形成,下跌势头会非常猛烈,股价会一路走低,很少出现回抽现象。这是因为横盘时间较久,多方力量基本耗尽,空方已经完全占据市场主导地位。所以,潜伏顶爆发之后,投资者千万不能犹豫不决,更不要有等反弹出现再卖出的想法。

(3)在高价位区域出现窄幅的横盘整理形态,极有可能形成潜伏顶形态,投资者可以在此期间不断沽出筹码,以规避风险。

(4)潜伏顶在横盘整理过程中,成交量会极度萎缩。如果成交量依然很大,则不能看作是潜伏顶形态。

(5)形成潜伏顶形态所用的时间越久,后市下跌的力度和幅度越大。

(6)股价向下突破支撑位时,成交量可能放大,亦可能缩小。但无论何种情况,都不会改变之后的下降趋势。

### 2. 实战参考

如图6-55所示,2015年1月至7月,中国人寿的日K线图上出现潜伏顶形态。

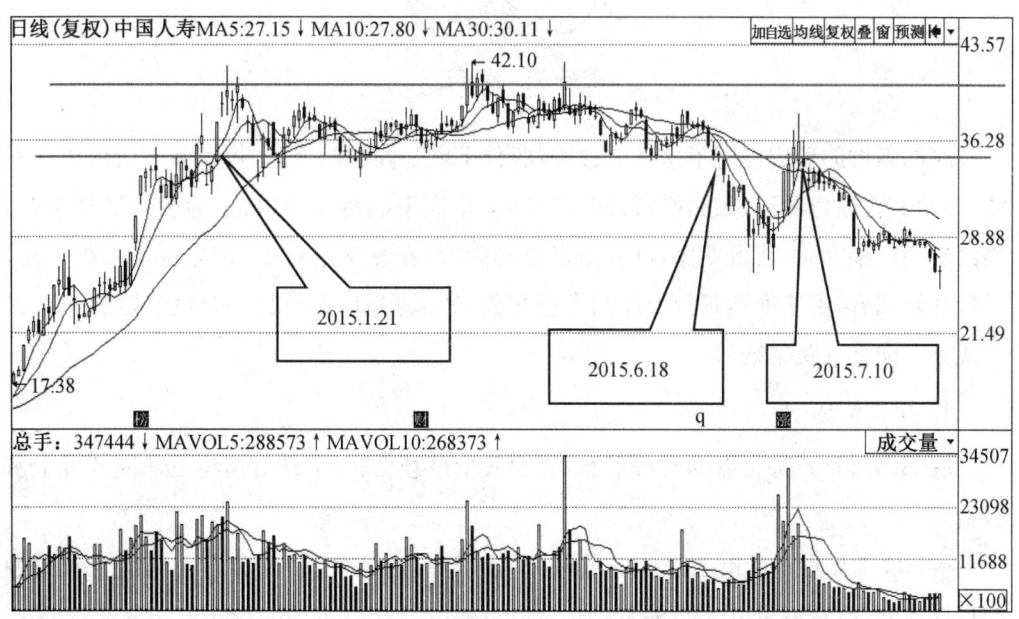

图6-55　中国人寿(601628)日K线走势图

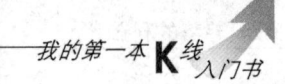

2015年1月,中国人寿进入高位横盘整理,这一整理态势一直持续到2015年6月,在K线图上形成一条长长的横带状走势。由于这一整理出现在相对高位,所有后市看空的可能性很大,投资者最好在此期间实施减仓操作。

2015年6月18日,横盘已久的中国人寿终于打破了平衡,收出一根带下影线的大阴线。由于股价跌破潜伏顶的支撑线,下影线的支撑作用已经不再重要,这时投资者应该把握机会卖出股票。

经过一天的调整后,该股出现加速下跌形,这是更为明显的卖出信号。尽管在2015年7月上旬,该股出现一波反弹走势,但当股价反弹至潜伏顶支撑线位置时,遇到阻力而再度下跌。在此次下跌过程中,仍持有该股票的投资者应选择出局观望。

## 二十一、底部岛形

底部岛形,出现在下跌走势的末尾。其形态表现为:股价先是下跌,接着进入整理,然后又开始上涨。在股价下降和上升的过程中分别出现了跳空缺口,且这两个缺口大致处于同一价位区域,从而使得缺口下面的K线形态成为一座"孤岛",如图6-56所示。

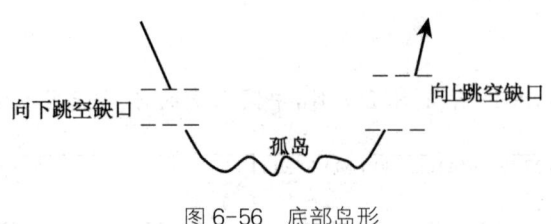

图6-56 底部岛形

底部岛形的形成经历了这样的过程:股价下跌一段时间之后,投资者对后市更加看淡,开始疯狂抛售股票,因而股价低开,形成一个向下的跳空缺口;然后股价继续下跌,当跌到一定幅度后,获得支撑,进入横盘整理阶段;在盘整过程中,多方逐渐占据主动,股价开始回升,由于推动股价上涨的力量很强,所以在前一个缺口的价位区域附近,又形成一个向上的跳空缺口。

1. 操作策略

底部岛形是一种可靠的转势形态,表明股价已经见底,下跌行情将迅速演变成上涨行情。

(1)底部岛形是后市上涨的信号,提示投资者应从看空转向看多。当向上跳空的缺口形成时,投资者可以大胆买入。

(2)参照底部岛形形态买入股票的投资者,应该把止损位定在底部岛形的向上跳空缺口的下沿。一旦股价补回这一缺口,投资者应马上停损离场。

(3)底部岛形两个缺口之间相隔的时间可能是一天,也可能是几天或几周。相隔的时间越长,总的换手率更高,说明市场从空头行情向多头行情转变得越彻底,后市上涨的力度也会越大。

(4)底部岛形反转形态时常会伴随着很大的成交量,如果成交量较小,则反转形态很难成立。

(5)如果底部岛形呈现明显的V形底形态,则看涨信号更为强烈。

(6)底部岛形一旦形成,原来属于阻力位的缺口就会变成支撑位,股价之后下探到这一位置时可能会受到支撑。

**2. 实战参考**

如图6-57所示,2014年年底至2015年3月,山东如意的日K线图上出现底部岛形形态。

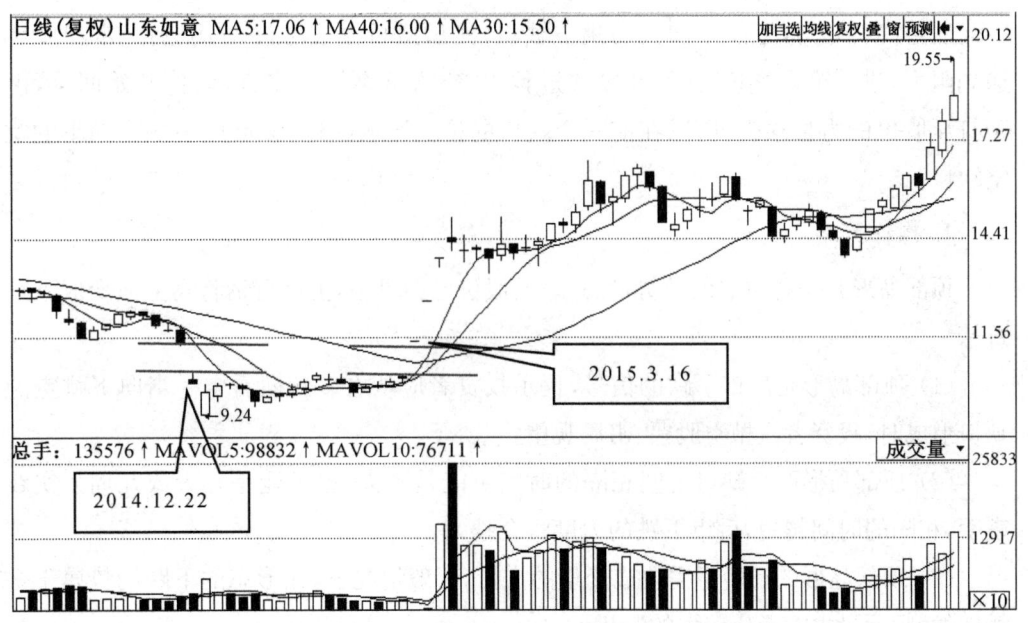

图6-57　山东如意(002193)日K线走势图

2014年12月2日,山东如意以跌停价报收,当日收出一根倒T字线。这根倒T字线与前一根K线之间留下一个向下跳空的缺口。

后来,该股再下跌两日后进入整理行情。

2015年3月16日,该股经过一段时间的停牌后,直接以一字线形势开盘。这根一字线与之前的K线之间留下一个向上跳空的缺口。看到这种情形,投资者应该在当日或次日买入股票。

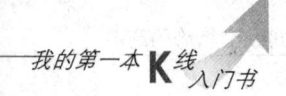

2015年3月17日,该股再度涨停,没有改变上涨趋势。之后,该股便开启一波上涨行情。

## 二十二、顶部岛形

顶部岛形,出现在上涨走势的末尾。其形态表现为:股价先是上涨,接着进入整理,然后又开始下跌。在股价上升和下降的过程中分别出现了跳空缺口,且这两个缺口大致处于同一价位区域,从而使得缺口上面的K线形态成为一座"孤岛",如图6-58所示。

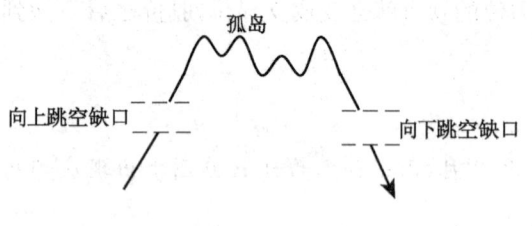

图6-58 顶部岛形

顶部岛形的形成经历了这样的过程:股价上涨了一段时间之后,投资者对后市充满了希望,开始疯狂购入股票,因而股价高开,形成了一个向上的跳空缺口;然后股价继续上涨,当涨到一定程度后遇到阻力,进入横盘整理阶段;在盘整过程中,空方逐渐压倒多方,股价开始回落,由于打压股价的力量很强,所以在前一个缺口的价位区域附近,又形成了一个向下的跳空缺口。

### 1. 操作策略

顶部岛形是一种可靠的转势形态,表明股价已经见顶,上涨行情将马上演变成下跌行情。

(1)顶部岛形是后市下跌的信号,提示投资者应从看多转向看空。当向下跳空的缺口形成时,投资者应抛空股票、出局观望。

(2)顶部岛形两个缺口之间相隔的时间可能是一天,也可能是几天或几周。实践表明,相隔的时间越短,后市下跌的力度将会越大。

(3)顶部岛形的反转不需要成交量的支持,一般情况下,此形态的下跌趋势属于一触即发型,无量也能形成较大的跌势。

(4)某只股票的走势出现顶部岛形后,持币的投资者在一段时间内最好不要过多地关注该股,更不要盲目去抢反弹,而应去努力寻找其他的潜力股。

(5)如果顶部岛形呈现明显的倒V形顶形态,则看跌信号更为强烈。

(6)顶部岛形一旦形成,原来属于支撑位的缺口就会变成压力位,股价之后回调到这一位置时可能会遇到阻力。

### 2. 实战参考

如图6-59所示,2015年6月,保变电气的日K线图上出现顶部岛形形态。

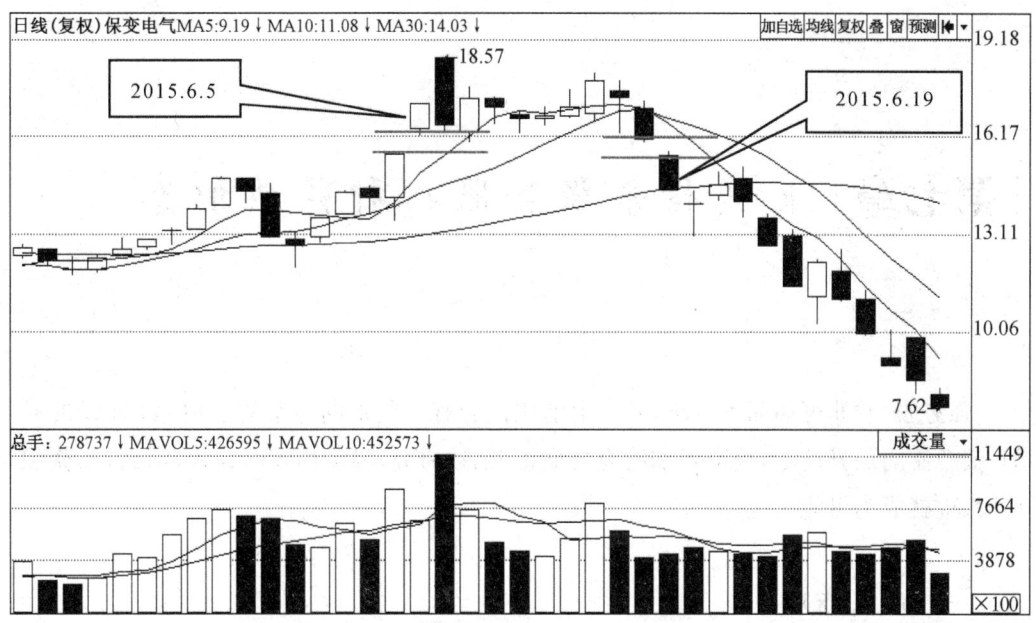

图 6-59 保变电气(600550)日 K 线走势图

2015 年 6 月 5 日,正在上涨途中的保变电气高开高走,以涨停的方式收出一根光头光脚阳线,从而在走势图上留下一个向上跳空的缺口。之后,该股开始高位盘整。

2015 年 6 月 18 日,保变电气低开低走在 K 线图上留下一根大阴线。6 月 19 日,该股低开并收出一根光头阴线,形成一个向下跳空的缺口。看到此形态后,投资者应该在 19 日当天将所持有的该股股票全部沽空。

两天之后,该股股价出现反弹,由于股价随时都有再次跌落的可能,所以投资者最好不要冒险参与,而应该将目光转移到其他更有价值的股票上。

# |第七章| K线猎杀强势股八种经典形态

强势股，并非可遇而不可求，其启动前往往会有一些不同寻常的表现，如 K 线的异动、资金流向的异动等，投资者如能充分准备、细致研究，异动出现时介入，那么，擒获强势股，也就成为可能。

## 一、仙人指路

仙人指路，是指核心 K 线是带有长上影线的小阳线或小阴线，其长长的上影线就像仙人的手指。该形态预示后市股价将有一波上涨行情，如图 7-1 所示。

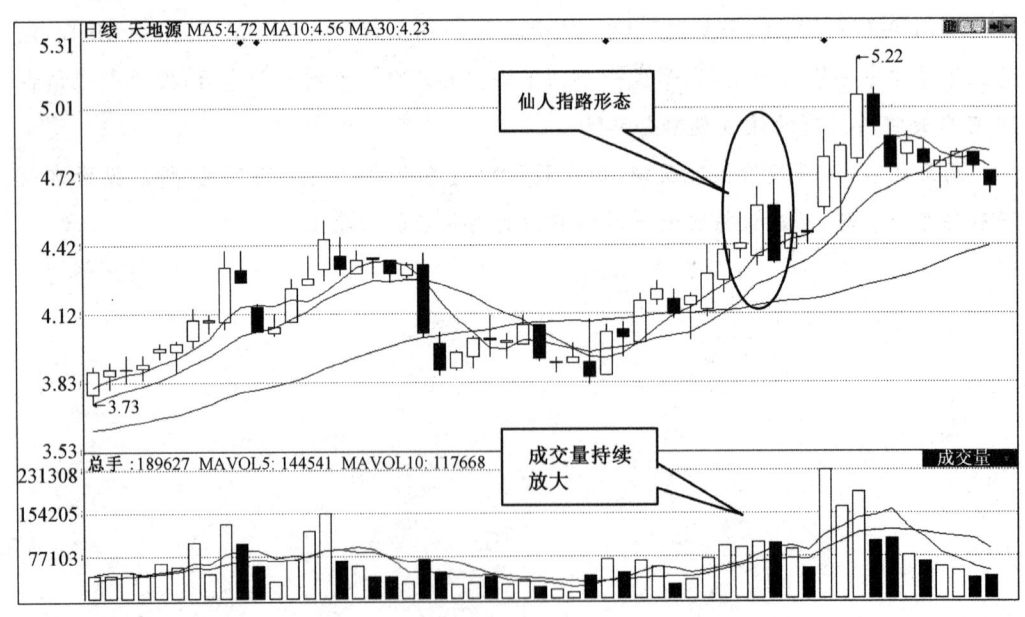

图 7-1　仙人指路

### 1. K 线形态成立条件

（1）股价已经呈 45 度上涨。

（2）股价自启动位置上涨幅度不超过 15%。

（3）股价走势强于大盘。

**2. K线形态特征**

（1）第一日出现一个阳线，且实体长度最好超过5%。

（2）第二日股价平开高走后遇阻而下跌，形成带长上影线的小阳线或小阴线。

（3）第三日出现的阳线实体超过前日上影线的最高点。

（4）仙人指路形态形成过程中，成交量呈放大态势。

（5）各条均线能够呈发散排列最好。

**3. 强势股买点**

（1）第三日股价超过前日长上影线最高点时，是该股的第一个最佳买点。

（2）投资者也可以选择在仙人指路形态成立后择一低点买入。

**4. 实盘案例**

如图7-2所示，宁波富达的股价在2012年2月8日至10日，走出一组仙人指路形态，预示股价短期将走强。

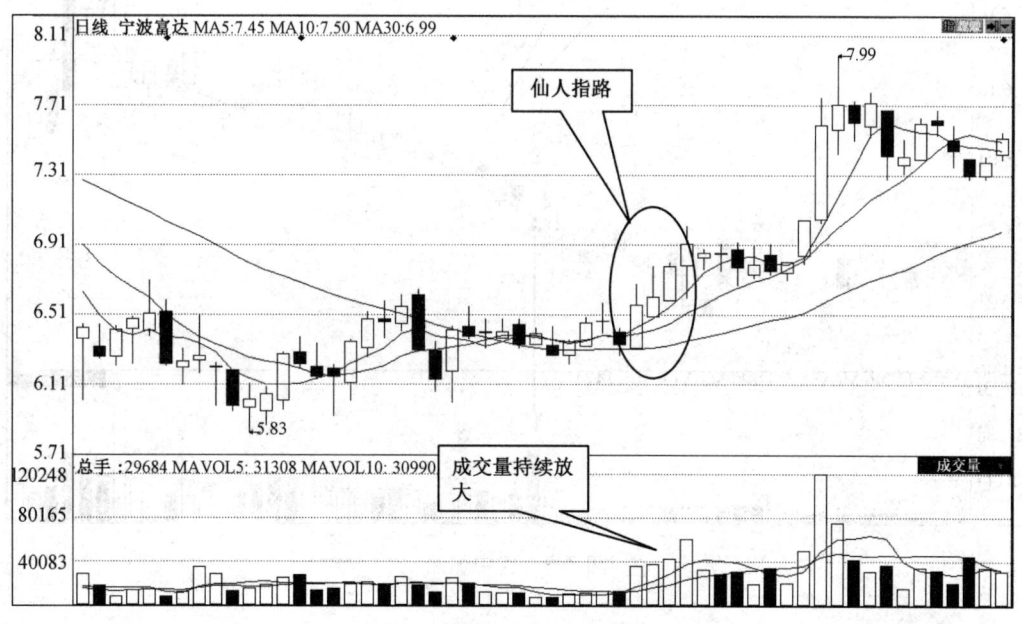

图7-2　宁波富达(600724)日K线走势图

2012年2月8日，宁波富达的股价低开高走突破5日均线和10日均线，并以大阳线报收，说明股价有结束回调启动上涨的可能。

2012年2月9日，该股股价平开高走后遇阻回落，在K线图上留下一根带长上影线的K线，且此位置正是前期反弹的高点位置。

2012年2月10日，该股股价平开高走并突破前日长上影线位置，说明仙人指路形态完成。投资者可以在当日或次日股价走强时买入该股。

投资者应用仙人指路猎杀强势股时，应注意以下几点：

第一，仙人指路形态中的三根 K 线最好都是阳线。

第二，出现仙人指路形态时，股价必须位于上升通道或自底部回升时期，股价如果处于下降通道则此形态无意义。

第三，仙人指路形态有时可以由多于 3 根的 K 线组成。

## 二、空中加油

空中加油，是指核心的 K 线是带有长上影线的跳空高开低走的小阴线，如同上涨到高空稍作加油停顿状，以备后市继续前行。如果阴线能与前一根 K 线形成缺口将大大增强该信号的可靠性。该形态属于强烈的看涨形态，如图 7-3 所示。

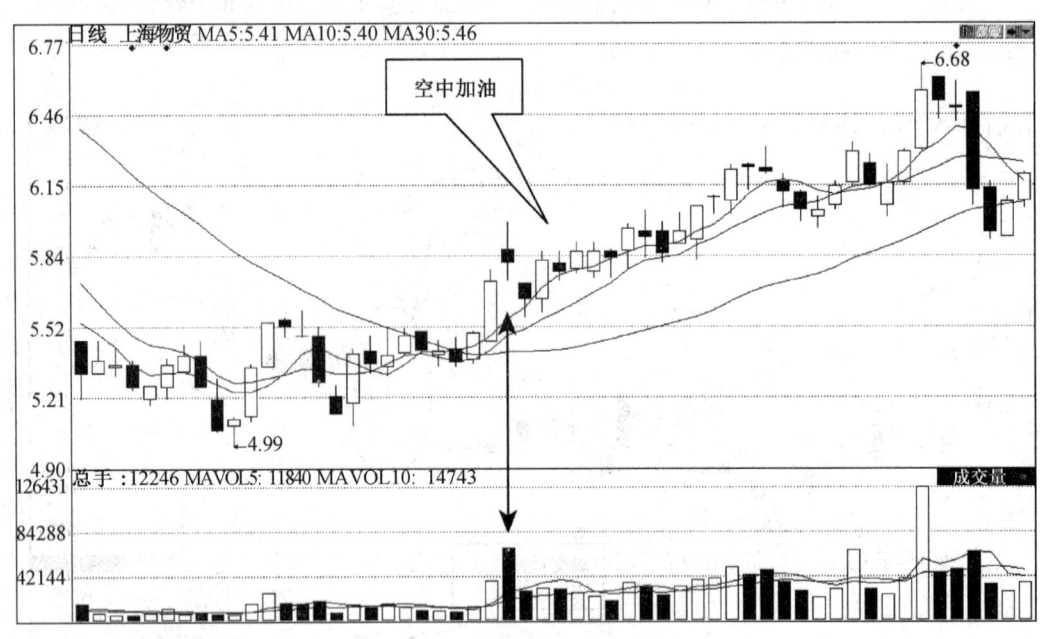

图 7-3　空中加油

1. K 线形态成立条件

（1）股价处于震荡上涨过程中，且没有上涨到高位。

（2）股价走势强于大盘。

2. K 线形态特征

（1）股价当日高开低走，收出一根带长上影线的阴线。

（2）收盘时带有缺口更好。

（3）上影线越长越好。

（4）空中加油形态出现当日,成交量比前几日放大数倍,且次日成交量又回归到正常水平。

（5）各条均线能够呈发散排列最好。

### 3. 强势股买点

（1）空中加油形态出现的次日,股价启动上涨时,是该股的第一个最佳买点。

（2）投资者也可以选择在股价下跌到5日均线位置,因受均线支撑而再度上涨时买入该股。

### 4. 实盘案例

如图 7-4 所示,浙江东日的股价在 2015 年 3 月 5 日走出空中加油形态,说明该股未来走强的可能性较大。

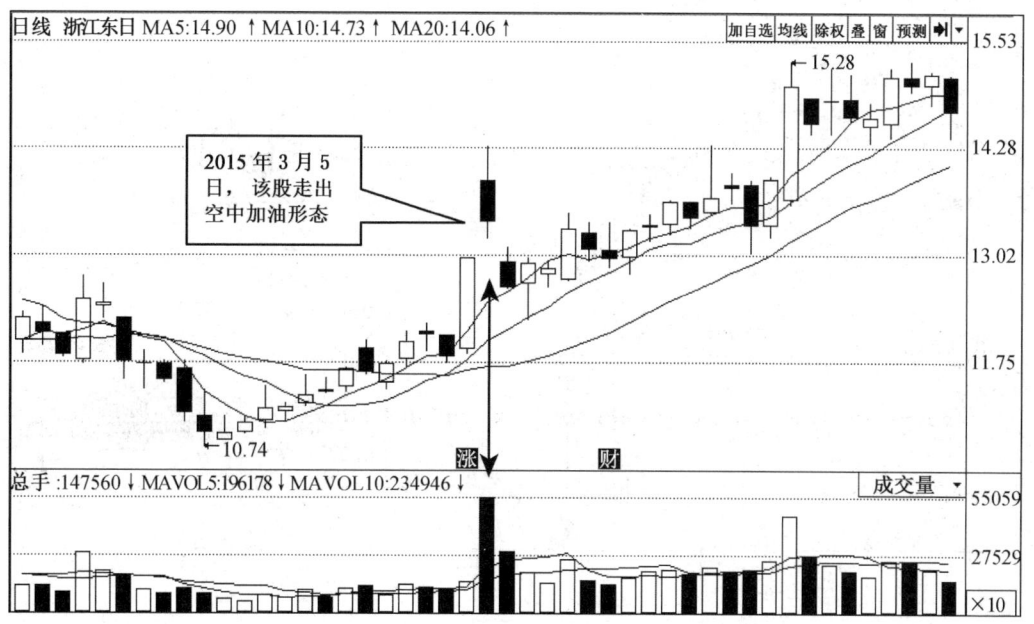

图 7-4　浙江东日(600113)日 K 线走势图

2015 年 3 月 5 日,浙江东日的股价经过一波上涨之后突然跳空高开,随即股价快速上涨,但由于抛盘过多,股价节节下跌。最终,该股股价在 K 线图上留下一根带长上影线的阴线。

此时,投资者观察当日的成交量可知:当日成交量创下一段时间内的新高。如果次日成交量不继续放大,投资者可考虑买入该股。

2015 年 3 月 6 日,该股价低开低走,回调至 5 日均线位置,因受均线支撑而并未下跌。当日成交量出现萎缩态势,投资者可于当日买入该股。

投资者应用空中加油猎杀强势股时,应注意以下几点:

第一,空中加油形态中阴线的上影线越长越好。

第二,空中加油形态中阴线对应的成交量越大越好。

第三,空中加油形态只有出现在低位或拉升的初期才能被看作是买入信号,如果股价上涨幅度较大则应看作是卖出信号。

### 三、定海神针

定海神针,是指股价经过一轮下跌之后,某一交易日跳空低开,随后持续下跌。其后,股价顽强地上攻,在K线图上留下一根长下影线。这根长下影线像刺入深海的一根神针,支撑股价不再走低。该形态具有典型的行情反转意味,如图7-5所示。

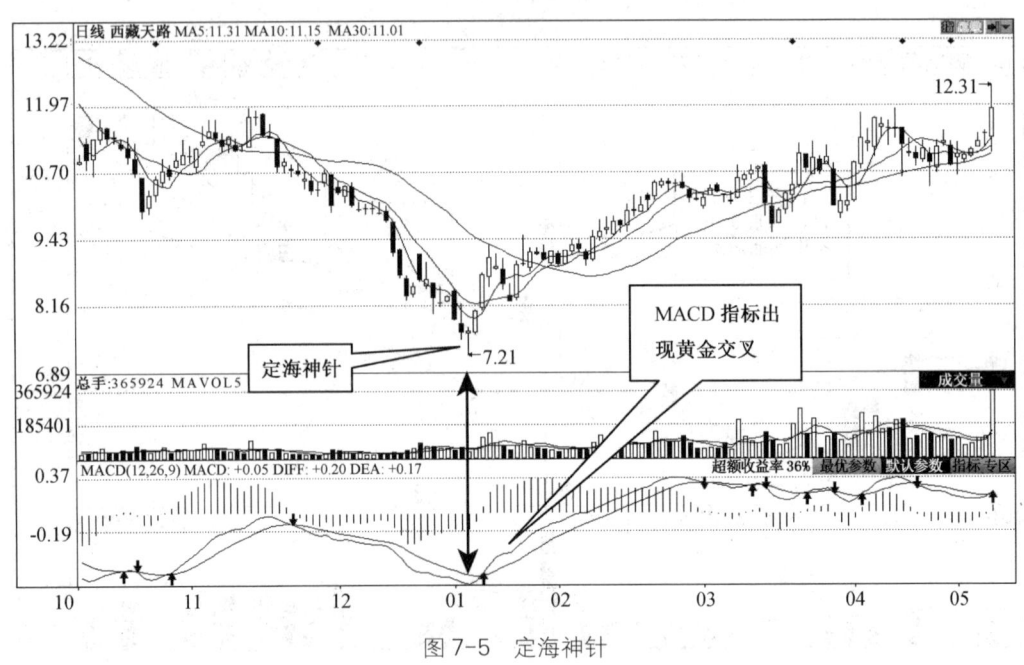

图7-5 定海神针

1. K线形态成立条件

(1)股价经过一轮下跌之后,已经到了比较低的位置。

(2)大盘开始企稳反弹。

2. K线形态特征

(1)经过连续下跌之后,股价以向下跳空形式开盘,随即展开一波下跌,股价被打压到一定程度后开始反攻。

(2)股票收盘时,K线实体可以是小阴线、小阳线或十字线。

（3）定海神针形态多出现在股价反转的点位，因而，该形态出现时常伴有V形反转形态出现。

3. 强势股买点

（1）定海神针出现的当日，投资者可少量买入该股。定海神针出现的次日，如果股价高走，则可果断买入该股。

（2）如果股价下跌，说明此形态只是一个下跌过程的中继形态，投资者不可买入股票。

4. 实盘案例

如图7-6所示，万业企业的股价经过一波下跌后，在2012年1月6日走出定海神针形态，预示股价将企稳上涨。

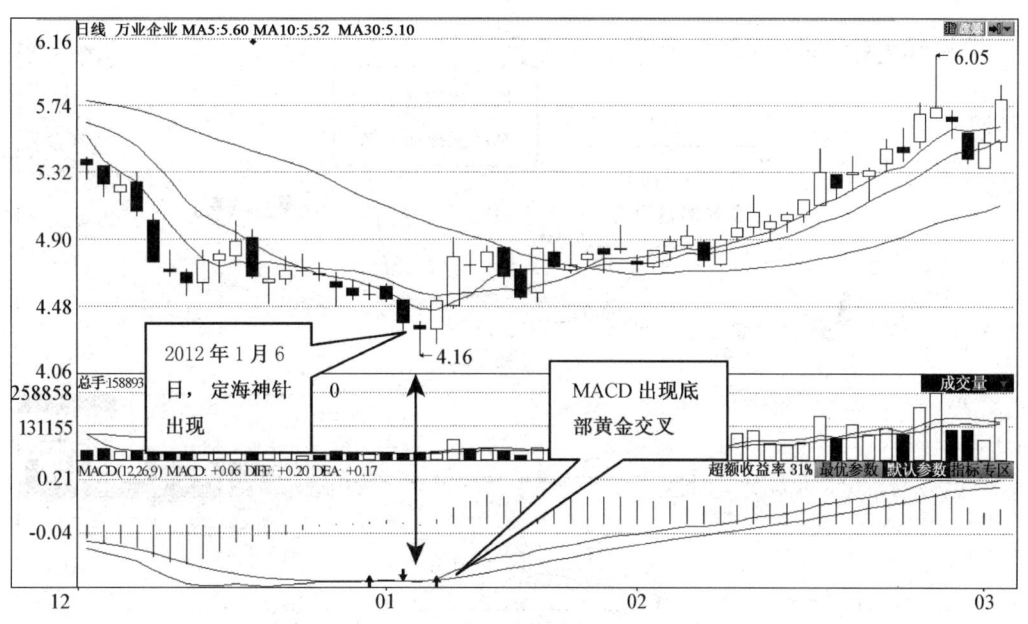

图7-6　万业企业(600641)日K线走势图

2012年1月6日，万业企业的股价经过一波下跌之后，以向下跳空的形式开盘，接着不断地创出新低，其后，多头开始发力，股价最终以十字星线报收，形成定海神针形态。这说明空头力衰，多头即将发力。投资者观察此时的MACD指标可知：该指标此时出现了底部黄金交叉，这也预示着股价将上涨。

1月9日(1月7日、8日周末休市)，万业企业平开高走，预示着股价已经开始反弹，投资者可于次日跟进买入股票。

投资者应用定海神针猎杀强势股时，应注意以下几点：

第一，投资者不可过早地介入目标股，一定要等到定海神针形态成立，股价开始反攻时再买入。

第二,如果定海神针出现的次日股价大涨且连续突破多条均线,则可增大股价未来上涨的可能性。

第三,如果定海神针形态与前一根K线、后一根K线能够组合成早晨之星形态,则更可增大股价上涨的可能性。

### 四、回眸一笑

回眸一笑,是指股价K线自下而上穿越30日均线后出现回调,当股价K线回调到10日均线位置时,因受10日均线支撑再度上涨。该形态属于上涨中继形态,预示后市还将继续上涨,如图7-7所示。

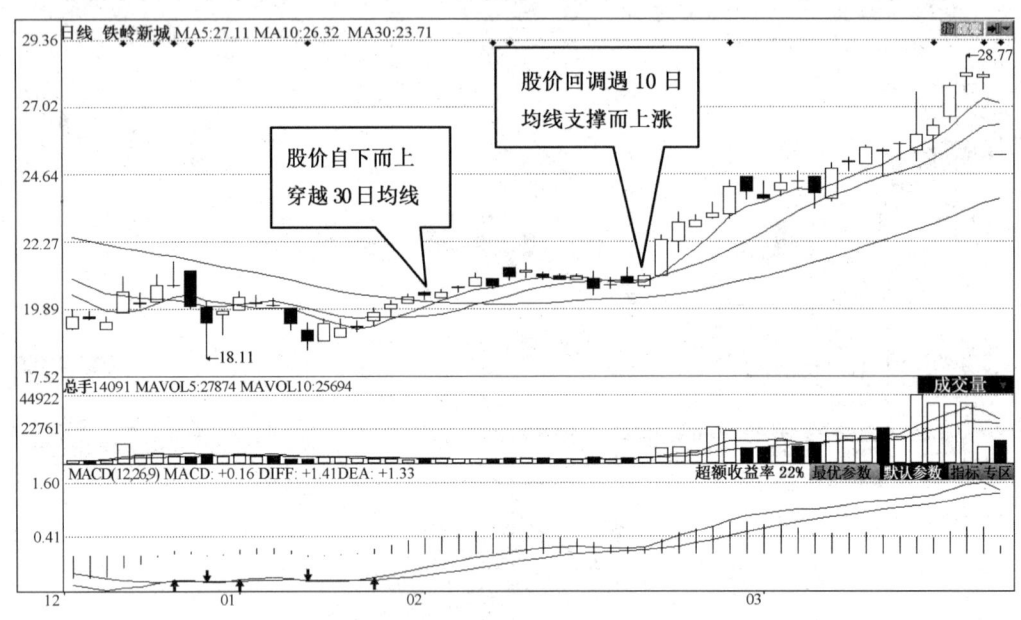

图7-7　回眸一笑

1. K线形态成立条件

(1) 30日均线由下跌状态转为上涨状态或放平状态。

(2) 10日均线开始拐头向上。

(3) 成交量维持在较低水平。

2. K线形态特征

(1) 某一日股价自下而上穿越30日均线,随后并未持续上涨而是向10日均线靠拢。

（2）股价向 10 日均线靠拢过程中，成交量呈萎缩态势。

（3）股价回调到 10 日均线位置因受 10 日均线支撑而再度上涨。

（4）股价遇 10 日均线支撑而上涨时，MACD 指标如果能同步突破 0 轴，则可增大股价未来上涨的可能性。

### 3. 强势股买点

当股价回调到 10 日均线位置后，因受 10 日均线支撑而再度上涨时，是该股最佳的买入时机。

### 4. 实盘案例

如图 7-8 所示，沱牌舍得的股价经过一波下跌后，在 2012 年 1 月至 2 月走出回眸一笑形态，预示着股价将企稳上涨。

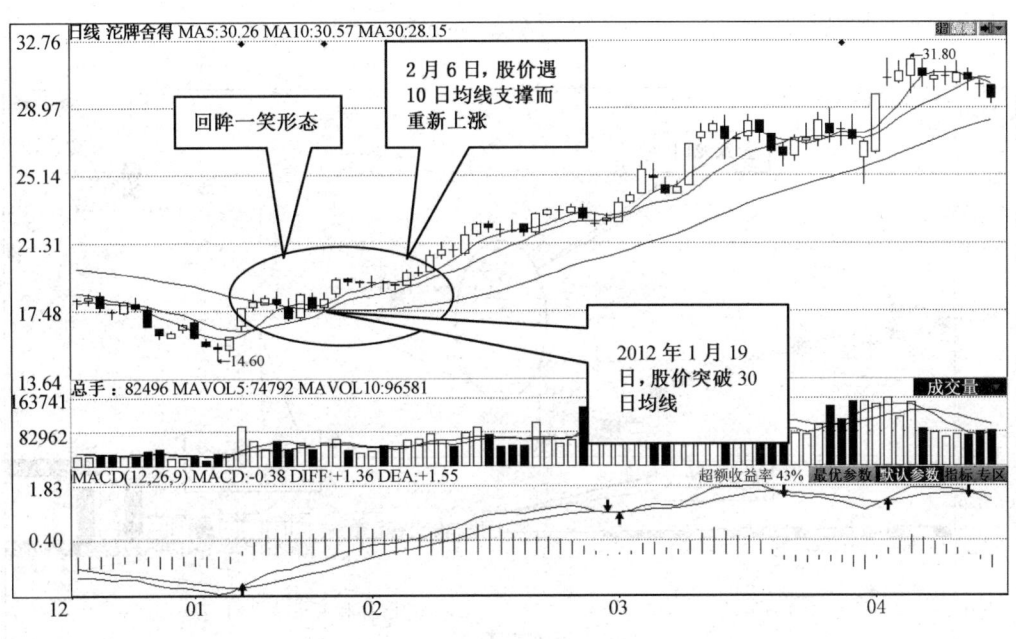

图 7-8  沱牌舍得(600702)日K线走势图

2012 年 1 月 19 日，沱牌舍得的股价经过一波震荡之后，突破 30 日均线。股价在突破 30 日均线之后又展开一波震荡，股价逐渐向 10 日均线靠拢，且成交量出现萎缩态势。2 月 5 日，股价回调到 10 日均线附近时，因受 10 日均线支撑再度上涨，这标志着回眸一笑形态正式形成，也说明该股股价将发动一波新的上涨。投资者观察此时的 MACD 指标可知：该指标此时同步向上突破 0 轴，也预示着股价将上涨。投资者可在股价遇 10 日均线支撑而上涨时买入该股。

其后，该股一路沿 10 日均线上涨，投资者可一直持有该股，直至股价穿过 30 日均线。

投资者应用回眸一笑猎杀强势股时,应注意以下几点:

第一,成交量的配合是形态成立的关键。股价回调时,成交量一定要呈萎缩状态,而当成交量出现极低量时,往往意味着股价即将启动。

第二,如果股价回调时跌破10日均线,投资者只需保持观望。只有股价重新上涨并位于10日均线之上时,投资者才可买入该股。

## 五、鱼跃龙门

鱼跃龙门,是指股价K线经过连续几个交易日的下跌后出现拐头缓慢上涨的迹象,5日均线、10日均线和30日均线也同步出现拐头向上迹象,某一交易日,股价K线上涨至30日均线附近时,直接跳空高开越过30日均线,并最终收于30日均线之上。该形态属于典型的看涨形态,如图7-9所示。

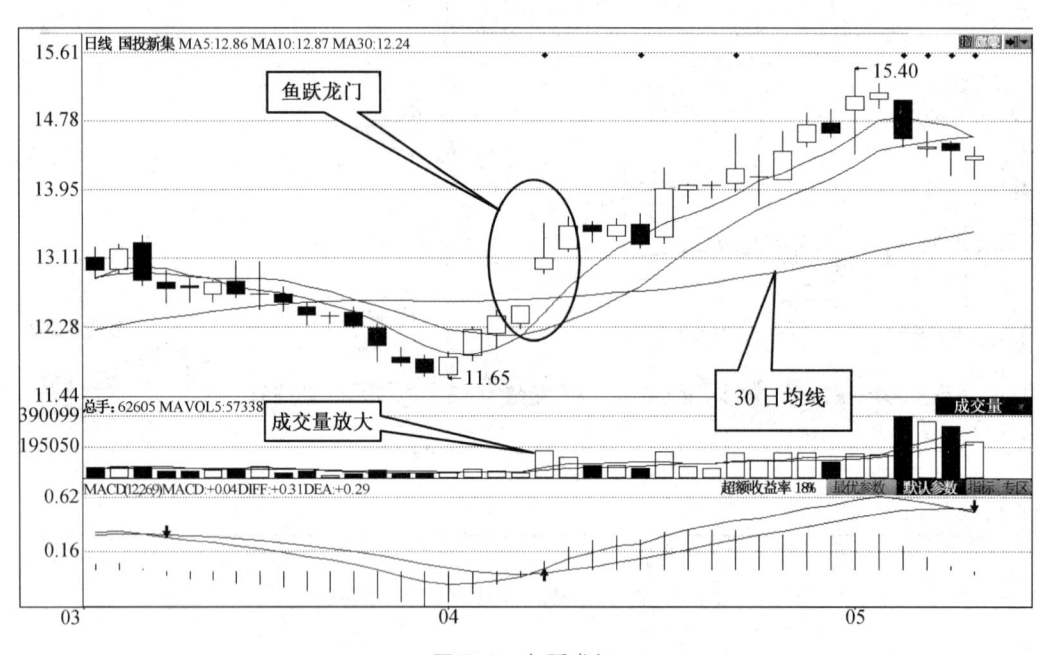

图 7-9　鱼跃龙门

1. K线形态成立条件

第一,30日均线由下跌状态转为上涨状态或放平状态。

第二,成交量维持在较低水平。

2. K线形态特征

第一,某一日股价放量跳空上涨,并且直接越过30日均线。

第二,股价跳空当日,收盘价位于30日均线之上。

第三,股价跳空上涨当日,成交量放大数倍。

第四,股价跳空上涨时,均线指标如果能走出黄金交叉形态,则可增大股价未来上涨的可能性。

### 3. 强势股买点

当股价放量跳空越过 30 日均线,并且肯定收于 30 日均线之上时,投资者可考虑买入该股。

### 4. 实盘案例

如图 7-10 所示,华录百纳的股价经过一波下跌后,在 2015 年 10 月初走出鱼跃龙门形态,预示着股价将企稳上涨。

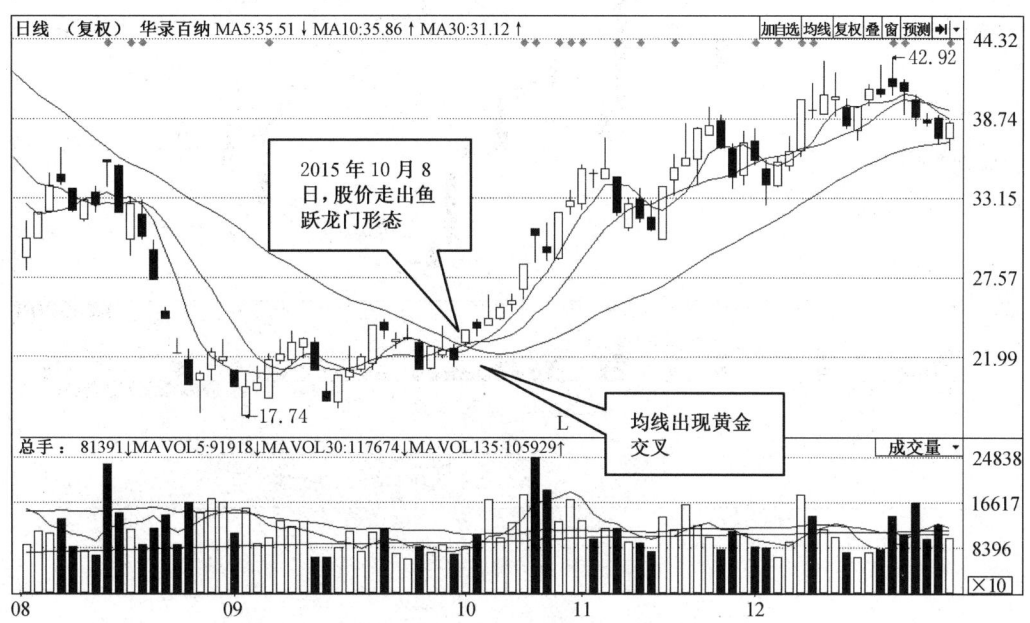

图 7-10　华录百纳(300291)日 K 线走势图

2015 年 6 月中旬以后,华录百纳的股价一直在 30 日均线下方运行,30 日均线由下跌状态逐渐转变为放平状态,这说明股价走势将要企稳。

10 月 8 日,华录百纳的股价越过 30 日均线跳空高开并迅速封上涨停板,在 K 线走势图上留下一个缺口,这说明鱼跃龙门形态形成,投资者可买入该股。投资者观察此时的均线指标可知:5 日均线上穿 10 日均线和 30 日均线形成黄金交叉形态,这也预示着股价将出现一波上涨行情。

投资者应用鱼跃龙门猎杀强势股时,应注意以下几点:

第一,成交量的配合是形态成立的关键。股价越过 30 日均线前,成交量应呈萎缩状态;股价越过 30 日均线当天,成交量应呈放大状态(当日涨停个股除外)。

第二,股价跳空越过 30 日均线之后,如果出现回调,那么,必然在缺口处获得支撑。

### 六、葵花向阳

葵花向阳,是指股价 K 线在上涨途中,某日拉出一根中阴线,次日,又拉出一根中阳线或大阳线且这根大阳线收盘价高于阴线开盘价。该形态预示股价还将继续上涨,属于典型的上涨中继形态,如图 7-11 所示。

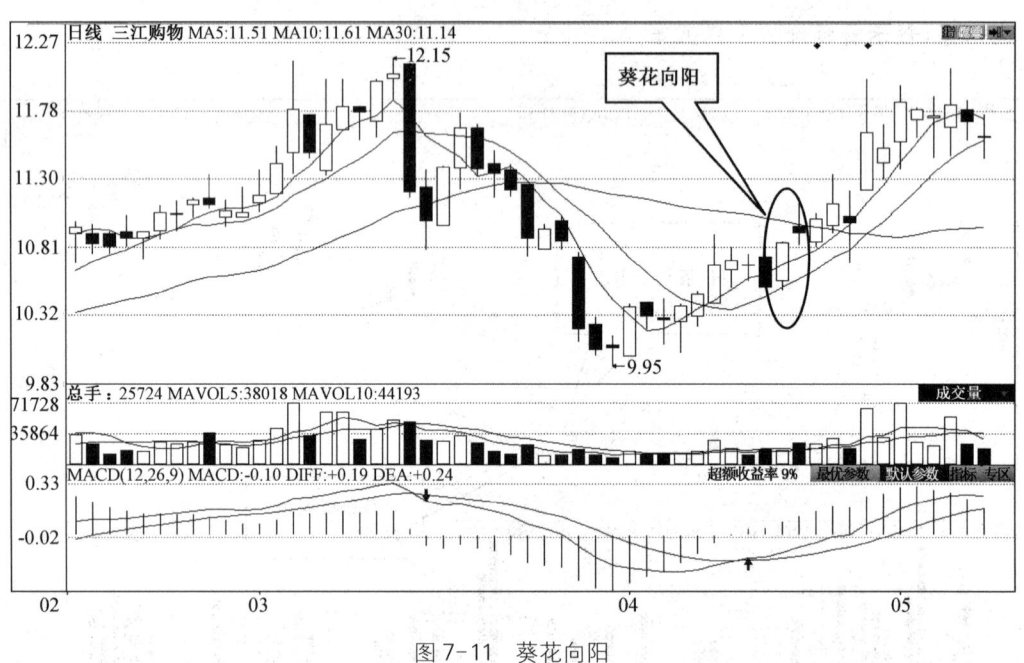

图 7-11　葵花向阳

1. K 线形态成立条件

第一,股价沿 5 日均线或 10 日均线上涨,说明股价已经进入上升通道。

第二,成交量维持在较低水平。

2. K 线形态特征

(1) 某一日股价低开低走,有时会跌破 5 日均线或 10 日均线,给人一种行情转向的印象。

(2) 次日,该股股价以高于阴线收盘价的价格开盘,并以高于阴线开盘价的价格收盘。

(3) 股价收阴线的当日,成交量呈萎缩状态,而次日股价收阳线时,成交量有所放大。

（4）股价收阴线当日，如果成交量出现异常放大，则股价有转向的可能，投资者应提高警惕。

### 3. 强势股买点

当股价收于阴线开盘价之上时，就是买入该股的一个较好时机。

### 4. 实盘案例

如图 7-12 所示，卫士通的股价经过一波下跌后，从 2015 年年初重新开始上涨，且在上涨途中走出葵花向阳形态，预示股价将继续上涨。

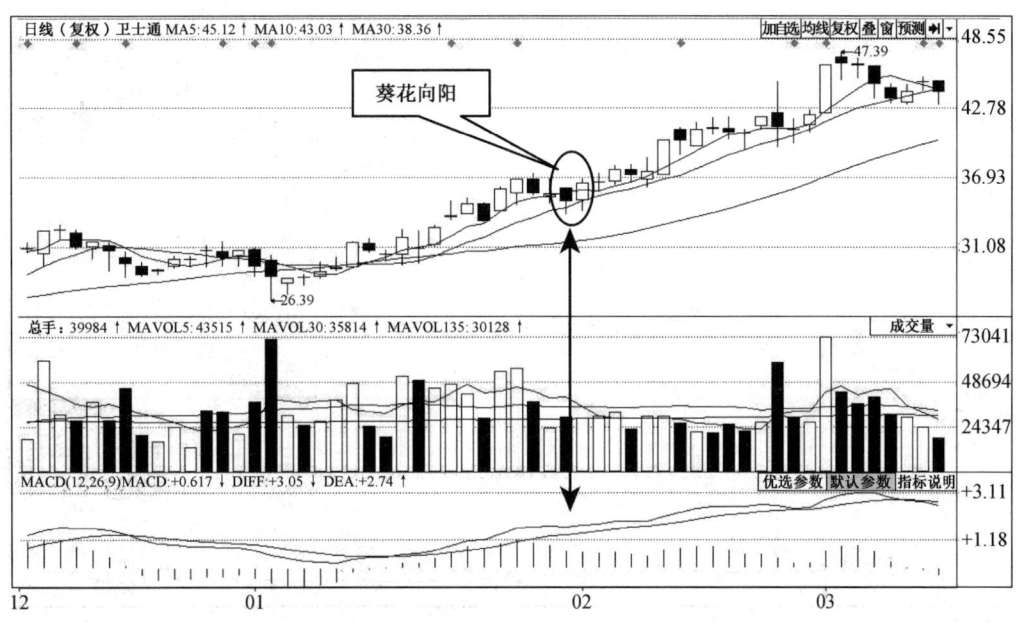

图 7-12　卫士通(601318)日 K 线走势图

2015 年年初，卫士通的股价结束下跌走势，启动上涨行情。股价在上涨过程中连续突破多条均线，说明该股短期呈强势。

2015 年 1 月 23 日，卫士通的股价出现了回调走势，全天震荡走低，并最终收出一根中阴线，表明行情有向坏的可能。次日，该股高开高走收出一根大阳线，且这根阳线的收盘价位于前一根阴线的开盘价之上，这表明葵花向阳形态正式形成，未来股价还将进一步上涨。

投资者观察此时的 MACD 指标可知：该指标运行于 0 轴上方，并未出现向下拐头迹象，这说明该股股价涨势良好。

投资者应用葵花向阳猎杀强势股时，应注意以下几点：

第一，阴线与阳线的含义。阴线的形成是由于股价在上涨过程中，空头不甘失败而发动一次攻势，其后阳线收复了失地，表明股价呈强势已经不可改变。

第二,投资者应用本技巧时,要参考个股的消息面和政策面,以防落入庄家的陷阱。

## 七、出水芙蓉

出水芙蓉,是指股价 K 线在盘整过程中,各条均线出现黏合状,某日股价大幅上涨,拉出一根大阳线,且此阳线一举突破多条均线。该形态属于强烈的看涨形态,很多强势股在上涨启动期都出现过此种形态,如图 7-13 所示。

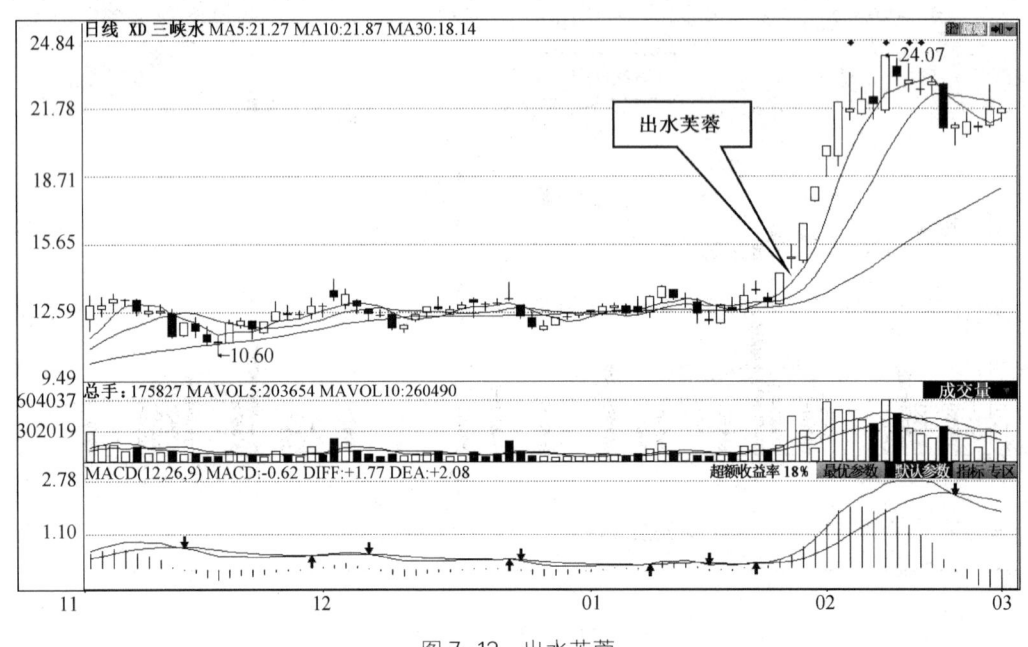

图 7-13　出水芙蓉

1. K 线形态成立条件

(1)股价长期处于横盘状态中,各条均线出现黏合状态。

(2)成交量维持在较低水平。

2. K 线形态特征

(1)某一日股价低开高走,并一举突破多条均线。

(2)股价突破均线当日常常以涨停报收。

(3)股价突破之后,各条均线由黏合状变为发散状,且方向向上。

(4)股价突破各条均线当日,成交量出现放大态势。

3. 强势股买点

当股价突破各条均线,并位于各条均线之上时,就是买入该股的一个较好时机。

### 4. 实盘案例

如图 7-14 所示,2016 年 8 月,三房巷处于阶段性底部的盘整阶段。2016 年 9 月 5 日,该股放量上涨,股价连续突破 5 日均线、10 日均线和 30 日均线,收出一根光头光脚大阳线。看到这种情况,激进的投资者可以适量买入,稳健的投资者可以再观察几日,等待股价站稳均线后再介入。

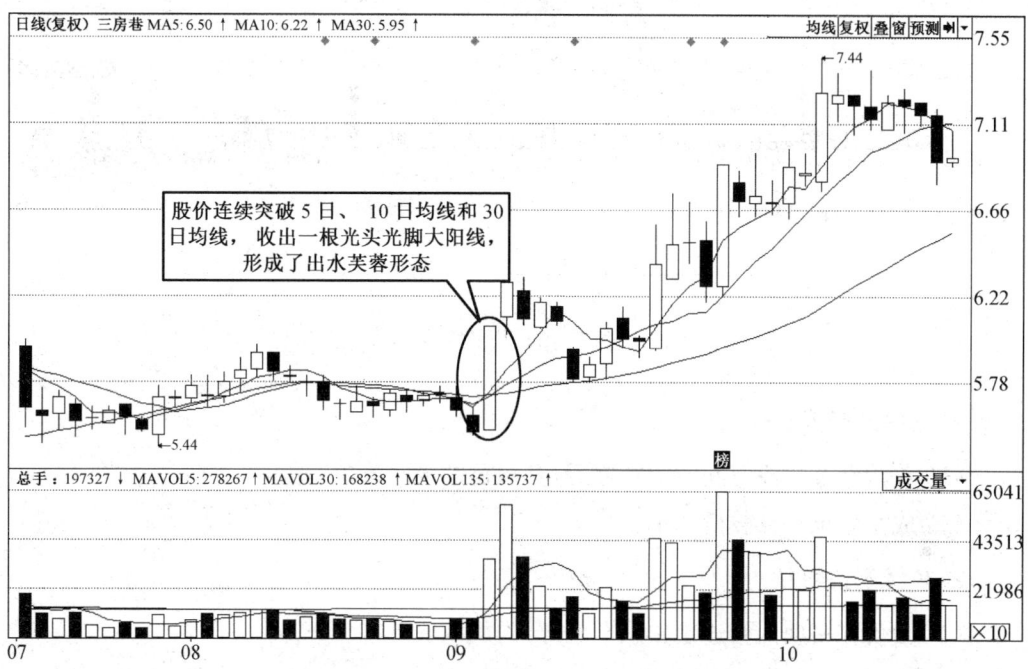

图 7-14 出水芙蓉:三房巷(600370)的日 K 线图

投资者应用出水芙蓉猎杀强势股时,应注意以下几点:

第一,成交量的变化。股价在盘整过程中时,成交量应该呈萎缩状态,而股价突破多条均线时,成交量应该有明显的放大。

第二,股价突破多条均线后,各条均线如果出现发散多头排列,则说明股价上涨趋势将会持续一段时间。

## 八、双针探海

双针探海,是指股价在底部盘整过程中,形成的双底形态,且每个底部都有一根带长下影线的 K 线。双针探海与定海神针形态有些相似,该形态所发出的看涨信号更具可信度,如图 7-15 所示。

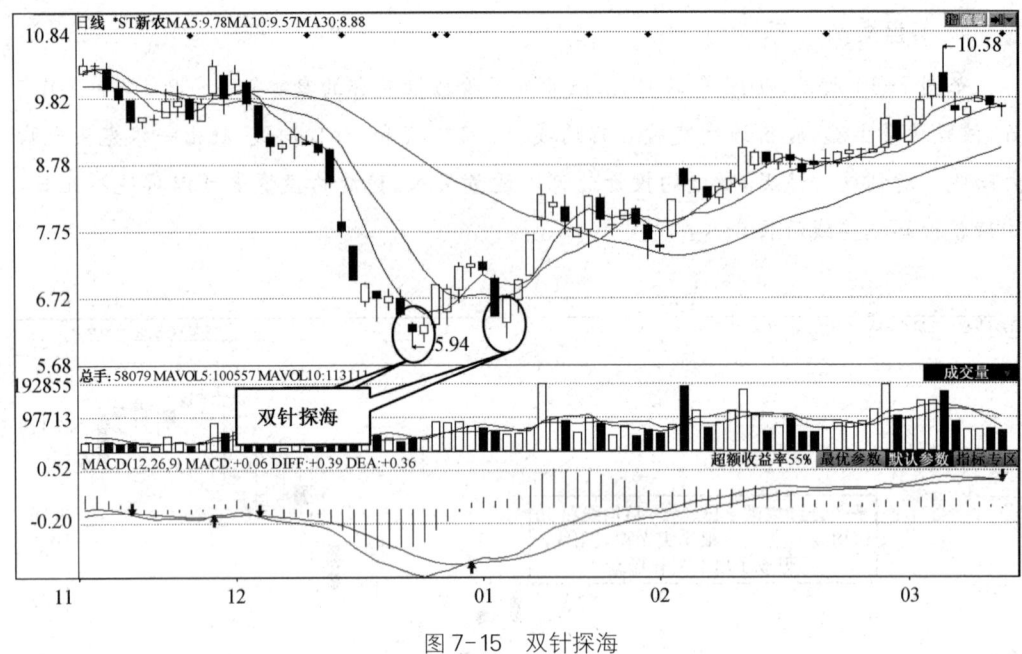

图 7-15　双针探海

**1. K 线形态成立条件**

（1）股价经过一段时间的下跌之后,有明显的筑底迹象。

（2）成交量维持在较低水平。

**2. K 线形态特征**

（1）股价在短期内接连走出两个底部,构成双底形态。

（2）在双底形态中,每个底部都有一根下影线。

（3）第二个底部高于第一个底部,说明股价有企稳反弹的迹象。

（4）股价在形成双底形态时,如果 MACD 指标出现黄金交叉,则可增大股价上涨的概率。

（5）这两个底部形态最好能具有某些类似的地方,最少有一根 K 线相似。

**3. 强势股买点**

（1）股价走出双底形态后的次日,如果股价发动上攻,就是买入该股的一个较好时机。

（2）当股价突破双底形态的颈线位置,是一个比较安全的买点,但相对于第一个买点已经有一段涨幅。

**4. 实盘案例**

如图 7-16 所示,天地科技的股价在 2012 年 1 月 9 日和 17 日走出双针探海形态,预示着股价将要企稳上涨。

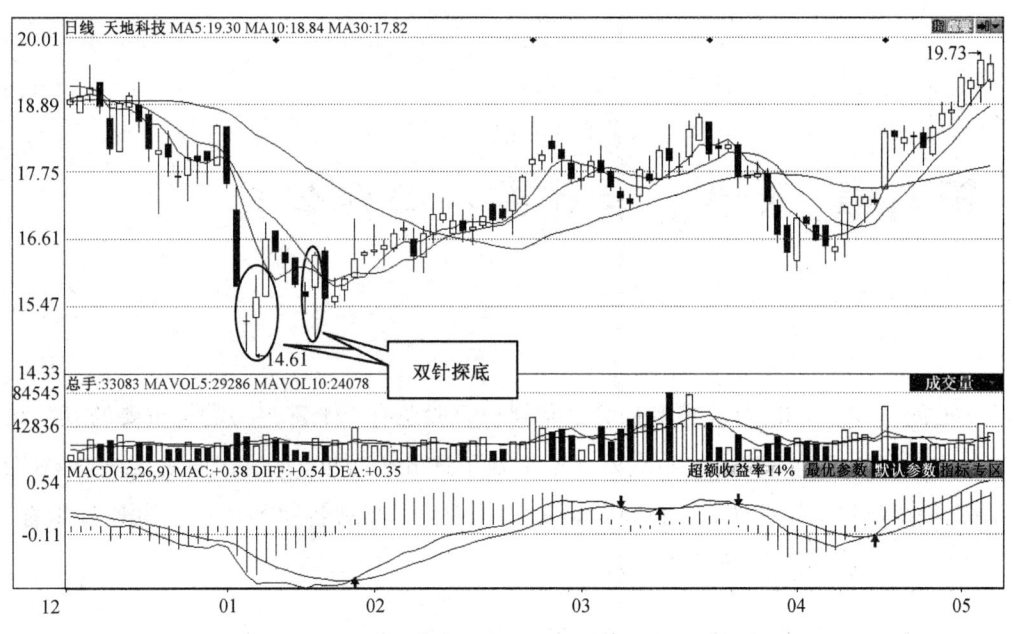

图 7-16　天地科技(600582)日 K 线走势图

2012 年 1 月初,天地科技的股价走出一波下跌行情。

天地科技的股价在 1 月 9 日和 17 日两个交易日内走出带长下影线的阳线,并形成双底形态,这预示着双针探海形态正式形成。投资者需要观察该股随后的走势,股价一旦企稳反弹,可迅速跟进买入。股价如果跌破下影线最低点,则说明下跌行情还将持续,投资者不可轻易入场。

投资者观察此时的 MACD 指标可知:该指标此时出现拐头向上形态,这也预示着股价将上涨,投资者可在双针探海形态出现的次日买入该股。

投资者应用双针探海猎杀强势股时,应注意以下几点:

第一,两根下影线的低点。双针探海形态要求后一根下影线的低点要高于前一根下影线的低点,即使只差一分钱也可以。

第二,投资者为了安全考虑,最好等双底形态形成之后再买入股票,以防被套在"半山腰"位置。

# |第八章| K线，七种买入必涨公式

时间、空间、价格、成交量和趋势是研判一只股票有无上涨潜力的最重要的五个维度。本章所给出的七套买入必涨公式正是基于这五个维度，并结合均线系统、MACD指标、成交量指标等设计的。正因如此，这七套公式的准确性也要比一般的K线组合、K线形态所发出的信号准确性更高。

### 公式一　底部大阳线＋均线金叉＋量柱放大

#### 1. 公式描述

在股价下跌过程中，底部出现大阳线，属于明确的底部反转信号，而此时均线拐头向上形成黄金交叉，再配以成交量量柱放大，就构成一组强势买入信号。据此形态买入股票成功率非常高，如图8-1所示。

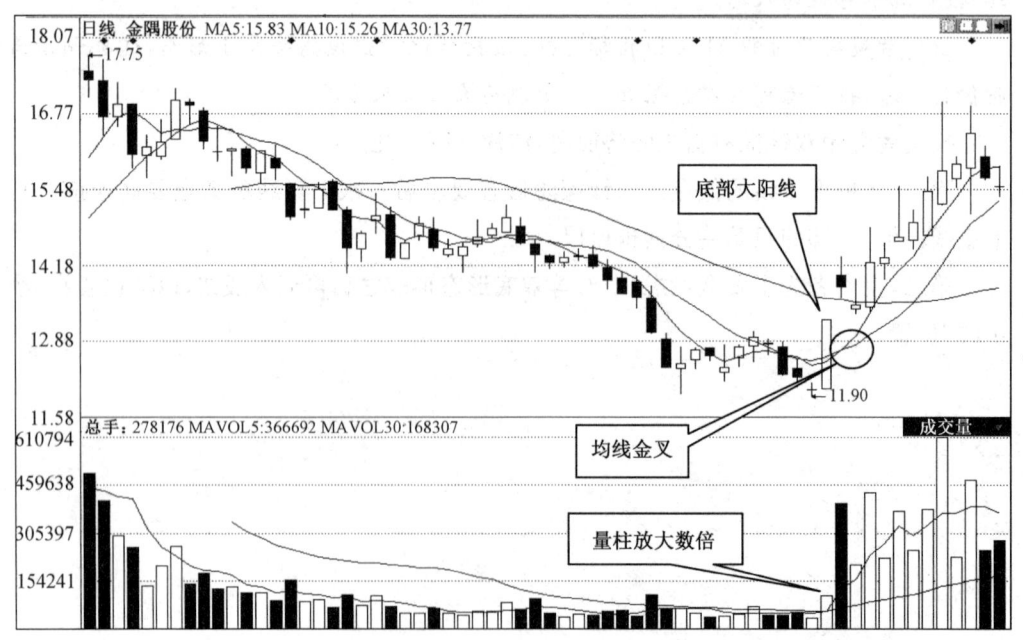

图8-1　底部大阳线＋均线金叉＋量柱放大

### 2. 大盘环境

(1) 股价启动前,大盘处于下跌或横盘环境中。

(2) 股价启动时,大盘横盘或反转向上环境中。

### 3. 技术形态

(1) 当股价出现加速下跌时,成交量有放大迹象,这是部分投资者出货的特征。

(2) 股价加速下跌之后出现企稳,而成交量出现萎缩,说明投资者不愿卖出。

(3) 股价在成交量极度萎缩之后会出现报复性上涨,此时多出现涨停板。

(4) 股价突破各条均线当日,5日均线与10日均线呈底部黄金交叉形态。

(5) 股价收出大阳线时,成交量放大,且量柱最好能高过前一交易日一倍以上。

### 4. 最佳买点

(1) 当股价突破各条均线,并位于各条均线之上时,就是该股第一个买点。

(2) 当股价突破重要阻力位时,就是加仓该股的好时机。

### 5. 实盘案例

如图8-2所示,通合科技的股价经过一波下跌后,在2016年10月10日突然发动上涨行情,走出一根底部大阳线,预示股价将要大涨。

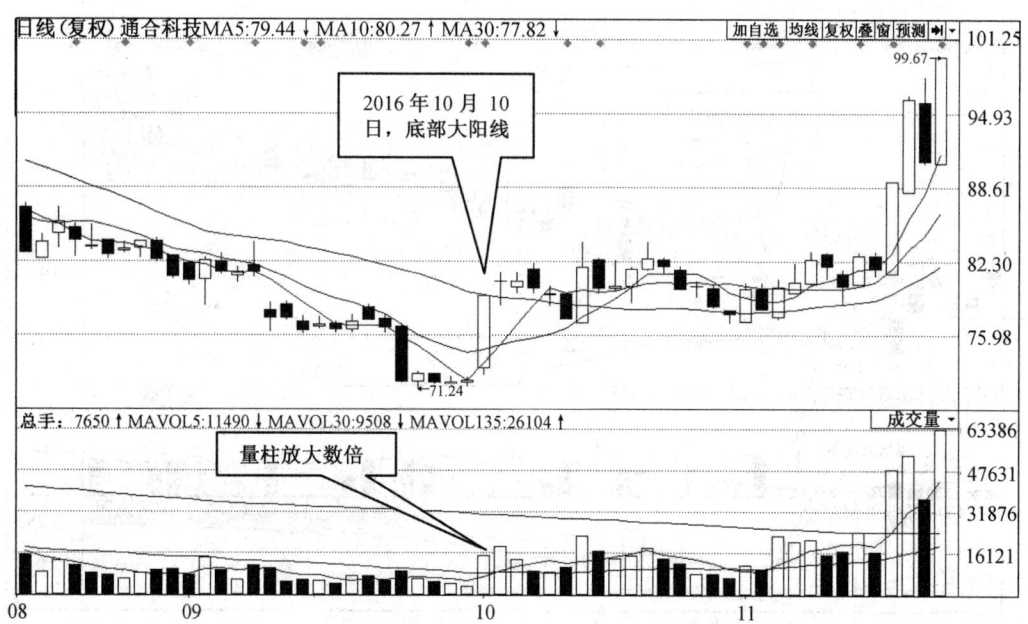

图8-2 通合科技(300491)日K线走势图

通合科技的股价从2016年8月开始一路下跌,成交量也随着股价的下跌而不断萎缩。股价在下跌的最后阶段突然加速,而此时成交量出现放大态势,这说明主力利用打压股价的方法建仓。此后,股价出现筑底迹象,成交量开始极度萎缩。

2016年10月10日,该股突然被大幅拉升,且成功站稳5日均线和10日均线,这说明股价将走出一波上涨行情。随后,5日均线上穿10日均线,形成黄金交叉,成交量量柱同步放大,至此买入必涨公式成立,说明该股短期内将走强,投资者可在大阳线出现次日买入该股。

投资者运作该公式买入股票时,需要注意以下两点:

第一,投资者看到底部大阳线出现后,先不要急于全仓买入,而要先用半仓试探股价走势,如果股价持续上涨,投资者再追涨买入。

第二,投资者需要注意均量线的变化。股价突破均线时,均量线如果能同步出现拐头向上态势,则可增大股价上涨的可能性。

### 公式二 突破跳空阴线+均线金叉+MACD金叉

#### 1. 公式描述

突破跳空阴线是一个典型的洗盘信号,此时,短期均线如果能够拐头向上与中期均线形成黄金交叉,同时,MACD指标也拐头向上出现低位黄金交叉,则意味着股价将发动一波上涨,如图8-3所示。

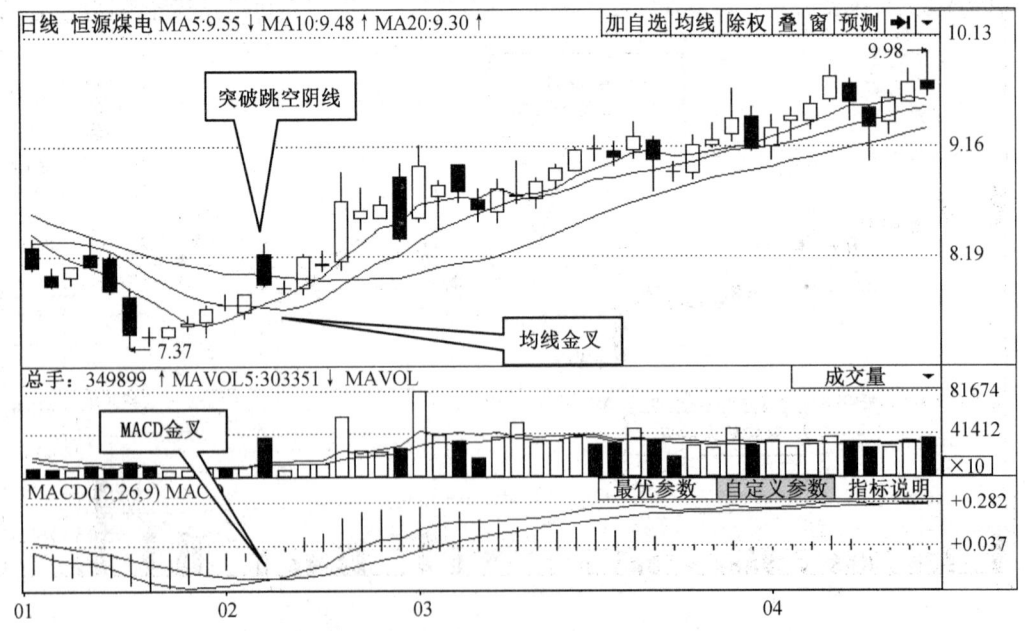

图8-3 突破跳空阴线+均线金叉+MACD金叉

#### 2. 大盘环境

(1) 股价启动前,大盘处于下跌或横盘环境中。

（2）股价启动时，大盘横盘或反转向上环境中。

### 3．技术形态

（1）某一日股价跳空高开，其后，股价出现回落，在K线图上留下一根阴线。

（2）股价走出阴线当天或次日，短期均线上穿中期均线形成黄金交叉形态。

（3）股价跳空高开当天成交量可以放大，但不能出现巨量。

（4）股价跳空时，MACD指标最好能够出现低位黄金交叉。如果MACD处于高位，则此信号无效。

（5）股价跳空高开低走之后，有时股价还会出现回调，投资者宜谨慎。

### 4．最佳买点

（1）跳空高开低走次日，股价可能会出现回调，当股价回调不破该阴线前一交易日最低点时，可买入该股。

（2）跳空高开低走次日，股价出现回调，且遇均线支撑而重新上涨时，可买入该股。

### 5．实盘案例

如图8-4所示，长电科技的股价经过一波盘整后，在2015年1月14日突破前期高点位置，且当天股价跳空高开低走形成一根阴线。

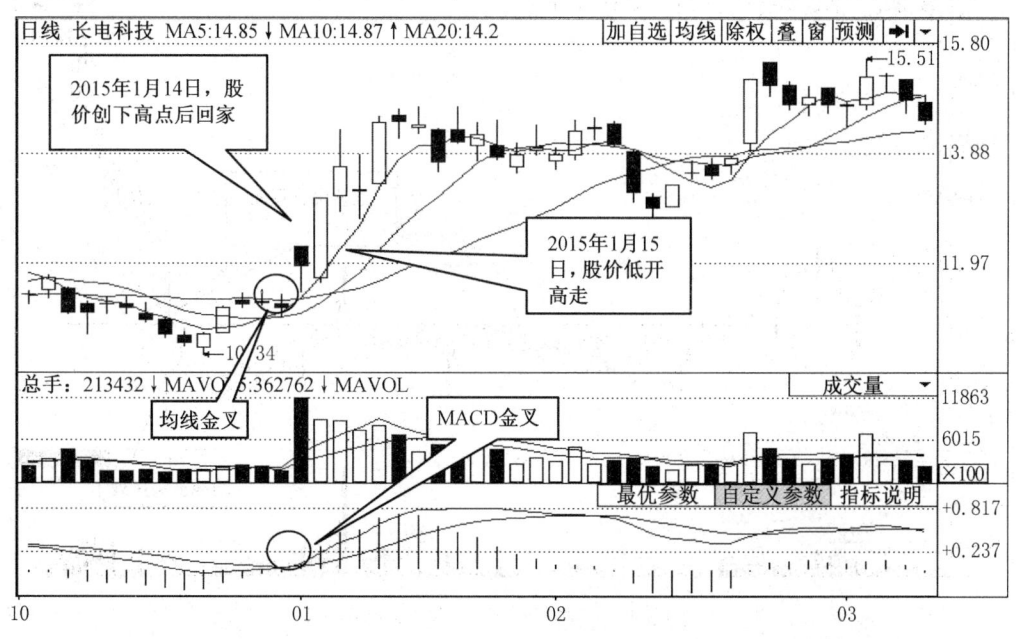

图 8-4　长电科技(600584)日K线走势图

2015年1月初，长电科技的股价创下一个阶段低点后，启动一波震荡上涨行情。

2015年1月14日，长电科技的股价跳空高开后逐渐走低，在K线图上留下一根带长下影线的中阴线。前一交易日，长电科技的5日均线上穿10日均线形成黄金交叉，预示着股价其后将走强。股价跳空当日,MACD 指标自下而上穿越 0 轴,且同时出现黄金交叉形态,预示股价短期将有一波上涨行情。

2015 年 1 月 15 日,长电科技股价低开高走,投资者应于股价突破跳空阴线最高点时买入该股。

投资者利用本公式买入股票时,需注意以下两点:

第一,股价跳空高开低走次日,股价有回调走低的可能,投资者可以在股价重新启动上涨时再买入该股。

第二,股价跳空高开低走次日,股价如果出现跳空低开,则该缺口就会对股价产生一定的阻力。投资者想买入该股需待股价突破缺口位置时方可。

### 公式三  突破平台＋均线多头排列

#### 1. 公式描述

股价走出平台整理形态时,往往是股价选择方向之际,此时,各条均线会呈现黏合状,而一旦股价向上突破,均线出现多头排列状,则意味着股价将走出一波上涨行情,投资者可择机买入股票,如图 8-5 所示。

图 8-5  突破平台＋均线多头排列

#### 2. 大盘环境

(1)股价启动前,大盘处于下跌或横盘环境中。

(2)股价启动时,大盘处于横盘或反转向上环境中。

## 3. 技术形态

(1) 某一日股价大幅上涨,并一举突破了盘整平台。

(2) 股价突破整理平台后,收盘价位于短期均线之上。

(3) 股价突破整理平台时,成交量出现放大态势。

(4) 股价向上突破前往往会刻意制造向下突破的假象。

## 4. 最佳买点

(1) 当股价突破整理平台,并位于各条均线之上时,就是该股第一个买点。

(2) 当股价突破重要阻力位时,就是加仓该股的好时机。

## 5. 实盘案例

如图 8-6 所示,三峡水利的股价经过一波盘整后,在 2017 年 3 月 17 日突然发动上涨行情,并突破整理平台,预示着股价将要大涨。

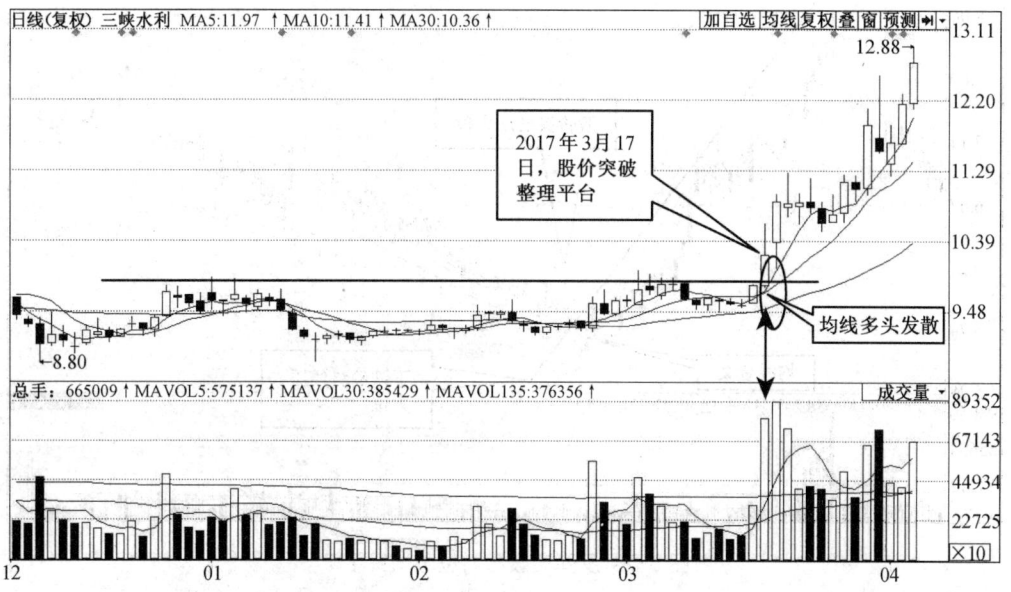

图 8-6　三峡水利(600173)日 K 线走势图

2016 年 10 月以后,三峡水利的股价在结束一波上攻行情之后,出现横盘整理走势。股价在盘整过程中形成整理平台。股价在此平台区域震荡数月之久。

2017 年 3 月 17 日,三峡水利的股价出现了发动上涨行情,且当天的 K 线一举突破了整理平台,这预示着该股股价将发动一波快速上涨行情。3 月 17 日当天,该股的成交量相比前几个交易日明显放大,这说明有资金流入该股,投资者可以考虑买入该股。当股价向上突破多条均线之后,各条均线呈多头发散排列,这说明股价短期将呈强势,投资者可买入该股。

投资者利用本公式买入股票时,需注意以下两点:

第一,预防庄家的诱空陷阱。很多时候,庄家想要向上拉升股价前,先对股价进行打压,使投资者不敢再持有该股。

第二,股价向上突破盘整平台后,有时会反手向下运行。均线呈多头排列可以为投资者提供借鉴,一旦股价跌破短期均线,则可卖出该股。

### 公式四 反弹突破压力位＋均线金叉

#### 1. 公式描述

股价在下跌过程中,被某一趋势线或压力位压制,而一旦突破压力位,同时,均线呈底部黄金交叉,则意味着股价短线将上涨,如图 8-7 所示。

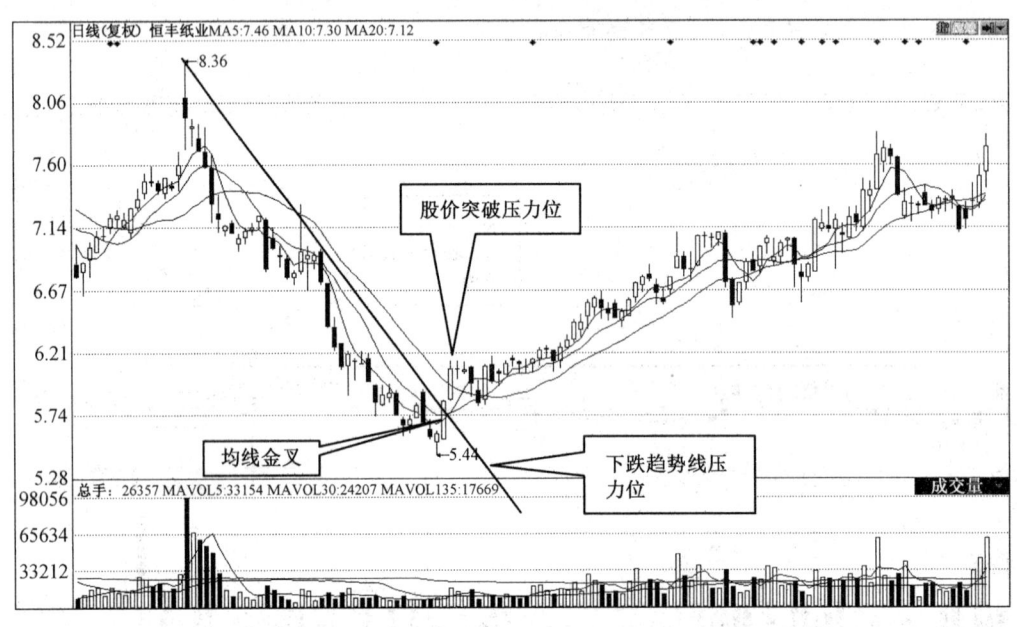

图 8-7 反弹突破压力位＋均线金叉

#### 2. 大盘环境

(1)股价反弹前,大盘处于下跌或横盘环境中。

(2)股价反弹时,大盘横盘或反转向上环境中。

#### 3. 技术形态

(1)股价自底部启动上涨行情,说明股价已经开始反弹。

(2)股价某日放量突破压力位,说明股价走势趋强。

(3)股价突破压力位时,短期均线上穿中期均线形成黄金交叉形态。

(4)股价突破压力位当日同步上穿各条均线,并成功站稳在各条均线之上。

### 4. 最佳买点

（1）当股价放量突破压力位，并位于压力位之上时，就是该股第一个买点。

（2）当股价持续上涨并突破重要阻力位时，就是加仓该股的好时机。

### 5. 实盘案例

如图 8-8 所示，新奥股份的股价经过一波下跌后，2016 年 9 月底突然发动反弹行情，其后，股价突破下跌趋势线，预示股价将要大涨。

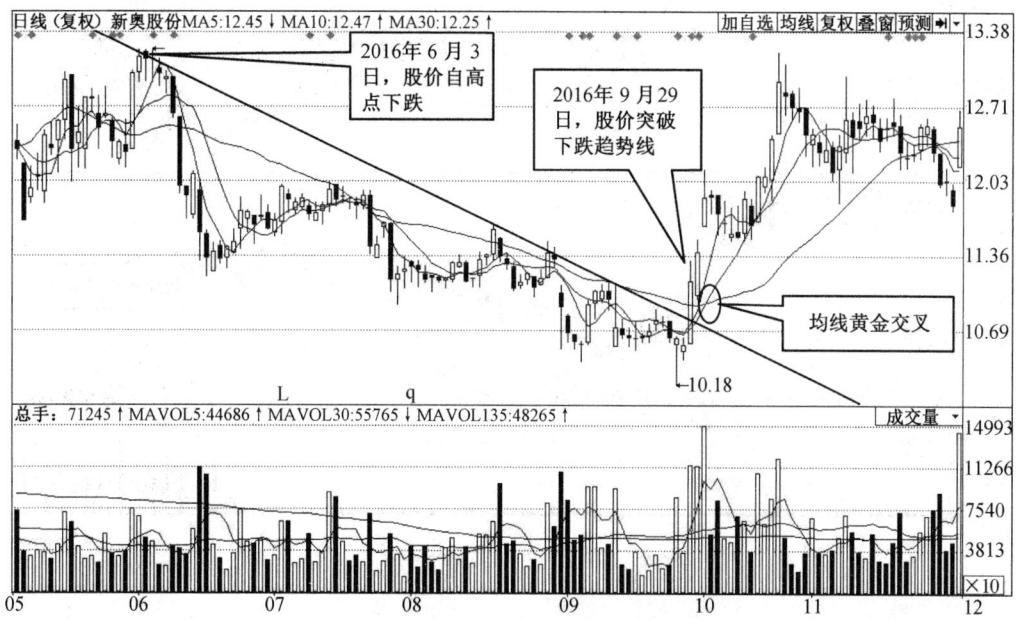

图 8-8 新奥股份(600803)日 K 线走势图

从 2016 年 6 月 3 日开始，新奥股份的股价走出一波快速下跌行情。该股的各条均线呈空头发散排列。

2016 年 9 月底，新奥股份的股价出现反弹行情，且股价连续上涨几个交易日。9 月 29 日当天，该股向上突破下跌趋势线，且该股的成交量相比前几个交易日明显放大，这说明有资金流入该股，投资者可以考虑买入该股。次日，该股的 5 日均线向上穿过 10 日均线形成黄金交叉形态，预示着股价将发动一波上涨行情。

投资者利用本公式买入股票时，需注意以下两点：

第一，投资者需要警惕股价反弹之后再度回归下跌行情。在股价反弹时，如果能够突破压力位，那么，此压力位就会变成支撑位，当股价下跌至此位置时就会受到支撑。股价跌破该位置，投资者就应卖出股票止损。

第二，股价突破压力位时，如果均线还没有形成黄金交叉，投资者可再继续观察该股其后的走势，股价如果能够持续上涨就可买入该股。

## 公式五　涨停过顶＋均线多头排列＋量柱放大

### 1. 公式描述

涨停过顶,是一个重要的买入信号。股价涨停过顶的同时,均线如果能呈多头排列,成交量同步放大,那么,股价上涨的概率非常大,如图8-9所示。

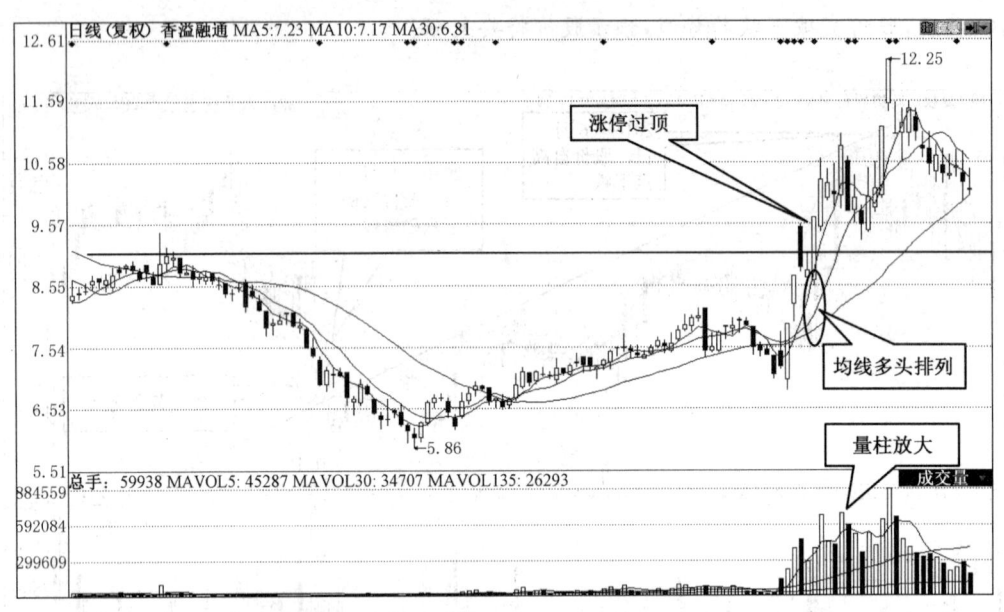

图8-9　涨停过顶＋均线多头排列＋量柱放大

### 2. 大盘环境

(1) 股价涨停前,大盘处于横盘或上涨环境中。

(2) 股价涨停时,大盘延续上涨行情,如果能够大幅上涨更好。

### 3. 技术形态

(1) 股价涨停前已经出现一波上涨行情。

(2) 股价到达前期高点位置时,突然以放量涨停的方式突破前期高点。

(3) 股价突破前期高点当日,各条均线呈发散排列。

(4) 股价突破前期高点前,如果股价已经数次突破前期高点未果更好。

### 4. 最佳买点

(1) 当股价以涨停方式突破前期高点位置之时,就是该股的第一个买点。

(2) 当股价突破重要阻力位时,就是该股加仓的好时机。

### 5. 实盘案例

如图8-10所示,2014年12月5日,梅安森的股价在创下一个前期高点后出现下跌走势,其后,又出现了震荡反弹行情。

2015年4月初,梅安森的股价在缓慢上涨一段时间后出现走强态势,其后,5月10日股价以放量涨停的方式突破前期高点,这说明股价将走出一波上涨行情。

股价向上突破前期高点时,各条均线呈多头发散排列,这说明股价短期将呈强势,投资者可买入该股。

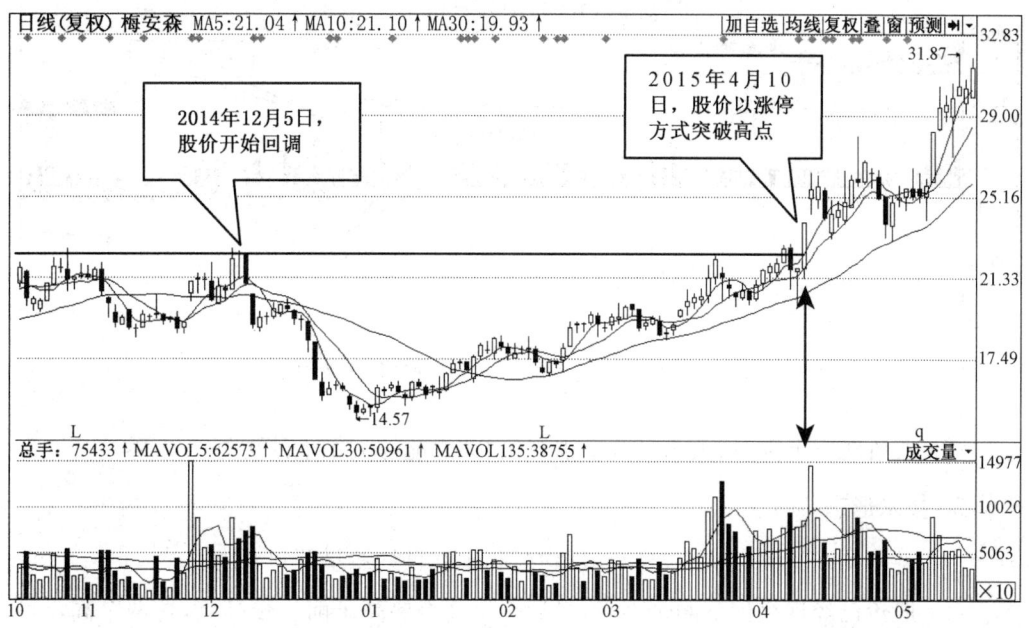

图8-10 梅安森(300275)日K线走势图

投资者利用本公式买入股票时,需注意以下两点:

第一,涨停板出现之后,一般都会出现回调走势,这是由于获利盘回吐造成的,其实,只要股价不跌破5日均线,投资者就可继续持股。当然,股价如果出现放量下跌,投资者则应迅速撤出该股。

第二,股价突破前期高点之后,前期高点位置就成为股价下跌时的支撑位,股价一旦跌破前期高点位,就意味着股价有加速下跌的可能。

## 公式六 蛤蟆跳空+量柱放大+MACD拐头向上

### 1. 公式描述

股价某一日放量跳空突破前期高点连线,并且收于趋势线之上,与此同时,MACD指标出现拐头向上走势,表明股价上涨势头较猛,如图8-11所示。

### 2. 大盘环境

(1) 股价涨停前,大盘处于横盘或上涨环境中。

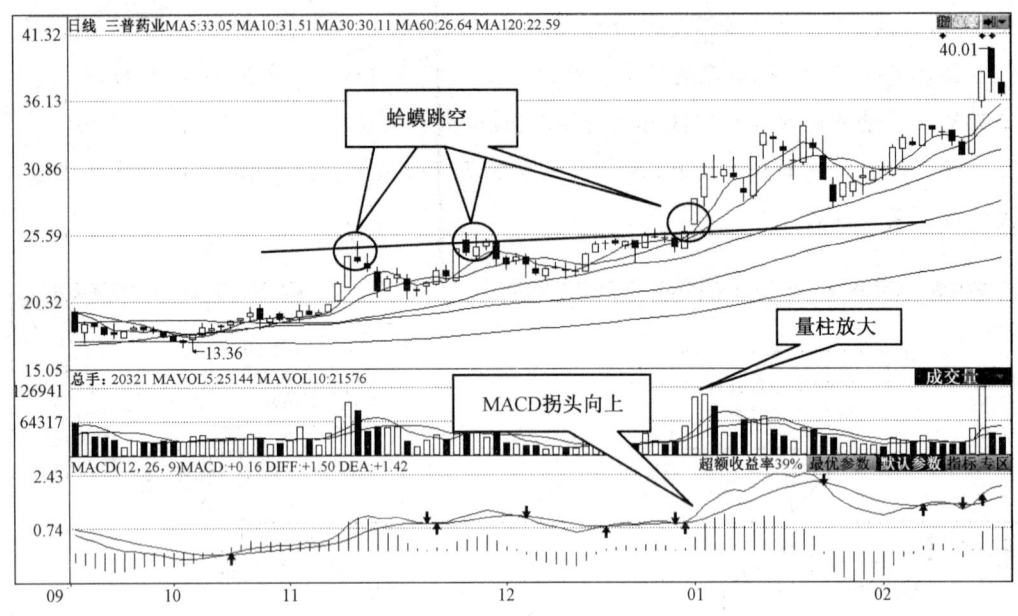

图 8-11　蛤蟆跳空 + 量柱放大 + MACD 拐头向上

（2）股价跳空上涨时，大盘延续上涨行情，如果能够大幅上涨更好。

### 3. 技术形态

（1）各条均线呈发散状态，且 60 日均线和 120 日均线呈开口状态。

（2）股价已经连续创下两个高点，且后一个高点要高于前一个高点，这两个高点可以用一根趋势线连接。

（3）某一日股价放量跳空上涨，并且直接越过前期高点趋势线。

（4）股价跳空当日，收盘价位于趋势线之上，且成交量放大数倍。

（5）股价跳空上涨时，MACD 指标如果能走出拐头向上形态，则可增大股价未来上涨的可能性。

### 4. 最佳买点

当股价放量跳空越过趋势线，并且肯定收于趋势线之上时，投资者可考虑买入该股。

### 5. 实盘案例

如图 8-12 所示，天保基建的股价在 2014 年 6 月至 9 月，走出了蛤蟆跳空形态，说明该股未来趋于强势。

2014 年 6 月 23 日，天保基建的股价创下一个短期高点后重新开始下跌，该股调整一段时间后再度上涨，并于 9 月 5 日突破前期高点之后再度下跌。投资者可以将两个高点用直线连接，如果股价突破这一趋势线就可买入该股。

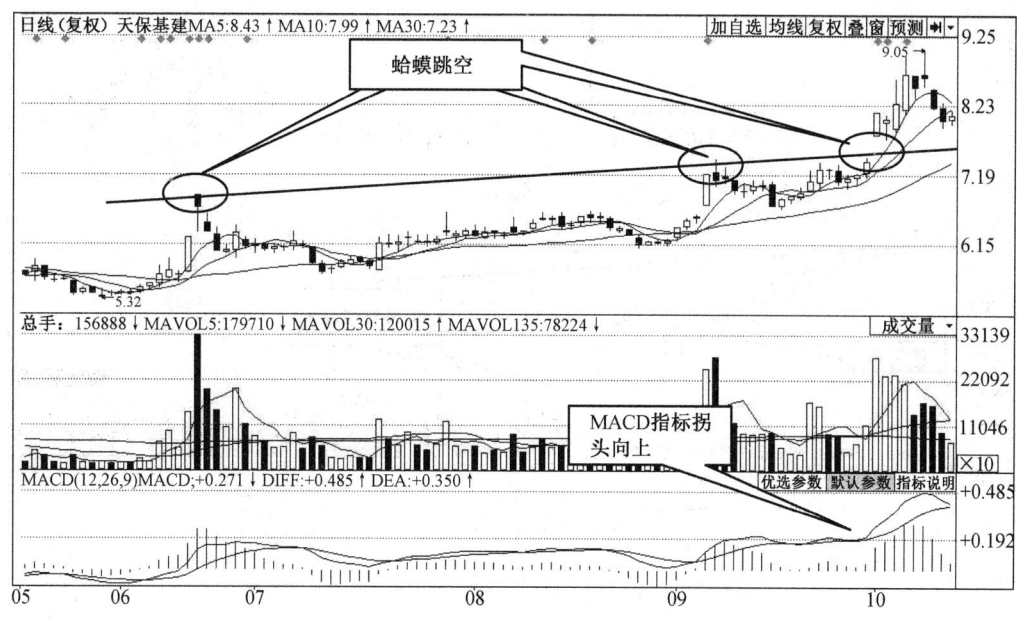

图 8-12 天保基建(000965)日 K 线走势图

2014 年 9 月 30 日,该股股价以涨停报收,并来到趋势线附近。10 月 8 日,该股跳空高开高走,并再度封上涨停板,此时蛤蟆跳空形态正式形成,说明股价走势较强,未来还将继续上涨。投资者观察此时的 MACD 指标可知:该指标出现拐头向上形态,预示着股价将上涨。

投资者利用本公式买入股票时,需注意以下两点:

第一,成交量是关键。股价每次到达高点时,成交量都应呈现放大状态;每次下跌时,成交量应呈现缩量状态。

第二,股价形成蛤蟆跳空形态之后,投资者可以将止损位设置在跳空缺口上,如果股价没有跌破这一缺口就可继续持股。

## 公式七 黄金坑＋量柱放大＋MACD 拐头向上

### 1. 公式描述

黄金坑形态特征:股价经过一段时间的横盘整理之后,展开一波下跌走势,随后,股价放量反弹突破下跌起始线,如图 8-13 所示。

### 2. 大盘环境

(1) 股价走出黄金坑前,大盘处于横盘或上涨环境中。

(2) 股价上冲黄金坑下跌起始位时,大盘延续上涨行情,如果能够大幅上涨更好。

### 3. 技术形态

(1) 股价经过较长时间的横盘整理,成交量出现萎缩态势,各条均线出现黏合

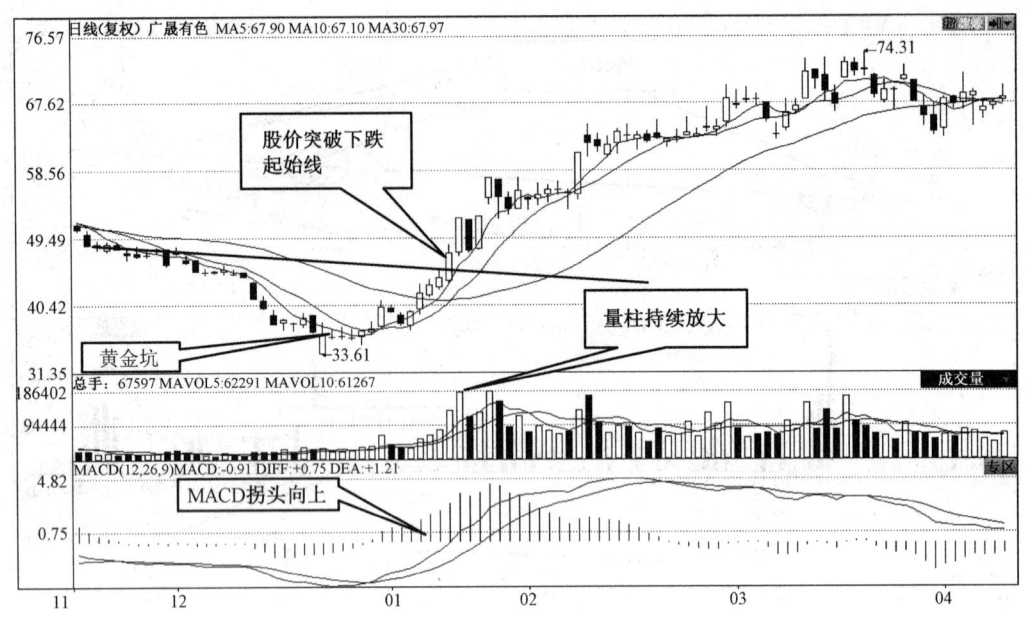

图 8-13　黄金坑＋量柱放大＋MACD 拐头向上

状态。

（2）某日股价启动下跌走势，且经过连续数日杀跌之后出现筑底迹象。

（3）筑底完成后，股价开始缓慢上涨，成交量同步放大。

（4）股价来到下跌起始线位置时，往往会出现放量突破走势，这说明股价走势趋强。

（5）股价自底部上涨时，MACD 指标如果能走出拐头向上或黄金交叉形态，则可增大股价未来上涨的可能性。

### 4. 最佳买点

当股价放量突破下跌起始线时，并且肯定收于下跌起始线之上时，投资者可考虑买入该股。

### 5. 实盘案例

如图 8-14 所示，耐威科技的股价在 2016 年 5 月底至 6 月初，走出黄金坑形态，说明该股未来走势趋强。

2016 年 5 月 6 日，耐威科技的股价经过了一段时间的盘整之后出现下跌走势。股价经过几个交易日的下跌之后，反转向上。

2016 年 5 月下旬，该股股价来到下跌起始线附近，但遇到一定的阻力。5 月 26 日，该股股价以涨停的方式突破下跌起始线位置，这标志着黄金坑形态的最终形成，投资者可于当日买入该股。投资者观察该股成交量可知：股价下跌过程中成交量出现萎缩态势，而股价持续上攻时，成交量出现持续放大态势，这说明持续有资金流入该股。投资

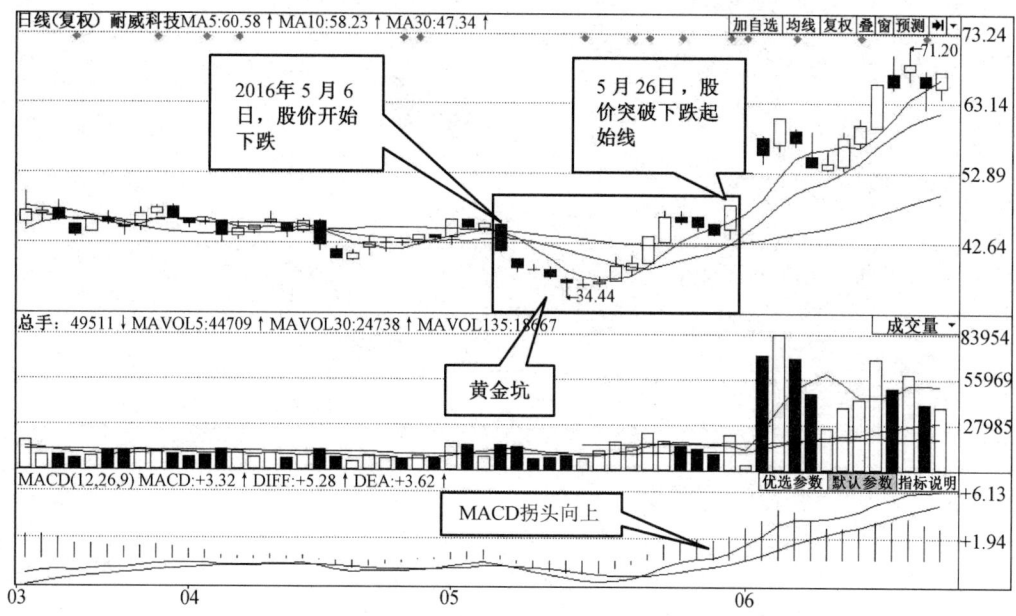

图 8-14　耐威科技(300456)日K线走势图

者观察 MACD 指标可知：当股价发动上攻时，MACD 指标出现拐头向上形态，是典型的买入信号。

投资者利用本公式买入股票时，需注意：

黄金坑又被称为"散户坑"，这个坑的形成是庄家在拉升股价前借助大盘向坏或其他利空因素进行的一次洗盘行动造成的。庄家制造黄金坑的目的是让投资者感到股价开始破位下跌，卖出手中的股票。当投资者卖出手中的股票之后，庄家再反手做多，快速推动股价上涨，这时，投资者想补回股票就必须追高买入，这就会在一定程度上帮助庄家抬拉股价，而庄家则趁机卖出股票。